"十二五"国家重点图书出版规划项目

DANGDAI
ZHONGGUO JINGSHEN

当代中国精神

程广云◎著

全国百佳图书出版单位
时代出版传媒股份有限公司
安徽人民出版社

图书在版编目(CIP)数据

当代中国精神/程广云著. —合肥:安徽人民出版社,2015.11
ISBN 978-7-212-08401-1

Ⅰ.①当… Ⅱ.①程… Ⅲ.①中华民族-民族精神-通俗读物 Ⅳ.①C955.2-49

中国版本图书馆 CIP 数据核字(2015)第 252806 号

当代中国精神

程广云 著

出 版 人:胡正义
责任编辑:汪双琴　　　　责任印制:董 亮　　　　封面设计:润一文化

出版发行:时代出版传媒股份有限公司 http://www.press-mart.com
安徽人民出版社 http://www.ahpeople.com
合肥市政务文化新区翡翠路 1118 号出版传媒广场八楼
邮编:230071
营销部电话:0551-63533258　0551-63533292(传真)
制　　版:合肥熙宇文化传媒有限公司
印　　制:安徽新华印刷股份有限公司
(如发现印装质量问题,影响阅读,请与印刷厂商联系调换)

开本:710×1000　1/16　　　　印张:17　　　　字数:240 千
版次:2015 年 12 月第 1 版　　　2015 年 12 月第 1 次印刷

标准书号:ISBN 978-7-212-08401-1　　　　定价:36.80 元

版权所有,侵权必究

序　言

所谓当代中国精神,这是我们对于自己所身处的时代和国度的研究。这种研究的缺点是问题本身既没有经过时间的间离,也没有通过空间的间隔。我们身处于这一问题本身中,无论所提出的问题,还是所给出的答案,大多属于"当事者迷",而非"旁观者清"。这或许授把柄于人。对于那些以学问为贩卖古文物或传销舶来品的人们来说,这实在是不屑一顾。但是这种研究的优点是:我们当下的思想是和自身感受、体验融为一体的。何况,我们已经处于信息社会,即时即地传达信息(包括思想信息)是这个社会的风气。

尽管如此,我在研究当代中国精神问题时仍然力图超越时代与地域的局限,避免经世致用和急功近利的思虑。我既不愿把自己当作现存世界的辩护士,也不敢把自己当作现存世界的批判者,而是把自己对于当代中国精神问题的思考奠基于自己对于当代中国精神问题的领会之上。

在这里需要说明的,一是"当代"一词,二是"中国"一词。所谓当代,与古代、近代、现代相接续,不是一个纯粹时间(朝代、年代)的概念,而是一个历史形态的概念。概括地说,当代形态亦即我们所谓生态文明、知识文明、全球文明之类形态。所谓中国,与印度、西方、阿拉

I

伯相对照,同样不是一个纯粹空间(国家、地区)的概念,而是一个"文化中国"的概念。所谓文化中国,不仅包括中国大陆、港澳台,而且包括新加坡以及全球各地华人社区。

从时间上说,当代是逐步生成的。我们可以树立几个界碑,但却没有哪个是可靠的分水岭、边界线。然而,正是最近一个世纪以来,当代因素在曲折中上升、前进,尤其最近四十年来,累积到了一定程度。更为重要的是,当代中国正在逐步融入经济全球化以及知识经济大浪潮和大趋势之中。因此我们着重探讨最近一个世纪以来,尤其最近四十年来呈现出来的当代中国精神之主题。

从空间上说,中国是一个中心-外围的构架:从中国内地、港澳台到新加坡以及全球各地华人社区一圈一圈扩大。但是,与海外相比较,内地是当代中国精神的核心地带。因此我们着重探讨内地呈现出来的当代中国精神之主题。

文化是一个包罗万象的概念。无论按照其广义(与"自然"相对应的"大文化"),还是按照其狭义(与"经济、政治"相对应的"小文化"),如果我们试图研究当代中国文化方方面面,势必陷于空泛。因此,本书不是关于当代中国文化的研究,而是关于当代中国精神的研究。

文化精神即文化实质,指一种文化系统成为自身及其与他种文化系统区别之根本所在。本书从李约瑟问题谈起,在古今中西之辩中契入主题。本书的独特视角是从历史看当代,同时从世界看中国,尤其从历史背景看中国道路,从世界背景看中国模式。当今世界的特点是现代化的历史进程、全球化的历史态势。中国道路是在现代化背景下展开的,中国模式是在全球化背景下确立的。换句话说,中国道路是中国走向现代化的历史进程,中国模式是中国回应全球化的历史态势。这就是中国道路、中国模式的基本方面,也就是中国道路、中国模式的根本含义。今天,它系统地体现在生态文明、物质文明、社会文明、政治文明和精神文明建设之中。诚然,我们先后提出的是物质文明、精神文明("两个文明")、政治文明("三个文明")、社会文明("四个文明")、生态文明("五个文明"),但是本书不以历史的系列,而以逻辑的序列阐释五个文明:生态文明和物质文明处于前提和基础地位,社会文明和政治文明处于中介和中间环节,精神文明处于上层。五个文明建设的目标和途径系统地表现了当代中国精神。——这些问题的提出、分析和解决,对于我们真正领会我们的时代和国度,真正领会我们的时代精神和民族精神,也许不无裨益。

诚然,即使在这一意义上,本书也仅仅是一个开端、起点。我们所进行的乃是一种宏观研究。但是,真正对于当代中国精神有所研究,还需要从宏观层面切入微观层面。如果我们进行微观研究,那么我们对于当代中国精神的思考和领会,就可以更进一步了。

目 录

序　言 …………………………………………………………… I

引　论　文化精神及其阐释 ………………………………… 001
　一、文化与文明 ………………………………………… 001
　二、科学与人文 ………………………………………… 011

第一章　从李约瑟问题谈起 ………………………………… 021
　一、李约瑟问题的提出 ………………………………… 022
　二、李约瑟问题的分析与解决 ………………………… 026
　三、李约瑟问题的转换与扩展 ………………………… 039

第二章　现代化与中国道路 ………………………………… 043
　一、现代性与后现代 …………………………………… 044
　二、现代化与改革 ……………………………………… 055
　三、中国道路与民族复兴 ……………………………… 064

第三章　全球化与中国模式 ………………………………… 074
　一、全球性与后殖民 …………………………………… 075

二、全球化与开放 ··· 087
三、中国模式与大国崛起 ··· 098

第四章　生态文明与美丽中国 ··· 106
一、生态系统观与可持续发展方案 ································· 107
二、从生态伦理到自然价值 ······································· 118
三、环境保护与计划生育 ··· 129

第五章　物质文明与富强中国 ··· 136
一、"美德就是知识"与"知识就是力量" ························· 137
二、从创新伦理到知识价值 ······································· 149
三、"科学技术第一"与"知识分子第一" ························· 158

第六章　社会文明与和谐中国 ··· 165
一、和谐：冲突、合作与控制 ····································· 166
二、认同与承认 ··· 173
三、"看得见的手"与"看不见的手" ····························· 186

第七章　政治文明与民主中国 ··· 193
一、治理：资源、权力与秩序 ····································· 194
二、大众民主与协商民主 ··· 202
三、礼治与法治 ··· 217

第八章　精神文明与文明中国 ··· 225
一、走向现代化的中国传统文化 ··································· 226
二、回应全球化的中国本土文化 ··································· 234
三、中国梦与社会主义核心价值观 ································· 245

后　记 ··· 253

参考文献 ··· 255

引　论　文化精神及其阐释

本书研究当代中国精神问题。在正式进入这一主题前,概要介绍笔者对于更为一般和普遍的文化精神问题与科学精神、人文精神问题的理解是必要的。对于文化精神与科学精神、人文精神的探讨,正是一种前提性和基础性的研究。

一、文化与文明

文化、文明与精神

无论在中国,还是在世界,文化时常都是一个热点问题,但关于"文化"的定义却是众说纷纭,莫衷一是。而"文化"的定义又涉及"文化"的词源。

汉代许慎《说文解字》释"文"字为:"错画也,象交。"彩色交错为文。华丽有文采,与"质"相对举。在绘画和刺绣上,青与赤相交错为文。在中国古代,"文化",意思是文治、教化,与武功、武威相对举,是统治者的一种统治术,引申为礼乐法度,亦即人为(伪),与自然(真)相对举。与之相关的"文明",意思是国家和社会面貌的开化、光明,富有文采,与"蒙昧"、"野蛮"相对举。在《易传·贲卦·象辞》中,"人文"与"天文"相对举:"小利有攸往,天文也;文明以止,人文也;观乎天文,以察时变,观乎人文,以化成天下。"唐代孔颖达注《尚书·舜典》"睿哲文明"词为:"经天纬地曰文,照临四方曰明。"

在西方,"文化"一词来源于拉丁文 cultura,意思是对土地的耕耘和对植物的栽培,引申为对人的身体和精神的培养。这个转义在古罗马著名演说家西塞罗的"智慧文化即哲学"的名言中确切地表达出来了。与之相关的"文明"一词来源于拉丁文 civilis,意思是公民的、国家的、社会的,亦即国家和社会的进步状态。

1871年,英国文化人类学家泰勒在《原始文化》一书中第一次提出了一个著名的"文化"("文明")定义:"文化或文明,就其广泛的民族学意义来说,是包括全部的知识、信仰、艺术、道德、法律、习俗以及作为社会成员的人所掌握和接受的任何其他的才能和习惯的复合体。"[①]从此往后,众多学者对于"文化"作了种种界说。

从马克思主义唯物史观来考察,文化即人化,指人类在改造自然、社会和人类本身的历史过程中,赋予物质和精神产品全部总和以及人类自身行为方式以人化的形式的特殊活动及其成果(积极的和消极的),包括广义的文化(大文化)与狭义的文化(小文化)。广义的文化,泛指人类一切活动(物质的和精神的等等)及其成果(如"自然、文化"中的"文化"),——按照二分法,包括物质文化与精神文化;按照三分法,包括物质文化、制度文化与精神文化;按照四分法,包括物质、制度、风俗习惯、思想价值;按照六分法,包括物质、社会关系、精神、艺术、语言符号、风俗习惯,等等。狭义的文化,特指人类精神创造活动及其成果(如"经济、政治、文化"中的"文化")。我们所谓文化兼指广、狭二义。文化是自然的人化。人们对于自然世界的解释和改变,创造了人类的文化世界,以至我

[①] [英]爱德华·泰勒:《原始文化·神话、哲学、宗教、语言、艺术和习俗发展之研究》,连树声译,上海:上海文艺出版社,1992,第1页。

们所生存发展的日常生活世界已经不是自然的世界,而是文化的世界。但是,文化具有双重效应:它为"人诗意地栖居在大地上"(荷尔德林)提供了精神家园,而将人与自然界之间的关系隔离开来了。因此,除了自然的人化以外,还有人的自然化。前者是文化,后者是以非文化、反文化面目出现的文化,两者相反相成。

文化既指活动,又指成果,成果包括积极的和消极的。而文明则是其中的积极的成果。

文化的特点有:第一,文化的属人化。文化塑造人,而归根结底则为人所创造,由此体现文化的属人性和主体性。第二,文化的社会化。人是社会的人,文化是社会的文化,由此体现文化的社会性和历史性。第三,文化是作为文化形态存在、发展的,由此体现文化的具体性和历史性。马克思主义唯物史观的基本特点是把社会当作社会形态来理解,同样把文化当作文化形态来理解,只承认有着具体性和历史性的社会形态和文化形态的存在和发展,不承认离开具体的和历史的社会形态的抽象的社会以及离开具体的和历史的文化形态的抽象的文化。

文化的实质是人化。广义地说,文化是人类实践活动的产物和表现;狭义地说,精神文化是人类精神生产活动的产物和表现。人类实践活动包括生产劳动和交往活动:第一,物质生产-自然(地理)环境生产。自然界不仅是人谋取物质资料(生活资料和生产资料)的对象,而且是人生存(存在和发展)的根本;因此人对于自然界不仅要征服,而且要保护;因此人的生产一方面是物质资料的生产和再生产,另一方面则是自然环境的生产和再生产。第二,人类自身(人口)生产。人类种的繁衍不仅是数量的增长,而且是质量的提高;不仅是生理和体力(体能)的进化,而且是心理和脑力(智能)的进化。第三,交往形式生产。第一类生产(物质生产-自然环境生产)同时生产和再生产了人与自然界的关系,第二类生产(人类自身生产)同时生产和再生产了人与人的关系:首先生产人与人的自然(血缘、姻缘)关系,然后生产人与人的其他社会关系;这样两种关系的规范化和制度化形成了生产方式和交往方式。第四,精神生产。作为以上三种生产的成果和反映,思想、观念、意识和语言的生产和再生产不断生产和再生产着人类的精神文化。以上四种生产的产物和表现包括第二自然(或称"人工自然"、"人化自然")和社会。前者与第一自然(或称"自在自然")相对举,后者与自然相对举。

在某种意义上,文化的实质亦即文化的精神。

汉代高诱注《淮南子·精神训》,释"精神"为:"精者人之气,神者人之守也。"在中国古代,"精神",意思是精灵之气及其变化。在西方,"精神"一词来源于拉丁文 spiritus,意思是轻薄的空气、轻微的流动、气息。精神是人在实践活动中能动反映物质存在的意识活动及其成果,同物质相对应,和意识相一致。

文化精神即文化实质,指一种文化系统成为自身及其与他种文化系统区别之根本所在。

如果我们把文化比喻为一座殿堂的话,那么,文化精神也就是其中的柱石。在一个族群的文化殿堂中,有一个族群共同的世界观、人生观和价值观等等。而一个族群共同的信仰(信念)和理想——世界观、人生观和价值观即存在论和生存论方面,则是一个族群的精神柱石。

一个族群的共同信仰(信念),是指一个族群对于自身生存根据的共同体认。作为"终有一死的人"(海德格尔),人类生存的暂时性和有限性,决定人类总要寻求一种具有永恒性和无限性的生存根据。在某种意义上,人类文化的历史即是寻求"精神家园"的历史。在历史上,这一寻求方式大致可以分为四类或者五类:一是以物为本,回归自然——自然本位主义;二是以人为本,依附社会——社会本位主义;三是以人为本,个人膨胀——个人本位主义;四是以神为本,精神超越——精神本位主义。除此以外,还有以无为本,虚幻颓废——虚无主义。正如瑞典雕塑家卡尔·米勒雕塑作《上帝之手》所启示的:人的生存是没有根据的,给他一个根据——"上帝之手"。人的信仰(信念)之所在即是人的生存根据之所在。这同时是世界观、人生观和价值观即存在论和生存论方面。信仰(信念)在哪里,理想也就在哪里。

[瑞典]卡尔·米勒:上帝之手

这个渺小的人如何敢于挑战苍茫的太空？正是为一只大力的、全能的手所支撑。这是他的信心和勇气、智慧和力量的坚强而又可靠的依托。这座雕塑揭示了本书的主题。

换句话说,因为文化即人化,是人对世界的认识和改造,主要包括人和自然的关系、人和社会(人和自我、人和他人)的关系等等。——人和神灵世界的关系不过是人和现实世界的关系的虚幻反映。所以,一种文化精神,其中的核心是某一族群对待自身和世界(自然、社会)及其相互关系的某种态度。

文化有机系统与文明演进过程

文化圈(文化场)是具有一定特质的文化系统。史称"四大文明古国"或"五大文明古国",表明古代世界的主要文化圈有四个或五个:美索不达米亚(巴比伦)文明、埃及文明、印度文明、中国文明以及作为希腊文明、罗马文明前身的克里特文明。中世纪世界的主要文明有中国文明、印度文明、阿拉伯文明和欧洲文明。近现代以来，欧洲文明以及西方文明遥遥领先。其他文明有的灭绝或者几近灭绝，如传说的缪文明和亚特兰蒂斯文明、美索不达米亚（巴比伦）文明、埃及文明和印第安人的玛雅文明、阿斯特克文明、印加文明等；有的融入其他文明，如希腊文明、罗马文明、希伯来文明、拜占庭文明等；有的一度衰落，如中国文明、印度文明和阿拉伯文明等。其中中国文明最为源远流长，虽然一度衰落，但今天却呈现复兴趋向。德国著名历史哲学家斯宾格勒在《西方的没落》一书中根据他的"文化形态学"或者"比较形态学"方法，认为人类有史以来拥有 8 种高级文化：古典（希腊）文化、印度文化、巴比伦文化、中国文化、埃及文化、阿拉伯文化、墨西哥文化以及西方文化。[①] 英国著名历史哲学家汤因比在《历史研究》一书中根据他的"文化形态史观"，认为人类有史以来拥有21 或 26 种文明形态：多数文明发展了，如西方基督教文明、东正教（拜占庭、俄罗斯）文明、伊斯兰（伊朗、阿拉伯）文明、印度文明、远东（中国、朝鲜、日本）文明、古代希腊文明、古代叙利亚文明、古代印度文明、古代中国文明、米诺斯文明、苏美尔文明、赫梯文明、巴比伦文明、古代埃及文明、安第斯文明、墨西哥文明、于加丹文明和玛雅文明；少数文明停滞了，如波利尼西亚文明、爱斯基摩文明、游牧文明、斯巴达文明和奥斯曼文明。其中古代埃及文明、苏美尔文明、米诺斯文明、古代中国文明、玛雅文明、安第斯文明属于母体文明（亦即起源于人回应自然环境挑战的第一代文明），其他属于子体文明（亦即起源于人回应社会环境挑战——由于母体文明的衰落和解体——的第二代文明和第三代文明）。[②] 美国著名学者亨廷顿在《文明的冲突与世界秩序的重建》一书中把当代全球文明划分为 7 种或 8 种主要文明：西方文明、儒教文明、日本文明、伊斯兰教文明、

---

① 参见[德]奥斯瓦尔德·斯宾格勒：《西方的没落·世界历史的透视》全两册，齐世荣、田农、林传鼎、戚国淦、傅任敢、郝德元译，北京：商务印书馆，1963。
② 参见[英]阿诺德·汤因比：《历史研究》（修订插图本），刘北成、郭小凌译，上海：上海人民出版社，2000。

印度文明、斯拉夫—东正教文明、拉美文明或加上非洲文明。① 还有其他各种划分方法。20世纪80年代中国内地比较流行的一种说法是"两大文化圈":以中国为代表的内陆文化圈("黄色文明")和以欧洲为代表的海洋文化圈("蓝色文明")(《河殇》)。20世纪90年代中国内地比较流行的一种说法是"三大文化圈":以印度为代表的高地宗教文化圈、以中国为代表的大河平原哲学文化圈和以欧洲为代表的海洋科学文化圈。这些说法忽略了一个不能为上述任一文化圈所代表并且把上述三大文化圈连接为一体的阿拉伯文化圈。因此,我们采用最通常的划分方法,把当代全球文明划分为四种主要文明:中国文明、印度文明、阿拉伯文明和西方文明。其实文化圈是大圈套中圈,中圈套小圈的。譬如中国文化圈,其辐射带不仅包括中国本土文化圈,而且包括日本文化圈以至整个东亚文化圈。中国本土文化圈包括许多地区文化圈,如古代中世纪的齐鲁文化、楚文化和燕赵文化、吴越文化、巴蜀文化,近现代的京派文化、海派文化、港派文化、台湾文化以及内地、海外其他地区文化等。西方文化圈以西欧文化圈和北美文化圈为中心,其辐射带包括俄罗斯—斯拉夫文化以至东欧文化、日本文化以至东亚文化、澳洲文化、拉美文化以及非洲文化。有些文化是属于边缘文化带或综合文化带,通常是两个或者两个以上文化的交汇地带,如日本文化介于中国文化和西方文化之间等。在文化现代化、全球化浪潮影响下,即使是中心文化带也是相互交融的。

　　文化与文明的类型是多种多样的,从不同角度可以对文化(文明)进行不同分类。前面我们在给文化下定义时,提到二分法(物质文化与精神文化)、三分法(物质文化、制度文化与精神文化)、四分法(物质、制度、风俗习惯、思想价值)、六分法(物质、社会关系、精神、艺术、语言符号、风俗习惯)等等分类方法。其中,二分法过于简单,而四分法、六分法又过于复杂,因此我们采用最通常的划分方法——三分法,同时扩展为五分法。

---

　　① 参见[美]塞缪尔·亨廷顿:《文明的冲突与世界秩序的重建》,周琪、刘绯、张立平、王圆译,北京:新华出版社,1999。

```
                                          ┌ 狭义的文化  ┐
                                                (小文化)
生态—物质文化(文明) ⇔ 制度(社会—政治)文化(文明) ⇔ 精神文化(文明)
└               广义的文化(大文化)                        ┘
```

[图0.1] 文化的基本分类

其中,第一,生态—物质文化是人和自然界之间互动的产物和表现,反映了自然界与人的关系(天人关系);第二,制度(社会—政治)文化是人和人之间互动的产物和表现,反映了人与人的关系(人人关系);第三,精神文化是自然界与人的关系(天人关系)和人与人的关系(人人关系)在观念—心态上的能动反映。我们从"两个文明"(物质文明和精神文明),到"三个文明"(物质文明、精神文明和政治文明),到"四个文明"(物质文明、精神文明、政治文明和社会文明),到"五个文明"(物质文明、精神文明、政治文明、社会文明和生态文明)提法的变化和发展,正是意识到了各类文化之间的相互联系和文化系统。

除了这一基本分类以外,还有一些重要分类:科学文化与人文文化、传统文化与现代文化、本土文化与外来文化、雅文化与俗文化(精英文化与大众文化)、官方文化与民间文化(庙堂文化与山林文化)及主文化、亚文化与反文化等等。其中,科学文化与人文文化的分类有着更加重要的理论和实践意义。我们将会专门予以论述。

各种文化都有类似的结构和功能。每种文化都有文化产品、文化活动方式(活动模式、活动样式)、文化观念三个基本要素构成,其中的文化观念是核心要素。

```
                                                    ┌ 核心要素 ┐
文化产品    ⇔    文化活动方式(活动模式、活动样式)    ⇔    文化观念
外   层           中   层                                  内   层
显性部分           中间环节                                 隐性部分
└                        基本要素                                   ┘
```

[图0.2] 文化的基本构成

文化的结构决定文化的功能。文化的功能包括实践功能和认识功能。人与文化之间的互动表明：人既创造文化，文化也塑造人。从总体上说，归根结底是人创造文化，而不是文化塑造人。人通过文化把世界符号化，以之来解释世界、改变世界。从个体上说，人首先被一定文化所塑造，然后在一定程度上参与文化创造。文化塑造人包括两个方面：第一，文化作为人文环境，比自然环境更能够塑造人；第二，文化作为社会遗传密码，比生物遗传密码更能够塑造人。

一种文化产品，总是被某种相关文化活动方式所运作，其中必然渗透、附着某种文化观念。从文化的构成中，可以确立文化的构成分析方法。我们所运用的文化解释学方法，主要是指文化构成分析法。其基本路径是：从任一文化产品，亦即文本及其相关文化活动方式中，探讨其中所蕴含的文化观念，而又从这一文化观念中获得对于这一文本的更加深入细致的理解。这一方法已经被人们广泛深入地应用于比较文化研究之中，成果显著。

在同一文化系统中，不同文化因素居于不同的地位，起着不同的作用，由此可以把文化划分为主文化、亚文化和反文化。其中，第一，主文化是处于中心地位，起着主导作用的文化，如中国传统文化中的孔孟儒家、中国当代文化中的马克思主义等。第二，亚文化是处于边缘地位，起着补充作用的文化，如中国传统文化中的老庄道家、中国当代文化中的一些非马克思主义等。第三，反文化是处于异端地位，起着反对作用的文化，如中国传统文化中的杨墨两家、中国当代文化中的一些反马克思主义等。应当指出的是：主文化不一定是先进的或革命的，亚文化不一定是中性的，而反文化也不一定是落后的或反动的。此时此地是主文化、亚文化的，彼时彼地往往是反文化。反之亦然。如孔孟儒家在中国古代中世纪是主文化，在中国近现代是亚文化或反文化；马克思主义在当代西方是亚文化或反文化，在当代中国是主文化等。

马克思曾经把人类社会历史划分为自然时代和文明时代，恩格斯曾经把人类社会历史划分为蒙昧时代、野蛮时代和文明时代。文明出现的条件是金属工具的制造和使用以及脑力劳动和体力劳动的分工;而文明出现的标志则是语言文字的出现。文明的演进首先是物质文明的演进,然后是制度文明的演进,最后是精神文明的演进。文明演进的基本顺序与社会演进的基本顺序相一致。这是一个统一性和多样性交错的历史过程。

    自然时代————————→文明时代

[蒙昧时代——→野蛮时代]

    [图0.3]文明的基本演进

  可以从各种角度去划分文明形态:就物质文明说,当人类告别制造和使用石器与木器、从事采集和渔猎活动的原始形态时,也就正式进入了文明形态,大致先后经历了青铜器—游牧文明、铁器—农耕文明、大机器—工业文明、智能机器—知识文明几个基本形态。就制度文明说,东方和西方以及各个国家和地区情况不一,马克思早年提出的原始社会、奴隶社会、封建社会、资本主义社会、共产主义社会五大社会(文化)形态,首先并主要适用于西方。至于东方,马克思早年就提出了"亚细亚生产方式",晚年又提出了"东方社会发展道路",揭示了东方社会(文化)与西方社会(文化)相区别的特质。因此,制度文明比物质文明更具有多样性,但也具有统一性。在文明形态上,值得注意的是马克思晚年按照人的发展历程提出的从"人的依赖关系",经过"以物的依赖性为基础的人的独立性"到"建立在个人全面发展和他们共同的社会生产能力成为他们的社会财富这一基础上的自由个性"三大社会(文化)形态。这就是多样性中间包含的统一性。就精神文明说,由于经济和环境、人口、资源、社会等等因素的影响,各种社会(文化)形态更是千差万别、千变万化。因此,精神文明比物质文明、制度文明更易于体现文化多样性,也就是说,更难于表现文化统一性。

可以从文化结构去分析文明形态：任何一种文明形态在演进时，也就进入了一个发展周期，大致先后经历了建构、补构、解构、换构几种基本情况。当一种文明形态形成了某种稳定的文化精神时，便是建构（确立），文明建构时期往往是文化的兴盛时期——轴心时代。随着文明的发展，文明的核心——文化精神逐步丧失了稳定的性能，这会导致三种情况，一是补构（替补），即是以旧的文化精神结构为主导，补充新的文化精神因素；二是解构（解体），即是旧的文化精神结构由于经受不了新的文化精神因素冲击因而造成瓦解；三是换构（转型），即是旧的文化精神结构被新的文化精神因素所转换。究竟出现哪种情况，取决于新旧文化精神的力量对比。

二、科学与人文

科学文化与科学精神

英国科学史家丹皮尔在《科学史》一书中曾探讨过"科学"的词源和定义："拉丁语词 Scientia（Scire，学或知）就其最广泛的意义来说，是学问或知识的意思。但英语词'science'却是 natural science（自然科学）的简称，虽然最接近的德语对应词 Wissenschaft 仍然包括一切有系统的学问，不但包括我们所谓的 science（科学），而且包括历史，语言学及哲学。所以，在我们看来，科学可以说是关于自然现象的有条理的知识，可以说是对于表达自然现象的各种概念之间的关系的理性研究。"[①]汉语"科学"一词来源于日文（近代日本学者西周肇始），意思是分科之学。

科学是人们在社会实践基础上探索对象世界的活动，科学的活动是透过现象、偶然，把握本质、必然，科学既具有感性经验内容，又具有理性思维

---

① ［英］W. C. 丹皮尔：《科学史及其与哲学和宗教的关系》上册，李珩译，北京：商务印书馆，1975，第9页。

形式,是作为理论体系的自然知识、人文社会知识和思维知识的总称。

```
                                      ┌ 应用科学(工程技术科学)
   自然科学⇔人文社会科学⇔思维科学    ↑↓
                                      └ 基础科学(理论科学)
   ├─────────────────────────────┤
   科学实验—数学
```

[图0.4] 科学的基本分类

其中,首先,科学从研究对象上可以分为自然科学、人文社会科学、思维科学三大类,每一大类可以分为许多中类、小类,如自然科学分为天文学、地学、物理学、化学、生物学等等;人文社会科学分为文学、历史学、哲学、经济学、法学等等(人文科学和社会科学可以更进一步区分,如文史哲等属于人文科学,其他属于社会科学);思维科学分为语言学、心理学、逻辑学等等。近代以来,学科分门别类愈益深入细致;而现代以来,学科门类界限又逐渐被打破,出现了许多边缘学科、综合学科。其次,从理论与实践的关系上可以分为基础科学(理论科学,简称"科学")、应用科学(工程技术科学,简称"工程技术")两大类,这一划分不是绝对的,而是相对的,如力学是基础科学,建筑力学是应用科学;生物学是基础科学,医药学是应用科学;教育学是基础科学,教学法是应用科学等等。最后,一切科学都要运用两个基本手段(工具):一是科学实验,二是数学。一门学科是否运用实验手段、数学工具以及所运用的程度,是衡量这门学科作为科学成熟程度的标志。总起来说,各门自然科学的科学实验和数学基础已经比较牢固可靠;人文社会科学有些已经运用实验手段和数学工具,如经济学、管理学、社会学、历史学、考古学、民族学、人类学等等;有些尚未运用实验手段和数学工具,如政治学、法学、伦理学、文学、美学、宗教学、哲学等等,这一方面有待于该学科自身的发展,另一方面也有待于实验手段和数学工具本身的发展;思维科学运用实验手段和数学工具的成就,表现在如实验心理学和数理逻辑学等等的发展上。现代科学实验是从传统科学的观察和实验中逐步发展起来的,已经从实验室实物实验一种基本形态发展为实验室实物实验、思想实验、计算机虚拟实验三种基本形态。现代数学是从传统科学的计算技术和测量技术中逐步发展起来的,已经从研究线性、整形等等简单性问题发展为研究非线性、分形等等复杂性问题。应当指出的是:科学的可控实验与伪科学(巫术)的不可控实验、科学的数学与伪科学(巫术)的象数学,是根本对立的。

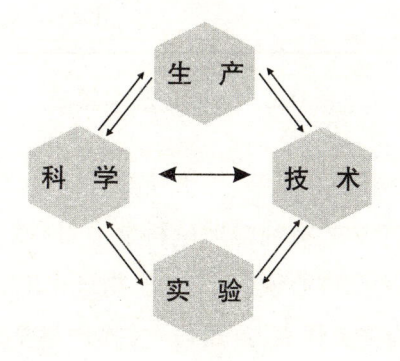

[图0.5]科学的基本构成

科学包括两个基本循环:一是生产⇔技术⇔科学的循环,可以称为"科学的外循环"。传统科学主要表现为生产⟶技术⟶科学的正循环,生产的发展带动技术的进步,带动科学的进步,由于逆循环尚未充分形成,表现为单循环,生产发展和科技进步比较缓慢;而现代科学则主要表现为科学⟶技术⟶生产的逆循环,科学的进步带动技术的进步,带动生产的发展,由于逆循环已经充分形成,表现为复循环,生产发展和科技进步比较迅速。二是实验⇔科学⇔技术的循环,可以称为"科学的内循环"。在传统科学中,内循环尚未充分形成,实验活动尚未从生产劳动中分化出来。传统经验科学是生产经验的概括总结。从经验科学甚至生产经验中就能直接形成技术成果,直接付诸生产。在现代科学中,内循环已经充分形成,实验活动已经从生产劳动中分化出来。现代理论科学是以科学实验(以及数学)为基础的(在实验活动中提出科学假说,而又通过实验证明形成科学理论)。只有从理论科学中才能形成高新技术成果,投入高新产业。应当指出的是:保证两个基本循环畅通是科学发展的基本条件,如果一个循环或者某个环节形成障碍,科学发展就会陷于停滞。

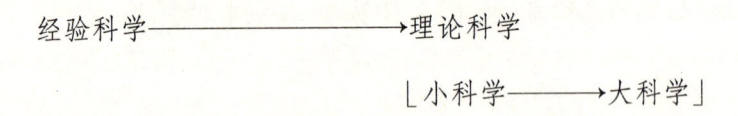

经验科学————————→理论科学

[小科学————→大科学]

[图0.6]科学的基本演进

作为生产经验的概括和总结,传统经验科学与技术、生产紧密结合在一起,只有在希腊科学中才有纯粹理论科学形态(欧几里德几何学)。近现代以来,以哥白尼太阳中心说、达尔文生物进化论、马克思唯物史观、弗洛伊德精神分析学为主要代表,自然科学(物理科学、生命科学)、人文社会科学、思维科学先后冲破宗教神秘主义束缚,获得思想解放。哥白尼太阳中心说打破地心说对于人类居所的神秘主义理解,达尔文生物进化论打破神创论对于人类出身的神秘主义理解,马克思唯物史观打破唯心史观对于人类社会的神秘主义理解,弗洛伊德精神分析学打破精神神秘论对于人类文化的神秘主义理解,都是思想解放,至于后人对于马克思和弗洛伊德理论的教条主义和实用主义态度是后人的问题。以实验和数学为基础的现代理论科学逐步形成,科学在两个基本循环(生产⇌技术⇌科学和实验⇌科学⇌技术)的相辅相成中加速度发展,形成以牛顿经典力学为主要代表的近代理论科学系统、以量子力学和爱因斯坦相对论为主要代表的现代理论科学系统。但是,近代科学是分门别类的科学家和科学工作者的个体活动,这就叫做"小科学"。而现代以来,科学又大规模发展,小科学发展成为"大科学"。所谓大科学,一是指大科学系统。学科门类界限逐渐被打破,出现了各种边缘学科、综合学科,如所谓旧三论(系统论、信息论、控制论)、新三论(耗散结构论、突变论、协同学)等等。科学理论一体化趋势不仅表现在自然科学、人文社会科学、思维科学三大领域内部,而且表现在它们之间。二是指大科学建制。科学从科学家和科学工作者的个体活动发展到科学共同体的总体活动。科学建制一体化趋势甚至朝着集团化、国家化、区域化、全球化方向发展,如20世纪三大科学计划——曼哈顿原子弹计划、阿波罗登月计划、人类基因组计划等等。科学劳动已经成为社会劳动的主要组成部分,已经成为社会财富的主要源泉。科学革命不断带动技术革命、产业革命,不断带动社会革命。

科学作为人类的认识和实践活动,是一种重要的文化(人化)现象。而渗透、附着于这种现象的科学精神则是科学文化得以存在、发展的根据。

科学精神大致体现在以下几个基本原则上:第一,怀疑原则。科学是人类理性的产物和表现,所谓怀疑就是要求用理性来衡量一切,理性怀疑是一切科学的前提和基础。对于一切常识、一切成见、一切偏见等等,均可怀疑并且都要允许怀疑,不仅怀疑别人而且允许怀疑自己(是否允许别人怀疑自己是衡量一种理论体系是科学还是非科学、反科学的试金石)。当然,怀疑是有根据的理性怀疑,而不是无根据的非理性、反理性怀疑。但是,坚持理性怀疑精神是科学得以存在、发展的基本条件。科学是对于真理的探索。科学并不终结真理,而是不断开辟着通往真理的道路。真理面前人人平等。科学无禁区,科学无止境。一切迷信和盲从都是科学的敌人。第二,假设(约定、承诺)原则。一切科学理论系统都要从某个或者某些假设出发。所谓公理是不证自明的,如果非要证明不可,就会出现循环论证错误,即把从前提中推导出来的结论反过来作为证明前提的前提,这在形式逻辑上是不能允许的。当然,公理不证自明,有的确实是人们在亿万次的实践活动中确立下来的;但有的却几乎是科学家们自由想象的结果和反映。不仅如此,一切科学理论都要从假说发展出来。当然,假设同样是有根据的,而不是无根据的。但是,假设是科学得以存在、发展的又一基本条件。科学不是从真理到真理,而是经过种种尝试(试错),其中谬误是不可避免的。第三,实证(检验、验证)原则。科学虽然属于理性活动,但却必须在感性活动中得到实证——证实或者证伪。观察、实验就是这样一些证明活动。为此,任何一个科学理论体系和构成这个科学理论体系的科学理论命题,在原则上应当能够被证实或者被证伪。科学的理论命题和理论体系应当具有在原则上可被证实或可被证伪的内容,凡是在原则上既不能得到证实又不能得到证伪的理论命题和理论体系,都有伪科学的嫌疑。第四,普适原则。任何一个科学理论体系和构成这个科学理论体系的科学理论命题,在一定条件下应当普遍适用。科学的理论命题和理论体系应当具有普遍性的形式,凡是只有特殊性的或个别性的形式的科学只是经验科学,而非理论科学。第五,划界原则。不仅要注意划分科学和人文的界限,而且要注意划分科学和伪科学的界限,还要注意划分各种科学之间的界限。任何一个科学理论体系和构成这个科学理论体系的科学理论命题,都有一定界限,在这个界限内是真理的,超出这个界限就会变成谬误。因此,科学的理论命题和理论体系只能在一定界限内适用,不能随便超出所确定的界限。事实证明,滥用科学理论必将走向反面。

人文文化与人文精神

"人文"一词来源于拉丁文 humanus, humanitas,意思是文明与教养(人性修养),古罗马人用它来特指受过古希腊文化熏陶和教养的古罗马人,亦即文明人,与野蛮人(异族)相对举。文艺复兴时期意大利人文主义者继续用它来特指这种文明人,与野蛮人(教会)相对举。德文 humanismus,意思是人文主义。这个概念是古罗马人与文艺复兴时期意大利人文主义者对它的理解的综合。它包含了两方面的意思,一方面是指接受文明的熏陶和教养,另一方面则是指人的价值与尊严。英文 humanism, humanity,意思是人文主义——一种以人的价值为内核的价值取向或导向,humanities 意思是人文学科或人文科学——以作为文化存在的人为对象的各种研究。现代汉语"人文"一词来源于古代汉语。"人文",与"天文"相对举,是指文化现象,特别是指礼乐教化。《周易·贲》:"观乎天文以察时变,观乎人文以化成天下。"孔颖达注:"言圣人观察人文,则诗书礼乐之谓,当法此教而化成天下。"

人文是人们生存、发展的意义、价值以及人们应当遵循的规范、规则等的总称。

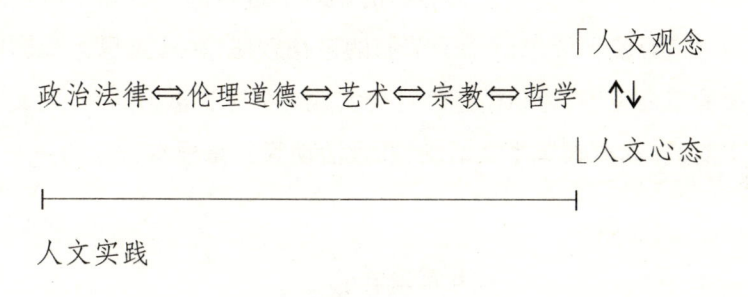

$$\underbrace{政治法律 \Leftrightarrow 伦理道德 \Leftrightarrow 艺术 \Leftrightarrow 宗教 \Leftrightarrow 哲学}_{人文实践} \quad \begin{matrix} \lceil 人文观念 \\ \updownarrow \\ \lfloor 人文心态 \end{matrix}$$

[图 0.7] 人文的基本分类

其中,首先,人文包括两个层面:一是主要属于规范层面,诸如政治法律(硬性强制)、伦理道德(软性或者善的约束)、艺术(美的陶冶)等,其中价值因素愈益显著(可以认为艺术是从低级层面到高级层面的过渡环节);二是主要属于价值层面,诸如宗教、哲学等,除了具有规范因素以外,作为世界观、人生观和价值观体系,为人们提供了价值信仰(信念)和理想(宗教是非理性的,而哲学则是理性的)。两个层面之间互动,推动各自发展。应当指出的是:如果一个层面或者某个环节形成障碍,人文发展就会陷于停滞。同时应当指出的是:人文与人文科学是不同的。人文是文化现象、价值现象,而人文科学则是对于这一文化价值现象的科学研究。科学研究必须意义悬置、价值中立。政治学、法学不同于政治法律现象,伦理学不同于伦理道德现象,文学、艺术学不同于文学艺术现象,宗教学不同于宗教现象,同样,作为科学研究的哲学,也不同于作为文化价值现象的哲学——世界观、人生观和价值观。当然,作为科学,人文科学本身也是文化价值现象,但却不是人文文化现象,而是科学文化现象。科学文化现象只有在应用中才能体现其意义和价值。其次,人文观念是自觉的定型的观念形态,而人文心态则是不自觉的不定型的心理状态。譬如,孔孟之道是中华民族传统的文化观念,而中国传统的小农意识、士大夫意识则是与之相关联的文化心态;马克思主义是近现代世界的文化观念,而无产阶级意识则是与之相关联的文化心态,等等。最后,人文实践是人文的基础,同时是在人文观念和人文心态的影响下进行的。譬如中国历朝历代在孔孟之道影响下的忠臣孝子节妇的道德践履,在马克思主义影响下成长起来的革命英雄、劳动模范的社会实践等。应当指出的是:人文实践与伪人文实践(如原教旨主义活动、邪教活动等),是根本对立的。

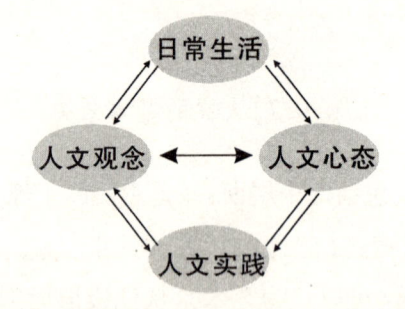

[图 0.8] 人文的基本构成

人文文化现象与日常生活现象之间互动;同时,人文实践与人文心态、人文观念三者之间互动,推动各自发展。人文同样包括两个基本循环:一是日常生活⇔人文心态⇔人文观念的循环,可以称为"人文的外循环";二是人文实践⇔人文观念⇔人文心态的循环,可以称为"人文的内循环"。人文实践是从日常生活中分化出来的,人文的内循环是从人文的外循环中分化出来的。人文实践重新构造日常生活,而内循环则不断范导外循环。譬如,政治家、行政执法人员的政治、行政执法活动就是一种人文实践,这种人文实践是在一定政治法律制度(民主或专制、法治或人治)下进行的,并且受到一定政治法律观念、心态影响;而这种人文实践对于社会政治法律制度、民众政治法律观念、心态又具有或好或坏、或大或小的构造和范导作用。再如,道德楷模的道德活动也是一种人文实践,这种人文实践是在一定伦理道德规范下进行的,并且受到一定伦理道德观念、心态影响;而这种人文实践对于社会伦理道德规范、民众伦理道德观念、心态也同样具有或好或坏、或大或小的构造和范导作用。其他如文学艺术家、文学艺术工作者的文学艺术活动对于人们的审美观念、心态,宗教人士、教徒的宗教活动对于人们的宗教观念、心态,哲学家、哲学工作者的哲学活动对于人们的世界观、人生观和价值观,均有类似影响。

宗教(原始宗教──→多神教──→一神教)──→政教合一(宗教─意识形态)──→哲学─意识形态。

[图0.9]人文的基本演进

在绝大多数国家和地区,传统人文文化现象的核心是宗教。宗教经历了一个从原始宗教(如自然崇拜、灵物崇拜、图腾崇拜、巫术占卜以及祖先崇拜等)经过多神教到一神教的基本历史发展过程(从非制度化宗教到制度化宗教,从非完整型到完整型)。中世纪人文文化现象的核心是宗教与意识形态相结合(政教合一)。近现代,宗教与意识形态相分离(政教分离),人文文化现象的核心是哲学—意识形态。

渗透、附着于人文文化现象的人文精神是人文文化得以存在、发展的根据。

人文精神大致体现在以下几个基本原则上:第一,人类中心原则。人类即使不是这个世界的事实上的中心,也是这个世界的价值上的中心。换句话说,人类作为这个宇宙中心即使不是事实真理,也是价值真理。当然,这种人类中心原则不可走向极端。物极必反。人类中心原则一旦走向极端,就会走向两个反面:或者由于人的类本质的异化,因而以神本主义来代替人本主义；或者由于人与自然界之间的关系走向片面，要么因片面强调人对自然界的征服而走向极端的人类中心主义，要么因片面强调人对自然界的保护而走向极端的自然中心主义。以人类为中心，并不妨碍人与自然界之间的关系走向全面。第二，人格尊严原则。每一个具体的和历史的人作为人必然包含作为人本身的抽象的人的人格。人们在人格上一律平等。这就是说，夫妻、父母子女之间在人格上一律平等，国家元首、政府首脑和普通公民之间在人格上一律平等，敌我之间在人格上一律平等，守法公民和罪犯之间在人格上一律平等。对于自己和他人人格的尊重就是对于人本身的尊重，对于自己和他人人格的亵渎就是对于人本身的亵渎。人的尊严神圣不可侵犯。捍卫人格尊严，是人文主义（人道主义）的一贯要求。第三，个人自由原则。人文主义（人道主义）历来反对把人理解为抽象的类、社会、整体，坚持人作为人首要的是现实的个人、个体，因而捍卫个人自由。人的自由只可为人的自由所让渡，不可为别的原则所牺牲。以此一个人的自由来剥夺彼一个人的自由，或者以冒充的集体、社会的自由来制约真正的个人的自由，都是不道德的和非法的。第四，社会责任原则。人与人之间的关系既有斗争的一面，也有合作的一面。承认并且尊重个人自由，并不妨碍人与人之间的关系走向全面。人文主义（人道主义）认为，人的自由主要是为义务、责任等等内在的自律原则所约束，而不是为纪律、法律等等外在的他律原则所束缚。第五，终极关怀原则。终极关怀乃是人们超越于人世之外的信仰（信念）和理想。它为人们提供了生存的基本依据，因而是人文精神的最后（最终）和最高原则。

第一章　从李约瑟问题谈起

所谓李约瑟问题乃是以西方的科学技术为典范,考察东方的和中国的科学技术,从而发现:以西方科学技术为参照,东方科学技术、中国科学技术存在着这样那样的阙失。这里的预设是:西方的是普遍的,东方的是特殊的。当这样一种问题结构及其提出、分析和解决的模式被广泛应用时,李约瑟问题也就成为西方中心主义的替身,从而遭遇东方主义的批驳。但是,在某个特有历史阶段上,西方化确实构成了现代化和全球化的表征,而西方性也确实构成了现代性和全球性的内核。因此,我们仍然可以应用这一问题的结构和模式,只是应当辨别其中包含的真正的普遍性与冒充的普遍性。

我们以分析、解决一个扩大了的李约瑟问题为基本线索。这个扩大了的李约瑟问题不仅是对于中(东)西科学技术的比较研究,而且是对于中(东)西科学技术、人文社会等等的比较研究。分析、解决李约瑟问题通常包括三个层面:一是宏观层面,即社会经济、政治、文化背景的基础分析、制度分析和观念分析;二是中观层面,即科学技术以及人文社会的发展模式分析;三是微观层面,即科学技术以及人文社会的逻辑构造分析。从这样三个层面上着重研究中国传统文化及近现代文化中的科学精神与人文精神的阙失(技术的兴盛与科学的衰落、迷信的兴盛与宗教的衰落等奇异结构),提出补构方案。

一、李约瑟问题的提出

"李约瑟问题"(the Needham Question)或"李约瑟难题"(the Needham Problem)、"李约瑟之谜"(the Needham Puzzle)、"李约瑟命题"(the Needham Thesis)等,从英国科学技术史家李约瑟(Joseph Needham,1900—1995)一开始研究中国科学技术史时就提出来了。但直到1976年,才为美国经济学家肯尼斯·博尔丁(Kenneth Boulding)称为"李约瑟难题"(the Needham Problem);再经过美国科学社会学家沙尔·雷斯蒂沃(Sal Restivo)的概括整理,以及美国科学史家席文(Nathan Sivin)等人的质疑辩难,"李约瑟问题"一说遂不胫而走。20世纪80年代初,这一提法传入中国,引起了广泛而又持久的探讨,成为当代中国文化重大热点之一。

"李约瑟问题"是李约瑟在《中国科学技术史》(原名《中国的科学与文明》,Science and Civilisation in China,简称 SCC,Cambridge,1954—)以及《大滴定:东西方的科学与社会》(The Grand Titration:Science and Society in East and West,London,1969)等书中提出的,具有多种表述方式。其中经常为人们所引用的是李约瑟在《东西方的科学与社会》(Science and Society in East and West,Science and Society,1964,4:385—408)一文中所表述的:"为什么现代科学只在欧洲文明中发展,而未在中国(或印度)文明中成长?……为什么在公元前1世纪到公元15世纪期间,中国文明在获取自然知识并将其应用于人的实际需要方面要比西方文明有成效得多?"[①]这一提法包含了两个密切相关的问题:为什么古代和中世纪经验

---

① [英]李约瑟:《东西方的科学与社会》,引自《中国科学与科学革命:李约瑟难题及其相关问题研究论著选》,刘钝、王扬宗编,沈阳:辽宁教育出版社,2002,第83页。

科学和技术发展在中国比在欧洲(西方)更有效?为什么近现代理论科学和技术发展在欧洲(西方)比在中国更有效?换句话说,为什么以实验和数学为基本特征的科学技术不是产生在中国,而是产生在欧洲(西方)?也就是说,为什么在古代和中世纪一度领先的中国科学技术在近现代反而落后了?为什么在古代和中世纪一度落后的欧洲(西方)科学技术在近现代反而领先了?

早在李约瑟提出问题之前,中国科学社以及《科学》杂志创办人之一任鸿隽、哲学家冯友兰、美籍德裔犹太历史学家魏特夫(Karl Augest Wittfogel)、科学家朱可桢等人就提出了类似问题。但是,李约瑟难题并不等于诸如任鸿隽难题等等:为什么中国"无科学"或"没有科学"、"没有产生自然科学"、"实验科学不发达"?换句话说,为什么中国没有科学,欧洲(西方)才有科学?或者,为什么中国只有经验科学,欧洲(西方)才有理论科学?总之,李约瑟问题不是以绝对化的方式提出,而是以相对化的方式提出。它揭示了:在中国以显性方式存在的在欧洲(西方)往往以隐性方式存在,反之,在欧洲(西方)以显性方式存在的在中国往往以隐性方式存在。

把握李约瑟问题的关键是了解李约瑟所指称的"科学"究竟属于什么形态。按照通常界定,科学只是源于欧洲(西方),而非源于中国。李约瑟曾引用过爱因斯坦的一封信,这封信指出:"西方科学的发展基于两个重大的成就,即希腊哲学家关于形式逻辑体系(在欧几里德几何学中)的发明,和通过系统的实验找到因果关系之可能性的发现(文艺复兴时期)。在我看来,中国的智者没有迈出这几步并没有什么好惊奇的,值得惊奇的是这些发现终究是出现了。"[1]李约瑟所指称的"科学"正是这样一种形态——"近代科学"——以"自然假说的数学化"和"通过实验对其验证"为基本特点。法籍俄裔科学史家和思想史家柯瓦雷(Alxandre Koyré)

---

[1] [英]李约瑟:《中国科学与科学革命:李约瑟难题及其相关问题研究论著选》,刘钝、王扬宗编,沈阳:辽宁教育出版社,2002,第141页。

在《伽利略与柏拉图》一文中同样"用两个(互为关联)的特征来描述现代科学心智上的或理智上的观念"。"这两个特征是:(1)宇宙(秩序)的解体,所有基于这个秩序的考虑也随之从科学中消失;(2)空间的几何化,即用各向同性的、抽象的欧几里德几何学空间来代替前伽利略物理学中性质各异的、具体的世界——空间概念。这两个特征可以归结为:自然的数学化(几何化),以及科学的数学化(几何化)。"①

科学是一个历史的发展过程。近代科学是科学发展不可逾越的历史阶段。沙尔·雷斯蒂沃在《李约瑟与中国科学与近代科学的比较社会学》一文中指出:"李约瑟是把中国科学与如下三种说法的近现代科学相比较的:(1)伽利略—牛顿科学(机械论说法),(2)爱因斯坦—普朗克科学(有限机械论说法),(3)未来科学(明确的完全有机论说法)。"②当李约瑟把中国科学与说法1比较时,中国科学在其哲学基础上似乎是格格不入的;在科学态度、理论方向和方法上,中国科学属于前科学、原科学或准科学;当李约瑟把中国科学与说法2和说法3比较时,中国科学蛮有道理,好像先知先觉。但是,中国的科学与文化的早熟恰恰妨碍了它的成熟。从认识"模糊的世界"到构造"精确的宇宙",这一科学革命始终没有在中国发生,而是在欧洲(西方)发生。李约瑟在《大滴定》一书中指出:"中国的科学与技术一直到晚近时期,在本质上都属于达·芬奇式的,而伽利略式的突破只发生在西方。"③

对于李约瑟问题,一开始就有人质疑。"主要有三说:一是'无意义

---

① [英]李约瑟:《中国科学与科学革命:李约瑟难题及其相关问题研究论著选》,刘钝、王扬宗编,沈阳:辽宁教育出版社,2002,第813页。
② [英]李约瑟:《中国科学与科学革命:李约瑟难题及其相关问题研究论著选》,刘钝、王扬宗编,沈阳:辽宁教育出版社,2002,第186页。
③ [英]李约瑟:《中国科学与科学革命:李约瑟难题及其相关问题研究论著选》,刘钝、王扬宗编,沈阳:辽宁教育出版社,2002,第222页。

说',二是'逻辑矛盾说',三是'修改说'。"①我认为,无论就事实说,还是就逻辑说,李约瑟问题是成立的。李约瑟问题以及对于李约瑟问题的研究,其实质不仅是对于中(东)西科学技术的比较研究,而且是对于中(东)西文化(科技文化、人文文化以及制度文化等等)的更为普遍和更为一般的比较研究。因而这一问题可以在各个向度上扩展。我们以"修改说"为基础,提出"扩展说",亦即把李约瑟问题扩展为一个问题群。其中包括:(一)在时间向度上扩展。例如,"(1)首先是对从轴心时代(公元前800年到公元前600年)(所谓轴心时代,这是雅斯贝斯的提法,原本指'公元前800至200年间'。——引者)到17世纪中西方文化和古代科学作共时性和历时性的比较研究,特别是要研究近代科学或科学革命在17世纪的西欧是在什么情况下发生的,中国古代科学是如何长期缓慢地发展的;(2)研究17世纪以后到20世纪初,经过两次西学东渐,中国为什么不能很好地学习、吸收西方近代科学,使中国近代科学落后于西方;(3)研究20世纪以来,中国虽然全面地移植了西方近代科学以及科学的体制,但中国近代科学为何仍不能顺利发展,为何仍然落后于欧美。"②(二)在空间向度上扩展。例如,把李约瑟问题应用于印度、阿拉伯和其他文化圈。③ (三)在问题域上扩展,亦即把李约瑟问题转换为各个文化领域(如政治法律、伦理道德、艺术、宗教、哲学等)的问题,在总问题下排列组合各个支问题和分问题,并且力图以统一的或相互联系的方式和方法去分析和解决它。这是主旨所在。

---

① 董英哲、吴国源:《对"李约瑟难题"质疑的反思》,[英]李约瑟:《中国科学与科学革命:李约瑟难题及其相关问题研究论著选》,刘钝、王扬宗编,沈阳:辽宁教育出版社,2002,第644页。

② 范岱年:《关于中国近代科学落后原因的讨论》,[英]李约瑟:《中国科学与科学革命:李约瑟难题及其相关问题研究论著选》,刘钝、王扬宗编,沈阳:辽宁教育出版社,2002,第638页。

③ 参见瑞那、哈比比:《缺失的图像:李约瑟式的印度科学史何以没有出现》,引自[英]李约瑟:《中国科学与科学革命:李约瑟难题及其相关问题研究论著选》,刘钝、王扬宗编,沈阳:辽宁教育出版社,2002。

二、李约瑟问题的分析与解决

经过将近半个世纪至一个世纪的探讨，关于李约瑟问题的所有可能的答案几乎都被穷尽了。我们既不准备重复旧的答案，也不准备增补新的答案，而是构造一个总体浏览的框架，以便囊括所有可能的答案，为进一步研究李约瑟问题作准备。

分析和解决李约瑟问题通常包括如下三个层面：

第一，宏观层面，即社会经济、政治、文化背景的基础分析、制度分析和观念分析。

这一方面，李约瑟在《中国科学技术史》（特别是其中第一、二、七卷）中作了系统的回答。诸如，中国古代是重农主义，欧洲古代是重商主义；中国中世纪是封建官僚主义，欧洲中世纪是封建贵族主义；中国传统是有机论，欧洲传统是机械论，等等。这是社会基础分析、制度分析和观念分析的典范。李约瑟对于所有可能的答案都作了一定程度的甄别。他采用的解释有：民主与科学、儒学与道学、商人与科学、官僚与科学、自然法则，等等。他拒绝采用的解释有：身体特征与种族精神、气候、语言与文字、时间观念，等等。

究竟哪些社会文化因素真正影响了中国科学技术，哪些因素没有真正影响到？即使在真正影响了中国科学技术的社会文化因素中，哪些属于必要条件，哪些属于充分条件？这些都有待于更进一步证明。但是，科学技术与社会经济、政治、文化之间的关系是存在的，它们之间这样或那样的互动同样是存在的。应当指出的是：科学技术的社会化程度已经越来越显著。自从普赖斯（Derek de Solla Price）于1961年提出"大科学"（Big Science）概念以来，随着以前在物理和化学中以及后来在分子生物学中的巨额研究计划的制订和实施，科学技术已经从个人的、集体的活动发展为国家的以至国际的活动了。

第二,中观层面,即科学技术的发展模式分析。

这一方面,金观涛、樊洪业、刘青峰《文化背景与科学技术结构的演变》一文可以作为代表。他们把统计学和系统论方法应用于科学技术史研究,探讨了近代科学技术的循环加速机制,提出了两个循环加速过程:一是"理论—实验—理论",二是"技术—科学(包括理论和实验)—技术"。同时,他们探讨了近代科学技术的结构,认为它由"构造性自然观"、"受控实验"、"开放性技术"三个子系统构成:"构造性自然观有两重含义,第一是指必须从结构的角度来把握自然现象,第二是指理论必须是逻辑构造型的。""所谓逻辑构造型理论,是指一个科学理论体系内的各种论断不是各自独立的,这些论断可以归为几个最基本的假设和公理,又可据此运用形式逻辑做出一系列推断,这些推断不能互相矛盾。这样,整个理论体系形成了整体有序的结构。""总之,构造性自然观有两个明显的特点,第一,它具有可证伪性;第二,它具有预见性。""所谓受控实验,是指实验应在严格控制条件下进行,而不是以在不可控的偶然因素起重要作用时的观察或测试结果为据。只要控制条件足够严格,任何人在任何地方用同样的条件和方法做同一实验,实验结果都能以稳定的几率再现。""所谓开放性,是指技术本身能从掌握技术的个人手中游离出来,从它生产的技术产品(目的物)中游离出来。也就是说,技术不再是某个狭窄、专门行业的技艺了,而成为一种普遍的社会生产力。""我们可以把近代科学技术结构表示如下:即科学理论结构是构造性自然观,实验必须是受控实验,而技术结构则必须是开放性的。这三个子系统相互作用,具有循环加速的机制,整个近代科学技术就是在这样一种结构中加速发展起来的。"接着,他们分析了中国古代科学技术的特点,指出:"中国古代科学技术结构的特点,可以用它和社会结构的关系来说明。中国封建社会大一统政治形态和商品经济相对发达的地主经济决定了它的技术结构是'大一统'型的。理论和实验结构则与以儒家为正统、道家为补充的文化结构相适应。"①他们更进一步分析了原始科学结构及其社会化,提出了"示范作用"和"否定性放大"的问题。这一立足于计量历史学基础上的结构与过程的总体分析,比较实证而又系统地解决了李约瑟问题。其分析的广度与深度,至今无人企及。

其实,金观涛等人所提出的两个循环加速过程:"理论—实验—理论"、"技术—科学(包括理论和实验)—技术"可以被合并为一个过程:实验⇌技术⇌科学。但是还有一个过程:生产⇔技术⇔科学是历史—逻辑在先的。

是否由"构造性自然观"、"受控实验"、"开放性技术"三个子系统构成,是划分现代理论科学和传统经验科学的根本标准。林毅夫在《李约瑟之谜:工业革命为什么没有发源于中国》一文中指出:"我对解释李约瑟之谜的假说如下:在前现代时期,技术的发明基本上源自于实践经验,而在现代,技术发明主要是从科学和实验中得到的。中国早期在技术上独领风骚,其原因在于,在以经验为基础的技术发明过程中,人口规模是技术发明率的主要决定因素。中国在现代时期落后于西方世界,则是由于中国并没有从以经验为基础的发明方式,转换到基于科学和实验的创新上来,而同时期的欧洲,至少经由18世纪的科学革命已经成功地实现了这种转变。"②因此,李约瑟之谜的关键不是通常所谓中国有技术,无科学;或者技术强,科学弱;而是中国科学始终不能依靠自身力量从经验科学上升为理论科学。无论科学,还是技术、实验,始终不能依靠自身力量从生产中分化出来。

第三,微观层面,即科学技术的逻辑构造分析。这一方面分析是必要的,但是至今分析仍然不够充分。

人们早已注意到了中国人与欧洲(西方)人之间的思维特质和差异

---

① [英]李约瑟:《中国科学与科学革命:李约瑟难题及其相关问题研究论著选》,刘钝、王扬宗编,沈阳:辽宁教育出版社,2002,第337、339、341、342、352页。

② [英]李约瑟:《中国科学与科学革命:李约瑟难题及其相关问题研究论著选》,刘钝、王扬宗编,沈阳:辽宁教育出版社,2002,第406页。

(差别)。有人甚至从神经学或脑科学角度来探讨。例如,沙尔·雷斯蒂沃在《李约瑟与中国科学与近代科学的比较社会学》一文中就提出了这一问题:"简言之,是否中国人以右脑为主,西欧人以左脑为主(按通常的关系左半球主分析思维,右半球主类比思维)?"①虽然这种神经学或脑科学基础未必可靠,但是中国人与欧洲(西方)人之间的思维特质和差异(差别)是真实存在的(存在的基础也许在社会和文化领域内)。

科学的形成和发展是一个错综复杂的历史过程。其中,观察、实验手段、数学工具、逻辑思维方式是形成科学的几个关键要素。

但是,最初所谓观察只是直观,亦即运用自己的感觉器官直接观察事物的现象,建立在这一直观基础上的是猜测,亦即运用自己的思维器官间接猜测事物的本质,这就必然带来许多独断论的理论体系。例如,李约瑟曾介绍过原子论的起源:"在所有这三个文化区(中国、印度、希腊——引者)内,人们都砍伐木材,并把木材和其他材料锯成各种长度,因而某些好深思的人们便不难想到,把这些东西继续锯下去,直到剩下的东西已小到不能再锯成两半的时候,该会出现什么情形。这时,哲学的思考就会推想到,用这些小物体的排列和运动便能解释一切事物了。"②同时,科学的可控实验还没有从巫术(方术)和迷信的不可控实验中分化出来,如炼金术等;科学的数学还没有从巫术(方术)和迷信的象数学中分化出来,如算命术和测字术等。在绝大多数情况下,古代科学正是这样一种经验科学。在这种经验科学中,科学与巫术(方术)、迷信仍然纠缠在一起。

原始科学是从巫术(方术)和迷信中逐步形成和发展起来的。丹皮尔在《科学史》一书中指出:"因此,科学并不是在一片广阔而有益于健康的草原——愚昧的草原——上发芽成长的,而是在一片有害的丛林——巫术和迷信的丛林——中发芽成长的,这片丛林一再地对知识的幼苗加

---

① [英]李约瑟:《中国科学与科学革命:李约瑟难题及其相关问题研究论著选》,刘钝、王扬宗编,沈阳:辽宁教育出版社,2002,第195页。

② [英]李约瑟:《中国科学技术史》第2卷《科学思想史》,李约瑟《中国科学技术史》翻译出版委员会译,北京:科学出版社、上海:上海古籍出版社,1990,第332页。

以摧残,不让它成长。""常识性的知识和工艺知识的规范化和标准化,应该说是实用科学的起源的最可靠的基础。"①李约瑟在《中国科学技术史》一书中同样指出:"方术和科学之间有着密切的关系。""科学与方术在早期是不分的。……方士和早期的科学家一样,都坚信可能通过手工操作来掌握大自然,世界就这样分为相信这种观点的神秘操作家和不相信这种观点的理性主义者。区分方术和科学,只有到了人类社会历史的较晚时期才有可能,因为这有赖于把试验条件充分坚持下去,并对实验抱充分的怀疑态度,坚定地注意各种操作的真实效果。甚至英国皇家学会在早期也难以区分科学和现在应该叫做魔术的东西。在16世纪,科学一般被称为'自然魔术'。……的确,科学和魔术的分化,是17世纪早期现代科学技术诞生以后的事——而事实上这一点却是中国文化所从未独立达到过的。""方术和科学在其初始阶段是无从区别的。控制和统计分析的复杂程序——只有这种程序才能区别各种不同手工操作的实效性——是很晚才出现的。""在科学史的初始阶段,科学和神秘的信仰之间可能有一种密切的关系。"②

东西方科学的差异(差别)正是东方(中国、印度)科学始终停留在经验科学上,而西方(希腊)科学则从经验科学上升(前进)到理论科学。关于中国,李约瑟在《中国科学技术史》一书中曾逐一分析过儒家、道家、墨家和名家及法家。关于印度,丹皮尔在《科学史》一书中指出:除了医学以外,"印度对其他科学贡献贫乏,或许部分地是由于印度宗教的缘故。释迦把他的体系建立在博爱、知识和尊重理性和真理的基础上;这些教义虽然可能有利于科学,却被他的哲学的其他要素所中和。他的哲学强调人生的无常和空虚,断定只有毁灭自我和丧失个性,才能达到精神上的圆

---

① [英]W.C.丹皮尔:《科学史及其与哲学和宗教的关系》上册,李珩译,北京:商务印书馆,1975,第29、31页。

② [英]李约瑟:《中国科学技术史》第1卷《总论》、第1、2分册,《中国科学技术史》翻译小组译,北京:科学出版社,1975,第230页;第2卷《科学思想史》,李约瑟《中国科学技术史》翻译出版委员会译,北京:科学出版社、上海:上海古籍出版社,1990,第36、93、109页。

满。这种不注意周围环境的心理态度往往足以遏制改进物质生活的愿望,而改进物质生活的愿望却往往是实用的科学知识进步的推动力"①。印度的婆罗门教、佛教以及因明与中国的儒家、道家以及墨辨相比较,在科学思想上非常类似。

经验科学和理论科学的差异(差别)是显著的,例如,中国的勾股定理是一种经验类推,而希腊的毕达哥拉斯定理则是先确立理论模型,再代入经验事实和数字求解。前者是经验科学的范例,后者是理论科学的范例。丹皮尔在介绍毕达哥拉斯定理时指出:"欧几里德几何学第一册的第四十七命题现在还称为毕达哥拉斯定理。划直角的'绳则'也许早已在埃及和印度凭经验发现了,但是,很可能到毕达哥拉斯,才第一次用演绎的方法证明直角三角形斜边的平方等于其他两边平方之和。"②

在古代经验科学中,理论科学只是一种萌芽,但却在希腊科学中取得了最高的成就。真正为科学奠定根基的首先是形式逻辑。在古代三大形式逻辑——中国的墨辨、印度的因明和希腊的亚里士多德的形式逻辑中,亚氏逻辑是最为纯粹的理论体系。但是,尽管亚里士多德研究了归纳的问题,亚氏逻辑仍然是属于演绎主义的理论体系。经验主义加上演绎主义是古代科学的基本特征。这种科学首先搜集经验材料,然后通过逻辑演绎整理,最后构造理论系统。欧几里德几何学就是一个公理演绎系统。如欧几里德几何学第五公理:过已知直线外一点必能且只能作一条直线与已知直线平行(等价于三角形三内角之和 = 180°),这个公理在宏观空间亦即日常生活空间内是不证自明的。但是,这种科学在奠定了人们的知识系统时,带来了许多似是而非的或缺乏根据的知识。譬如亚里士多德创立了许多学科,但除了形式逻辑以外,却提出了许多错误的或者无效的结论,如地心说、重的物体比轻的物体先落下等。

---

① [英]W. C. 丹皮尔:《科学史及其与哲学和宗教的关系》上册,李珩译,北京:商务印书馆,1975,第 39 页。

② [英]W. C. 丹皮尔:《科学史及其与哲学和宗教的关系》上册,李珩译,北京:商务印书馆,1975,第 50—51 页。

丹皮尔在《科学史》一书中时时处处表现了重经验、轻理性的倾向，如褒扬德谟克利特的原子论，贬低柏拉图的理念论等。① 但是科学形成和发展的历史表明，正是经验和理性的合力是推动科学发展的真正动力。

古希腊亚里士多德两种实体（个别和种、属）学说转化为中世纪欧洲唯名论和唯实论关于个别和共相的争论，从而为近现代在英（美）形成重个别的归纳逻辑和经验论传统，在欧陆形成重一般的演绎逻辑和理性论传统奠定了基础。近现代科学以及知识依赖于欧洲（西方）逻辑与语言的两个发展趋向：一是英（美）归纳逻辑和经验论传统，为实证科学或知识的实证化奠定了基础；二是欧陆演绎逻辑（数理逻辑）和理性论传统，为形式科学或知识的形式化奠定了基础。

文艺复兴以来，以亚里士多德为代表的经验主义的直观猜测和演绎主义的形式逻辑这一古代科学的传统遭到了猛烈的批判。这是传统科学转化为近代科学的一大契机。这有两大关节：一是以培根为代表的英国经验论思潮，以经验论的"实证"原则和归纳主义的形式逻辑批判演绎主义的形式逻辑。培根作为近代实验科学始祖，强调一切经过经验实证，反对以想象来代替事实。亚里士多德的演绎逻辑不能增进和扩展我们的知识，必须以归纳逻辑来代替。因为演绎的基本程序是从一般命题经过特殊命题到个别命题，只要前提正确，规则正确，结论一定正确，但在这一过程中，我们的知识却没有得到任何增进和扩展。何况前提需要得到证明，规则需要得到检验。但是，科学不能满足于正确的结论上，必须不断探索未知的世界。而归纳（是指不完全归纳而非指完全归纳）的基本程序则是从个别命题经过特殊命题到一般命题，即使前提正确，规则正确，结论也未必正确，但在这一过程中，我们的知识却得到增进和扩展。为了探索未知的世界，科学必须承担错误的风险。培根创立的归纳主义形式逻辑经过后来密尔的完善，成为科学发展的重要的思维手段（工具），同时也

---

① ［英］W. C. 丹皮尔：《科学史及其与哲学和宗教的关系》上册，李珩译，北京：商务印书馆，1975。

推动了科学的发展。二是以笛卡尔为代表的欧陆理性论思潮，以理性论的"普遍怀疑"——"清楚明白"式的怀疑论原则批判经验主义的直观猜测式的独断论原则。笛卡尔强调一切都要在理性的天平上衡量，反对似是而非的直观或缺乏根据的猜测。经验主义的实证主义和归纳主义、理性主义的怀疑主义和演绎主义，二者相反相成，体现了近代科学的基本特征，并且通过休谟，在康德先验哲学中得到了系统的综合。休谟把康德从莱布尼茨的独断论的迷梦中唤醒。康德先验哲学首先研究科学如何可能这样一个问题，也就是说，研究科学得以存在和发展的根据亦即科学精神问题。这在哲学史上是第一次。康德从两种角度各自区分了两类判断：其一是把判断区分为分析判断和综合判断，分析判断是前提包含结论因而不能增进和扩展知识的判断，综合判断是前提不包含结论因而能增进和扩展知识的判断；其二是把判断区分为后天判断和先天判断，后天判断是不具有普适性的经验判断，先天判断是具有普适性的非经验判断。只有具有普适性的能增进和扩展我们知识的判断才是科学判断，这就叫做"先天综合判断"。因此，康德把科学如何可能的问题转化为"先天综合判断如何可能"的问题，并且试图以一系列主体认知形式——"感性时空"和"知性范畴"以及"理性二律背反"、"意识"与"自我意识"的划分、"现象界"与"物自体"的划分等等方式来解决这一问题，最终实现了"给理性划界限，为信仰留地盘"的历史使命。康德哲学的真正意义是在哲学观、科学观上实现了"人为自然立法"的"哥白尼式革命"。

现代哲学依然包括两个方面：一方面，现代英美实证主义——唯科学主义思潮继承经验论传统，以价值论和语言学问题为中心，主张把自然科学的原则与方法应用于人文科学，以在经验中能否"证实"或"证伪"等等作为科学的划界标准。其中出现了专门研究科学精神的科学哲学。他们着重研究了科学和伪科学的划界标准问题。另一方面，欧陆人本主义——非理性主义思潮又继承理性论传统中的人本主义，批判其中的理性主义，以生存论问题为中心，反对借用自然科学的原则与方法，主张人文科学应有自己的原则与方法，以非理性作为人类的生存根据。

从近代到现代,科学,尤其自然科学的基本特征是理论加上实证。牛顿经典力学万有引力定律通过海王星的发现得到最终证明,其在宏观领域亦即日常生活领域中是普遍适用的。非欧几里德几何学修正欧氏几何学第五公理,其中罗巴切夫斯基双曲几何学提出:过已知直线外一点至少可以作两条直线与已知直线平行(等价于三角形三内角之和<180°);黎曼椭圆几何学提出:过已知直线外一点不能作任何一条直线与已知直线平行(等价于三角形三内角之和>180°)。这些公理最初纯属假设,只是后来发现它们所适用的原型:罗巴切夫斯基双曲几何学适用于大尺度宇观空间;黎曼椭圆几何学适用于小尺度微观空间。爱因斯坦广义相对论关于水星近日点的剩余进动导致光线偏折的预测在日全食的观测中得到最终证明,其在满足相对性和光速不变的条件下是普遍适用的。大爆炸宇宙学(宇宙膨胀论)是根据光谱红移、微波背景辐射等等天文观测事实提出的宇宙起源假说,认为我们现在所观测的宇宙起源于一个原始原子。这个原始原子由于大爆炸,逐渐膨胀,形成我们现在所观测的宇宙,并且测算其年龄为约 150 亿年,而其范围为约 150 亿光年。这个理论是迄今为止人类认识宇宙的一个重大科学成就。理论加上实证在人文社会科学、思维科学中也有诸多表现。

从近代科学到现代科学,是一个从小科学到大科学的历史发展过程,同时出现了科学理论一体化趋势和科学建制一体化趋势。科学劳动已经成为社会劳动的主要组成部分,已经成为社会财富的主要源泉。科学革命不断带动技术革命、产业革命,不断带动社会革命。

但是,在印度和中国的古代和中世纪,类似亚里士多德形式(演绎)逻辑的因明、墨辩均未形成系统理论,并未占有核心地位,发挥主导作用。至于归纳逻辑就更不用说了。李约瑟在《中国科学技术史》一书中指出:"归纳思维的产生,如克劳瑟(Crow-ther)所说的,除了其他原因之外,可能是由于在一个平等主义的社会中必须进行说服工作的缘故。接受权威的主张,在原始封建社会或封建社会的环境中也许是行得通的,但对一个合作的社会实体来说却是无法接受的,不管这种社会是由希腊的市民商人还是由中国的村夫农民所组成的都一样。"①生活于中国传统宗法社会中的人们,其思维既无法摆脱世俗社会权威,也无法超越日常生活世界,因而从根本上缺乏独创精神,缺乏超越精神。在逐一分析儒家、道家、墨家和名家及法家后,李约瑟在《中国科学技术史》一书中说:"理性主义的儒家和名家,实际上对自然界没有兴趣;而道家则对自然深感兴趣,但不信赖理性和逻辑。"其实,儒家的理性主义是实用理性,注重人事、人伦,对于探讨自然奥秘不感兴趣;道家不是以科学的态度,而是以艺术的态度对待自然,对于探讨自然奥秘同样不感兴趣。名家有点思辨兴趣,墨家(尤其墨辩)最为接近科学,但是没有形成风气。"墨家的科学逻辑使人感到,它是多么亟需伊壁鸠鲁原子论的某种对应物。同时人们不禁想到,中国科学史上的最大悲剧也许是道家的自然洞见没有能和墨家的逻辑结合起来。"其实道家根本没有什么"自然洞见"。中国传统哲学思维比较早熟,在没有充分经历机械论思维的情况下,就具备了系统论思维。"无论如何,中国人的思想总是关注着关系,所以就宁愿避免实体问题和实体假问题,从而就一贯地避开了一切形而上学。西方的头脑问的是:'它本质上是什么?'而中国人的头脑则问:'它在其开始、活动和终结的各阶段与其他各种事物的关系是怎样的,我们应该怎样对它作出反应?'"中国传统逻辑(包括墨辩)同样比较早熟,在没有充分经历"亚里士多德逻辑"的情况下,就具备了"后黑格尔世界中的辩证的和多指的逻辑"。"因此我们在古代中国思想家(包括我们已经考察其著述的墨家在内)那里,看到对辩证逻辑或动态逻辑的异常关怀的迹象。当然也可以说,亚里士多德逻辑是欧洲科学所必须经历的一个必要阶段。对这个问题是无从答复的,因为我们将永远也不会知道:倘若中国的环境条件有利于自然科学发展的话,墨家或另一学派是否轮到自己也会创立独立的三段论式的静态逻辑,或者近代科学是否有可能从更加辩证的根基上或者是借助于某种

---

① [英]李约瑟:《中国科学技术史》第2卷《科学思想史》,李约瑟《中国科学技术史》翻译出版委员会译,北京:科学出版社、上海:上海古籍出版社,1990,第145页。

全然不同的另一套体系而在亚洲发展起来。"①中国传统知识的逻辑构造既不是通过演绎(从一般到个别),也不是通过归纳(从个别到一般),更不是通过思辨(从一般到一般),而是通过象征、类比(从个别到个别,其中具有一定类的概念,但是抽象概括不够)等等修辞(如李约瑟在《中国科学技术史》一书中曾逐一分析过的五行说、阴阳说和《易经》等等)构造知识。五行说是以水火木金土五种元素及其相生相胜作为原型,通过类比,建立种种符号关联。阴阳说是以阴(--)阳(—)两种元素及其互补作为原型,通过类比,建立种种符号关联。《易经》是以阴(--)阳(—)两种符号不断排列组合,形成8~64个卦象,象征万事万物。儒家(孔子)的"仁"——所谓"忠恕"("克己"、"爱人"、"复礼"、"能近取譬"以及"己所不欲,勿施于人")、道家(老子)的"道"("道法自然")等等都有类似特征。满足于现象,而不深入于本质;用对于符号的兴趣取代对于事物本身的兴趣,用对于文本的兴趣取代对世界本身的兴趣;用艺术的想象取代科学的探究,用艺术的修辞取代科学的逻辑;仿佛什么都解释了,其实什么都没有理解;仿佛包罗万象,其实牵强附会。这便是科学与迷信混杂的所谓易学的根本问题所在。欧洲(西方)人的思维方式是"因果式"或"法则式",中国人的思维方式是"关联式"或"联想式"。金观涛、樊洪业、刘青峰在《文化背景与科学技术结构的演变》一文中指出:"以个人经验(包括社会的和心理的诸方面)合理外推,是儒家认识世界的模式。这种模式也就给自然科学理论带来了直观和思辨的特点,特别是儒家伦理中心主义使科学理论趋于保守和缺乏清晰性……他们大多以人的行为和感受外推而解释自然现象……"②这一说法不仅对于儒家,而且对于道家是同样适用的。日本科学史家山田庆儿在《模式·认识·制造——中国

---

① [英]李约瑟:《中国科学技术史》第2卷《科学思想史》,李约瑟《中国科学技术史》翻译出版委员会译,北京:科学出版社、上海:上海古籍出版社,1990,第177、202、221—222、223页。

② 引自刘钝、王扬宗编:《中国科学与科学革命:李约瑟难题及其相关问题研究论著选》,沈阳:辽宁教育出版社,2002,第348页。

科学的思想风土》一文中有一段话说得非常透彻:"更一般些说,广义些说,与其把中国的实验方法称之为'验证的方法',倒不如称它为'发现的方法'更合适些。这是和作为实验前提的认识体系的性质有关系的。希腊—欧洲的认识体系,表现出它是一种'从原理到推论'、一种具有演绎体系的理论。在这里,直接与事实相联系的乃是推论的结果,而不是原理。因此,文艺复兴时期的科学家们注意到在人们认识自然过程中实验所具有的意义,为了通过验证推论的结果来验证原理的真伪,作为一种方法才用到了实验……在这过程中,他们便把原理也看做是有待验证的假说。这就是17世纪近代科学方法(科学研究的方法)创立时的情况。""中国则与此不同。中国的认识体系乃是基于分类原理搜集的有关对象的个别的、具体的记录(包括量的记录在内),或者是基本常数和每个观测数值之间量的关系等等,不论何者,都是直接与实际相互关联着的。因此,观测本身就时常会成为发现新事实的'发现的方法'。毋庸赘言,这和由于可以变换为'量'而使世界(万物)成为可知这一认识论问题,是巧妙地相互对应着的。"[1]总之,象征、类比这些修辞在构造经验科学上后天有余,而在构造理论科学上则先天不足。

以上三个层面,既有区别,又有联系。科学技术的社会背景是外缘性分析,而科学技术的发展模式和科学技术的逻辑构造则是内缘性分析。前者是后者的前提和基础;后者是前者的深化和细化。

[表1.1]李约瑟问题的分析与解决

宏观层面	科学技术的社会背景分析	外缘性分析
中观层面	科学技术的发展模式分析	内缘性分析
微观层面	科学技术的逻辑构造分析	

---

[1] 引自刘钝、王扬宗编:《中国科学与科学革命:李约瑟难题及其相关问题研究论著选》,沈阳:辽宁教育出版社,2002,第715、715—716页。

由于上述种种原因,与欧洲(西方)科学技术相比较,中国科学技术便呈现为技术一度领先、科学滞后——始终未能从经验型上升到理论型这样一种片面发展态势。中国科学技术因四大发明(造纸、印刷术、火药、指南针)而著名。培根曾写道:"我们应该观察各种发明的威力、效能和后果。最显著的例子便是印刷术、火药和指南针,这三种发明古人都不知道;它们的起源虽然是在近期,但却不为人所知,默默无闻。这三种东西曾改变了整个世界事物的面貌和状态,第一种在文学上,第二种在战争上,第三种在航海上,由此又产生了无数的变化。这种变化是这样的大,以致没有一个帝国,没有一个教派,没有一个赫赫有名的人物,能比这三种机械发明在人类的事业中产生更大的力量和影响。"[①]马克思写道:"火药、指南针、印刷术——这是预告资产阶级社会到来的三大发明。火药把骑士阶层炸得粉碎,指南针打开了世界市场并建立了殖民地,而印刷术则变成新教的工具,总的来说变成科学复兴的手段,变成对精神发展创造必要前提的最强大的杠杆。"[②]但是,四大发明都是技术成就。在科学上,无论从《周髀算经》到《九章算术》,还是从《黄帝内经》到《本草纲目》等等,中国科学始终未能从经验科学上升到理论科学,缺乏类似古代科学中的欧几里德几何学那样的理论科学系统,至于类似近代科学中的牛顿经典力学和现代科学中的量子力学和爱因斯坦相对论那样的理论科学系统就更不用说了。以经验科学为支撑的中国技术,由于缺乏理论科学的支撑,总是停留在"知其然"而非"知其所以然"水平上;许多技术发明、科学发现是依靠经验和智慧,只可"意会"、"身教",不可"言传";加上从小农经济到官僚政治、实用理性等等因素影响,一度兴盛的中国科学技术终于衰落了。四大发明正是一个绝妙的历史反讽。它给欧洲(西方)带去了福利和光荣,给中国带来了灾难和耻辱。欧洲(西方)人应用四大发明,以

---

① 引自[英]李约瑟:《中国科学技术史》第1卷《总论》、第1、2分册,《中国科学技术史》翻译小组译,北京:科学出版社,1975,第42—43页。
② 《马克思恩格斯文集》第8卷,中共中央编译局编译,北京:人民出版社,2009,第338页。

此回报中国人。指南针引来了列强的炮舰,火药轰开了中国的门户,欧洲(西方)人用造纸、印刷术强加于中国人的是白纸黑字——一系列不平等条约。这就是中国科学技术的悲剧所在。

三、李约瑟问题的转换与扩展

渊源于西方(欧洲)的近代科学既给人类带来了无尽的福利,也给人类带来了无穷的祸害。而今,科学面临着来自内部与外部的重大的挑战,可谓内忧外患。一是科学自身从近代形态发展到现代形态,如从欧几里得几何学发展到非欧几里得几何学,从牛顿经典力学发展到量子力学和爱因斯坦相对论,从简单性(线性和整形)科学发展到复杂性(非线性和分形)科学等。在这一发展中,现代科学出现了从西方(欧洲)文化回归到东方(印度、中国)文化的趋向(如从机械论和形式逻辑到有机论和辩证逻辑等)。二是科学遭遇了来自方方面面的攻击,如生态主义、女性主义、文化相对主义—多元主义等。在所有这些攻击中,东方文化(文明)再一次显示了对于西方文化(文明)的优越性。李约瑟在一次谈话中说:"只有在中国、日本以及整个东南亚都能看到的伦理思想才是能够纠正西方社会中偏重科学观点的唯一法宝。"[①]如何理解这一问题?应当指出:这对于科学已有重大发展的西方是真实的历史和逻辑的圆圈式、螺旋式或波浪式运行,而对于科学尚无重大发展的东方则是虚幻的原地踏步。因此,当今中国除了应当注意科学的当代发展以及科学的负面(反面)效应之外,仍然应当注意补科学——近代科学包括机械主义、知性逻辑这一课。

社会是一个有机的系统,文化同样是一个有机的系统。在同一社会

---

① 李约瑟、伊东俊太郎、村上阳一郎:《超越近代西欧科学》,引自刘钝、王扬宗编:《中国科学与科学革命:李约瑟难题及其相关问题研究论著选》,沈阳:辽宁教育出版社,2002,第108页。

系统中,文化与社会经济、政治作为社会的三个基本方面应当是具有同一特质的。而在同一文化系统中,科学文化与人文文化作为文化的两个基本方面也应当是具有同一特质的。这是我们为什么对于取此一社会文化之长补彼一社会文化之短或取彼一社会文化之长补此一社会文化之短的做法总是持怀疑态度的缘故,也是我们相信李约瑟问题可以具有它的一系列的扩展式的理由。

李约瑟问题为人们提供了一个重要的契机。作为一种比较研究模式,它不是以中国视角去观察西方,而是以西方视角来观察中国。这是它的贡献和局限所在。但是,它从中西科技对比中揭示了两种社会、两种文化(文明)的特质和差异(差别),从而可以从中西科技对比中引申出中西社会对比和中西人文对比。早在李约瑟之前,朱可桢在《为什么中国古代没有产生自然科学》一文中就提出了一个问题:"中国古代是否经过一个畜牧时代是疑问。即使经过亦必年代很久远,或是时间很短促。"[1]李约瑟在《东西方的科学与社会》一文中也提出了一个问题:"中国曾经历过与古希腊、古罗马相类似的'奴隶社会'吗? 当然,问题并不只是奴隶制度的存在与否,而是中国社会是否曾以奴隶社会为基础,这完全是另外一回事。根据我本人对中国考古学和文献的感受,我很不倾向于认为中国社会曾是以奴隶为基础的社会,即使在商朝及周朝初期,中国社会都不是地中海文化意义上的以奴隶为基础的社会,因为它没有类似于游弋于地中海的满载奴隶的大帆船的东西,也没有类似于遍布意大利各地的大庄园的东西。……不管在经济方面还是在政治方面,蓄奴制度都不曾以西方某些时代有过的方式作为中国整个社会的基础。""如果官僚制度能够说明现代科学何以未在中国文化中自然发生,那么无大规模蓄奴制度可说是促成早期中国文化在纯粹和

---

[1] 李约瑟、伊东俊太郎、村上阳一郎:《超越近代西欧科学》,引自刘钝、王扬宗编:《中国科学与科学革命:李约瑟难题及其相关问题研究论著选》,沈阳:辽宁教育出版社,2002,第60页。

应用科学方面取得较大成功的重要因素。"[1]还有李约瑟关于马克思和恩格斯曾谈论过的"亚细亚生产方式"的研究。这些观点对于中国社会史和文化(文明)史的研究都发生了重要的影响。此外,20世纪80年代初,诸如金观涛《兴盛与危机》关于中国社会超稳定结构的基础分析和制度分析、李泽厚《中国古代思想史论》关于中国实践(用)理性的观念分析等等,也都具有一定的启发意义和参考价值。

人们很早就把李约瑟问题从科技领域应用到人文社会领域了。例如,唐君毅在《中国科学与宗教不发达之古代历史的原因》一文中就提出了中国既存在"科学不发达"的问题,又存在"宗教不发达"的问题。[2] 一极是科学精神的阙失,另一极则是宗教精神的阙失,两极相通,都是中国传统实用理性的文化精神的反映。而这实用理性又是由中国传统自然经济——封建政治决定的。科学精神和宗教精神的阙失是中国传统文化的两大基本特征。在中国传统科学文化,一方面是技术一度领先,另一方面则是科学始终落后,未能从经验的科学上升到理论的科学;在中国传统人文文化,一方面是迷信盛行,另一方面则是宗教衰落,未能从粗陋的宗教上升到精致的宗教。这是第一。第二,中国传统文化基本特征反映在政治法律领域内是重人治而轻法治,也就是说,重权谋机变的政治技术,轻制度规范的法律科学。第三,在伦理道德领域内,前有义利之辨,后有理欲之辨,中国传统文化基本特征是重义或理而轻利或欲:义指道义,利指利益;理指天理(仁义道德即纲常),欲指人欲(食色即饮食男女)。它跟中国传统文化重族群而轻个人有关,又跟中国传统文化有机论有余而机械论不足有关。第四,在艺术领域内,中国传统文化基本特征是重神似而轻形似,所谓得意忘言,得意忘形是也。它跟中国传统文化重感觉经验的模糊而轻理性思维的精确

---

[1] 李约瑟、伊东俊太郎、村上阳一郎:《超越近代西欧科学》,引自刘钝、王扬宗编:《中国科学与科学革命:李约瑟难题及其相关问题研究论著选》,沈阳:辽宁教育出版社,2002,第85—86、87页。

[2] 李约瑟、伊东俊太郎、村上阳一郎:《超越近代西欧科学》,引自刘钝、王扬宗编:《中国科学与科学革命:李约瑟难题及其相关问题研究论著选》,沈阳:辽宁教育出版社,2002,第108页。

有关,又跟中国传统文化重修辞而轻逻辑有关。第五,在哲学领域内,中国传统文化是重现象而轻本体,满足于从此一现象到彼一现象的形而下的现象主义,不具有从现象深入到本质的形而上的本质主义。第六,在整个文化领域内,中国传统文化的基本特征是重道轻技亦即重人文轻科技。这些是同一文化精神的不同表征。我们只是提出一些最大层面问题,至于较小层面以及更小层面问题,可以再转换、再扩展。

[表1.2] 李约瑟问题的转换与扩展

科技领域	技术兴盛科学衰落（经验科学强　理论科学弱）
人文(宗教)领域	迷信兴盛宗教衰落（粗陋宗教强　精致宗教弱）
人文(政治法律)领域	重人治轻法治
人文(伦理道德)领域	重义或理轻利或欲
人文(艺术)领域	得意忘言忘形
人文(哲学)领域	重现象轻本体
文化领域	重道轻技,重人文轻科技

总之,由于问题是按照同一模式提出的,也就可以按照同一模式予以分析、解决。所有问题归根结底,在于中国传统文化缺乏超越精神,不能从表象世界(日常生活世界)超越到本体王国。因此,当代中国文化精神、科学精神和人文精神建设,必须采取一揽子方案,这就是我们把李约瑟问题从科技领域转换、扩展到人文社会领域的意义和价值所在。

李约瑟问题是以西方问题为参照系观察中国问题的思维框架。它像一面镜子,既照出了我们的缺点和短处,也照出了我们的优点和长处。当然,这面镜子既呈现了一些问题,也遮蔽了一些问题。我们不应囿于它的局限。但是在西方领先现代化和全球化的相当一段历史时期内,李约瑟问题以西方问题为参照系观察中国问题,这样一个思维框架仍然有其一定的现实性和合理性。

第二章　现代化与中国道路

现代化是现代性的生成过程，现代性面临着后现代的解构。但是，除了解构现代性以外，后现代无法建构真正属于自己的立场，甚至连解构也是在现代性立场之内，而不是在现代性立场之外进行的。后现代与现代性的共谋早已不是秘密。后现代的另类叙事、边缘立场，在激进的姿态、夸张的声势下遮蔽着对于现代性的特别的理解和同情。后现代的转向不是置换，后现代的解构不是颠覆，它在为现代性强基固本，为现代性开疆拓土。

所谓中国道路就是中国走向现代化的历史进程。这一历史进程既有相同于各国现代化的普遍性，也有不同于他国现代化的特殊性。它有两个基本含义：一是在目标模式上，就是以工业化为目标，先从前工业文明（农业文明）时代进入工业文明时代，再由工业文明时代进入后工业文明（知识文明）时代。二是在实现模式上，不是走资本主义道路，而是走社会主义道路；不是在社会主义计划经济和威权政治模式下进行现代化建设，而是在社会主义市场经济和民主政治模式下进行现代化建设。中国特色社会主义道路是基于中国国情，经过历史选择确定的。中国道路是民族复兴的道路。

一、现代性与后现代

现代化是一个时间的绵延,表现为传统/现代的张力,表现为现代性的不断生成。现代性与现代化有密切关系。迄今为止,现代化的典型表现是资本主义工业化。当人们对于现代资本主义工业社会种种危机(生态危机、社会经济、政治以及精神文化危机)进行反思时,就追问出现代性问题来了。现代性是指既推动现代化又为现代化所彰显的精神文化资源或表征,如个人主义、技术理性等。现代主义是对于这一事实的理论反映和观念表达。而后现代主义则是对于现代主义的怀疑和批判。后现代主义对于现代主义的解构,反映了社会和文化多元化的趋势。

现代化和现代性究竟是什么?吉登斯认为:所谓现代性,"它首先意指在后封建时代的欧洲所建立而在20世纪日益成为具有世界历史性影响的行为制度与模式。""在其最简单的形式中,现代性是现代社会或工业文明的缩略语。比较详细地描述,它涉及:(1)对世界的一系列态度、关于实现世界向人类干预所造成的转变开放的想法;(2)复杂的经济制度,特别是工业生产和市场经济;(3)一系列政治制度,包括民族国家和民主。基本上,由于这些特性,现代性同任何从前的社会秩序类型相比,其活力都大得多。这个社会——详细地讲是复杂的一系列制度——与任何从前的文化都不相同,它生活在未来而不是过去的历史中。"吉登斯曾梳理过几种现代性的观念:圣西门和涂尔干的工业主义的现代性观念、马克思的资本主义的现代性观念、韦伯和福柯的官僚制和监控系统的现代性观念。由此提出"现代性的四种维度":"工业化的世界"("工业主

第二章　现代化与中国道路

义")、"资本主义"、"监控制度"、"战争的工业化"("对暴力手段的控制")。[①] 这便成为人们对于现代化和现代性的一个通常理解。它涉及了社会经济、政治、文化各个领域。其实,作为与后现代相对应的现代性概念,始终是一个文化范畴。现代性只有在后现代诞生时才能获得"现代性"称谓。正是站在后现代立场(这一立场正是现代性立场的自我表达)上,我们才能理解现代性。诸如人道、启蒙、理性、自由等等,这些不断被后现代所解构的话语,建构了现代性的中心和主题。

极权主义是后现代解构现代性的主要的并且基本的理由。以后现代视角来观看现代性,我们可以把现代性描述为在种种二元结构(如思维/存在、主体/客体、所指/能指等)中确立一元核心(如思维、主体、所指等)的文化表达模式。从苏格拉底的"心灵"转向到笛卡尔的"我思"、康德的"自我意识"等等,现代性的人类中心主义、启蒙心态、理性主义以及自由主义等等无不表现了一种人类中心的、男性中心的、西方中心的和精英中心的等等宰制心理。当年现代性正是以极权主义罪名去起诉和审判前现代的。如今现代性被后现代置于同一被告席上。

现代化和现代性并不是前后不变、始终一贯的。为了简便起见,我们把现代性区分为三个历史时期:一是面对前现代的早期现代性,二是占主导地位、起支配作用的中期现代性,三是面对后现代的晚期现代性。现代性是一个不断生成的历史过程。它的早中晚三期表现为相互有别、各自不同的特色。

首先,早期现代性,大致表现于从文艺复兴运动到启蒙运动这一历史时期内。

在这一历史时期内,我们立刻可以发现,所谓现代性极权主义完全是后现代的虚构。现代性是在反对前现代极权主义中逐步呈现出来的。文

[①] [英]安东尼·吉登斯:《现代性与自我认同——现代晚期的自我与社会》,赵旭东、方文译,北京:生活·读书·新知三联书店,1998,第16页;[英]安东尼·吉登斯、克里斯多弗·皮尔森:《现代性——吉登斯访谈录》,尹宏毅译,北京:新华出版社,2000,第69页。

艺复兴运动中的人文主义者用人性反对神性,用人权反对神权。启蒙运动中的启蒙思想家反对宗教蒙昧主义,宣扬理性与科学;反对封建专制制度,宣扬民主与法制。科学理性与人文激情之间的并行不悖、相互激荡,构成了这一人类青春时代的鲜明特征。康德有篇文章《答复这个问题:"什么是启蒙运动?"》,历来被认为是现代性的代表作,甚至被认为是现代性的宣言书。其中的基本观念反映了早期现代性的基本特征。康德给"启蒙运动"下了这样的一个定义:"启蒙运动就是人类脱离自己所加之于自己的不成熟状态。不成熟状态就是不经别人的引导,就对运用自己的理智无能为力。当其原因不在于缺乏理智,而在于不经别人的引导就缺乏勇气与决心去加以运用时,那么这种不成熟状态就是自己所加之于自己的了。Sapere aude! 要有勇气运用你自己的理智! 这就是启蒙运动的口号。"康德把"理性的运用"区分为"公开的运用"和"私下的运用"。所谓公开的运用是指"任何人作为学者在全部听众面前所能做出的那种运用";而所谓私下的运用则是指"一个人在其所受任的一定公职岗位或者职务上所能运用的自己的理性"。康德认为,理性的运用以自由为先决条件。由此,康德把自由相应区分为言论自由和行动自由。康德主张"理性的公开运用"和言论自由应当是充分的,而"理性的私下运用"和行动自由则应当受到限制:"程度更大的公民自由仿佛是有利于人民精神的自由似的,然而它却设下了不可逾越的限度;反之,程度较小的公民自由却为每个人发挥自己的才能开辟了余地。"康德认为,一个人作为军官、纳税人或牧师等等,其"私下运用自己的理性"和行动自由应当是消极的;而一个人作为学者,其"公开运用自己的理性"和言论自由则应当是积极的。每个人都可以作为学者,这样的学者就是"世界公民",这样的学者共同体就是"世界公民社会"。这就是康德的人类社会理想。①

康德所阐发的启蒙精神就是要求每一个成年人和正常人脱离"不成

---

① [德]康德:《历史理性批判文集》,何兆武译,北京:商务印书馆,1990,第23、26、31页。

熟状态","运用自己的理性"。前现代极权主义就是利用人们"不成熟状态",妨碍人们"运用自己的理性"。因此,启蒙精神亦即现代性的初衷不是企图宰制什么,而是企图把人们从前现代极权主义中解放出来,因此不是极权,而是非极权和反极权。这是第一。第二,理性、自由是启蒙精神亦即现代性的两个关键词。但是,康德为了防止它走向极端并从而走向反面,给理性和自由划了界限,正如他在整个批判哲学体系中所做的那样("给理性划界限,为信仰留地盘")。不管这些划界存在多少问题,这一做法毕竟反映了一种自我批判的态度。第三,康德所设计的"世界公民"以及"世界公民社会"虽然是普世主义的,但却不是精英主义的。作为"世界公民"的学者不是一种特殊职业,而是一种普遍身份;因而作为"世界公民社会"的学者共同体也就不是一种特殊职业群体,而是一种普遍身份群体。总之,以康德为代表,早期现代性起码没有表现出任何极权主义特征来,相反,它力图从前现代极权主义中解放出来,充满了批判甚至自我批判的精神。

其次,中期现代性,大致表现于启蒙运动以来直到19世纪末20世纪初这一历史时期内。

如果说,启蒙之前,现代性首先并且主要表现为一种文化理念,那么可以说,启蒙之后,现代性作为这种文化理念,逐步附着、渗透于社会现实之中。韦伯是这一现代性的代言人。与马克思和涂尔干齐名,韦伯是著名的现代社会理论家。他从文化视角来研究社会问题。在《新教伦理与资本主义精神》一书中,韦伯提出了"理性资本主义"的概念。与通常理解相反,韦伯认为,资本主义不在于无节制地和非理性地去追求财富,而在于通过持续性的、理性的、资本主义方式的企业活动来获取再生性的利润。"我们可以给资本主义的经济行为下这样一个定义:资本主义的经济行为是依赖于利用交换机会来谋取利润的行为,亦即是依赖于(在形式上)和平的获利机会的行为。"这种"理性资本主义"的特点有:"(在形式上的)自由劳动之理性的资本主义组织方式"、"把事务与家庭分离开来,以及与之密切相关的合乎理性的簿记方式"。其中最重要、最根本的特点是"资本主义的劳动组织方式"。韦伯论述了新教伦理对于资本主义精神的影响:一是"天职"或者"神召"观念。二是禁欲主义。① 在《学术作为一种志业》《政治作为一种志业》两文中,韦伯提出了"世界的祛魅化"的问题。韦伯认为,"世界的祛魅化"亦即世界的理性化和理智化,表现为意义的消解,是我们时代的命运的最主要、最根本的特征。韦伯提出了价值中立与责任伦理的学术态度,认为作为学者,我们必须承担我们时代的命运——"世界的祛魅化",以一种价值中立的态度来消解各种价值倾向,而又以一种责任伦理的态度来消解各种心志伦理。②

如果说在康德那里,现代性还闪烁着理想和信念的光辉,还充满了壮志和热情的魅力,那么可以说,在韦伯这里,无论"理性资本主义",还是"学术志业"、"政治志业",现代性均已变得如此荒凉,如此冷酷,如此令人无法忍受。它充分说明了,现代性走向极端就意味着走向反面,它走向鼎盛就意味着走向没落。现代性的极权主义已经充分表现出来。但韦伯却依然站在现代性立场上为它作辩护。从康德到韦伯,一方面,现代性已经从文化领域扩展到经济、政治领域(但依然是一个文化范畴);另一方面,现代性又从普世主义微缩为精英主义。例如,学者和政治家从普遍身份变成了特殊职业,学者共同体和政治家共同体从普遍身份群体变成了特殊职业群体,等等。这一事实充分表明,现代性的极权主义并不根源于它的文化理念,而是根源于它的社会现实——如"理性资本主义"等社会生活的规范化和体制化。关键在于,韦伯关于现代性的论述不仅仅是一种言述,而是反映了人们在现实生活世界中可以充分感受、体验的事实。它充分说明了现代性的霸权已经无处不在、无时不有。人们在它的强权下已经无可奈何。

---

① [德]马克斯·韦伯:《新教伦理与资本主义精神》,于晓、陈维纲等译,北京:生活·读书·新知三联书店,1987,第8、11、11—12、12页。德语的Beruf,意思是职业、天职,英语的calling,意思是职业、神召,总之是上帝安排的任务。

② 参见[德]马克斯·韦伯:《学术与政治(韦伯作品集Ⅰ)》,钱永祥、林振贤、罗久蓉、简惠美、梁其姿、顾忠华译,桂林:广西师范大学出版社,2004。"志业"亦即"天职"、"神召"。Entzauberung der Welt,或译"除魅"、"脱魅"、"解除魔咒"。

最后,晚期现代性,大致表现于19世纪末20世纪初至今而后这一历史时期内。

与早期现代性、中期现代性相比较,晚期现代性通常被人们称之为"后现代"。吉登斯曾明确反对过"后现代"(post modernity)这一说法,而是将其定义为现代性的激进化和普遍化。贝克、吉登斯将这样一种现代性定义为"反思性"或"自反性"的现代性。这意味着现代性辩证运动的历史过程:由极端到反面。吉登斯认为这种现代性标志着"自然的终结"、"传统的终结"和"他人的终结",亦即无人可以置于吉登斯和贝克的"风险社会"之外。詹明信提出了资本主义及其文化发展的三个阶段——"现实主义/现代主义/后现代主义":"从社会内部和历史内容来看,我的观点是,如果说现实主义的形势是市场资本主义的形势,而现代主义的形势是一种超越了民族市场的界限,扩展了的世界资本主义或者说帝国主义的形势的话,那么,后现代主义的形势就必须被看作是一种完全不同于老的帝国主义的、跨国资本主义(a multinational capitalism)的或者说失去了中心的世界资本主义的形势。"① 詹明信描述了"晚期资本主义"、"后现代文化"的几个特征,如"无深度感"、"无历史感"、"情感强度"缺乏等。这些都体现了晚期现代性的症状。

极权主义原本是一个政治范畴。自由主义经常用"极权主义"来指称法西斯主义,甚至用"极权主义"来指称苏联社会主义、共产主义和斯大林主义,进而包括各国社会主义、国际共产主义和马克思列宁主义。诸如弗罗姆的《逃避自由》、哈耶克的《通往奴役之路》、波普尔的《开放社会及其敌人》、奥威尔的《一九八四》、阿伦特的《极权主义的起源》、弗里德里克·布热津斯基的《极权主义独裁和独裁》等等著作是自由主义反对所谓极权主义的典型。但对于政治极权主义的文化根源的探讨却引发了文化极权主义的问题。而现代性的极权主义则是一个文化范畴。称现代性

---

① [美]詹明信:《晚期资本主义文化逻辑——詹明信批评理论文选》,张旭东编,陈清侨等译,北京:生活·读书·新知三联书店,1997,第286—287页。

为极权主义并努力予它以攻击的代表性案例是霍克海默、阿道尔诺的《启蒙辩证法》、阿道尔诺的《否定辩证法》两书。霍克海默、阿道尔诺明确指出:"启蒙带有极权主义性质。"启蒙企图用理性来解释一切,它企图建立包罗万象的体系和一以贯之的逻辑;它以此去吞并一切,甚至吞并自己的对立面,将其纳入到一个完整严密的统一体内;它高扬主体性、能动性,其实不过体现了启蒙心态的宰制心理而已;它号称客观必然性、规律性,同样是这种极权主义的表现:"统治者们其实并不相信任何客观必然性,尽管他们有时靠着这种必然性来阐明他们的治国韬略。他们宣称自己是世界历史的总设计师。只有被统治者才接受发展具有毋庸置疑的必然性,这种发展在号称能提高他们生活水平的时候,却使他们会变得越来越软弱无力。"① 启蒙辩证法说明了启蒙亦即现代性一步步走向极端,一步步走向反面——极权主义的历史进程:理性成为独断,自由成为专制。

[表2.1] 现代性

早期现代性	从文艺复兴运动到启蒙运动
中期现代性	启蒙运动以来直到19世纪末20世纪初
晚期现代性	19世纪末20世纪初至今而后

福柯在解释"何谓启蒙"时指出:"'启蒙'是由意愿、权威、理性之使用这三者的原有关系的变化所确定的。"人们要"把现代性看作为一种态度而不是历史的一个时期。我说的态度是指对于现时性的一种关系方式:一些人所作的自愿选择,一种思考和感觉的方式,一种行动、行为的方式。它既标志着属性也表现为一种使命,当然,它也有一点像希腊人叫作 êthos(气质)的东西。因此,与其设法区别'现代阶段'与'前'或'后现代'时期,我觉得更值得研究的是现代性的态度自形成以来是怎样同'反

---

① [德]马克斯·霍克海默、西奥多·阿道尔诺:《启蒙辩证法——哲学断片》,渠敬东、曹卫东译,上海:上海人民出版社,2003,第4、35页。

现代性'的态度相对立的"①。现代性曾经批判前现代为极权主义,如今反过来被后现代批判为极权主义。然而,极权主义这一概念被后现代应用得如此宽泛,以至于我们不得不怀疑,既然现代性几乎所有层面都有极权主义嫌疑,还有什么不是极权主义?一个丧失任何限度的概念,将会丧失任何解释的力度。这是第一。第二,即使极权主义确是现代性孕育的怪胎,难道自由主义不是现代性诞生的产儿?甚至连后现代也无法否认它的现代性出身。这样,极权主义就无法仅仅归罪于现代性了。我们不反对从文化的视角来探讨极权主义问题,但是更主张从社会经济的和政治的视角来探讨这一问题。然而后现代只能在文化上做文章,现代性也就成为替罪羊。第三,即使现代性确有极权主义嫌疑,后现代是否就可以洗刷干净了?由于后现代不能对别人采取完全批判的态度,对自己采取完全无批判的态度,它将在彻底的自我批判中成为一次没完没了的旅程。

后现代愈是急切地从现代性立场转向,愈是迫切地对现代性进行解构,就愈是表明自己与现代性的难解难分。因为现代性原本就是科学与人文共存、理性与激情共荣。但是,后现代不是力图恢复这种全面的、适度的现代性,而是认一种片面的、极端的现代性为现代性自身,企图以一个片面来反对另一个片面,以一个极端来反对另一个极端。对于后现代来说,这是一个无法完成的任务。因此,每一次转向以后都必须再转向,每一次解构以后都必须再解构。这是后现代的命运。

后现代以反对现代性走向极权主义始,以推动现代性走向多元主义终。后现代对于现代性的攻击只是对于现代性的维护(例如指责理性的滥用导致自由的消亡几乎是后现代攻击现代性的基本立场)。其实,自始至终,后现代都在捍卫现代性基本价值立场,如人道、启蒙、理性、科学、自由、民主等。它攻击现代性不是因为现代性符合这些价值立场,而是因为现代性背离这些价值立场。因此,转向也好,解构也好,无非是在加深、拓宽这些价值立场而已。换句话说,后现代是在增强现代性兼容性能,使

---

① 杜小真编选:《福柯集》,上海:上海远东出版社,2002,第530、534页。

它变得更加宽容,更加容忍异己、更加包容异己(例如强调理性和自由的适度,强调理性和自由的兼容)。因此,后现代是现代性走向成熟的表现,它不过是晚期现代性的表征而已。

后现代似乎表明,现代性正在克服、抛弃它的极权主义倾向,走向多元主义。

首先,生态主义 VS 人类中心主义。生态主义与后现代的联盟在于共同反对现代性人类中心主义。生态主义是从自然主义、保护主义发展而来。自然主义者,是从自然界对于人的审美和艺术价值的角度倡导保护自然;保护主义者,是从自然界对于人的经济和科技价值的角度主张保护自然;而生态主义者则是从自然界对于人的道德和伦理价值的角度呼吁保护自然。生态主义甚至认为,不仅人与人,而且人与自然界,甚至人类与任何物种,都有它们各自的内在价值:谁也不比谁高,谁也不比谁低。

其次,女性主义 VS 男性中心主义。女性主义认为,现代性是一种男性化的思维方式。在共同反对现代性男性中心主义这一基点上,女性主义与后现代结盟了。女性主义是从女权主义发展而来。女权主义者要求男女平权甚至要求女性特权。而女性主义者则认为女权主义不过是男权主义的化身而已:女性用男性价值标准来衡量自身,被男性所异化。因此她们要求女性确立自身价值标准,保持自身特色,甚至主张用女性化的思维方式对抗男性化的思维方式。从女权主义到女性主义,女性对待男性态度,从"你玩什么,我玩什么"到"你玩你的,我玩我的"。

再次,东方主义 VS 西方中心主义。后现代解构现代性,显然是在西方文化语境中进行的。至于东方文化,由于后现代建构了现代性的参照系,因而被想象为前现代。把空间上的差异转换为时间上的差别,尤其体现了现代性的所谓极权主义特质。后现代一方面从前现代中汲取资源,另一方面又以后/前去分别自我/他者是不行的。东方主义与后现代的内在关联,决定了它们在共同反对现代性西方中心主义斗争中的相互支援。但是,正如萨义德在《东方学》中指出:应当将"西方化东方"转变为"东方化东方"。① 东方主义同样不是在破坏西方霸权中确立东方强权,而是在保持自身特色中谋求自身的生存和发展。

最后,后马克思主义。所谓后马非马,是从西马、新马逐步演变而来。顾名思义,后马克思主义就是后现代加上马克思主义。后马克思主义已经不是工人阶级以及劳动民众的意识形态,而是弱势群体、边缘群体、另类群体的文化观念。更为重要并且根本的是,后马克思主义已经不指望进行社会变革,而限制在文化批判上。由于反对资本主义,反对工业化,涉及反对现代性,马克思主义就走向了后现代。值得一提的是,在当前国内外的新左翼与新自由主义两大阵营的对垒中,往往新左翼站在后现代立场上,新自由主义站在现代性立场上。其实,二者的对抗同样是一个幻相。

由于以后现代为共同文化背景,生态主义、女性主义、东方主义以及后马克思主义,等等,在反对现代性上正在联合起来。但是,应当指出的是,正是这些思潮不仅消除了人类中心、男性中心、西方中心以及精英中心等等的一元统一,而且消除了自然界/人(物种/人类)、女性/男性、东方/西方以及大众/精英等等的二元对立。后现代多元主义策略开辟了一个更加广阔的中间地带,作为缓冲带、防护带,使得现代性核心不是变得更加危险,而是变得更加安全。在后现代乌托邦里,人们"各玩各的",没有谁羡慕谁,没有谁嫉妒谁。

后现代是表面激进,内在温和的,换句话说,它以鹰派的强悍来掩盖鸽派的怯弱。后现代跟现代性之间打了一场场口水仗、一场场笔墨官司,掀起了一次次茶杯中的风暴。它的伪装逐步剥落,它的真实面容逐步显现。后现代与现代性之间的共谋已经被揭穿了。这种共谋当然不是说后现代代表人物具有通过攻击现代性达到维护现代性之目的的主观动机,而是说由于他们仅仅采用针对现代性的文化批判的手段因而造成针对现代性的社会革命之消解的客观效果。李泽厚说:后现代就是现代性的

---

① 参见[美]爱德华·W·萨义德:《东方学》,王宇根译,北京:生活·读书·新知三联书店,2007。

"解毒剂"和"装饰品"。"后现代在1970年代以来蓬勃昌盛,与1968年法国学生运动失败后,由社会造反退到书斋造反(语言领域里的颠覆)大概有关。它貌似急进地否定理性、整体、一致、'宏大叙事',实际上是由群众性宏大社会革命走向专业改良(原专业领域内的'造反'),恰好成了资本社会在其发展进程中所需要甚至必需的补充品和'解毒剂'。"① 后现代在中国流行,似乎具有类似背景。当然,问题恐怕并非这样单纯。我们应当注意文化与社会的同构重演。正是在两极世界变成多极世界(这里不是仅仅就国际关系说,而是同时就各国国内说,就社会生活说)这一时代背景下,具有二元论特征的现代文化被具有多元主义特征的后现代文化所取代。

但是,应当指出的是:无论社会的多元化,还是文化的多元化,既没有改变现代社会形态,也没有改变现代文化形态。当我们承认后现代是晚期现代性的表征时,我们就承认了二者在根本特征上是一致的。这就是说,后现代无法在根本上消解现代性所具有的极权主义倾向,只能改变这种极权主义所表现的形式。如果我们可以把现代性描述为在二元结构中确立一元核心的文化表达模式的话,那么我们同样可以把后现代描述为在多元结构中维护一元核心的文化表达模式。前者可以称之为"刚性极权",后者可以称之为"柔性极权"。李泽厚说:"资本主义的厉害就在这里,它有能力有气魄把反对它的东西变成装饰它的东西,变成它的广告和娱乐。资本主义的确厉害。"② 以现代资本主义为典型的现代社会和文化正是通过它的多元柔性方式继续它的社会强权、文化霸权。权力无论以暴力的、金钱的,还是以知识的、文化的等等方式表现出来,权力本身依然存在,甚至软权力比硬权力更厉害。因此,后现代的多元化、碎片化、众声喧哗、群形骚动之类,只是一些幻象。在这些后现代多元幻象的雾霭笼罩中,现代性的高楼大厦依然矗立,并且愈益稳固。

---

① 李泽厚:《历史本体论》,北京:生活·读书·新知三联书店,2002,第33页注。
② 《告别革命——回望二十世纪中国》(李泽厚刘再复对话录),香港:香港天地图书有限公司,1995,第245页。

后现代与现代性之间的共谋表明：对于现代性的批判，决不能够通过后现代的方式进行。与其说通过后现代批判现代性，毋宁说，对于现代性的批判，应当同时包括对于后现代的批判。例如，后现代所极力攻击的现代性软肋——理性和科学本身并不导致任何极权主义，只有它们的某种社会应用才能造成极权主义。因此，文化（观念）的批判应当归结为社会的批判，而其中制度的批判又应当归结为基础的批判。这样一种批判不是为批判而批判，而是为某种社会（基础、制度）的以及文化（观念）的变革而开辟道路。这是马克思主义和后现代（包括后马克思主义）的根本区别所在。

我们的结论是：首先，现代性历史使命，不仅在中国，在东方，而且在西方，在世界，均未完成。至今，现代性仍未过时，它的历史是非常漫长的。至于它的终结，是非常遥远的事情。其次，现代性是一个不断生成的历史过程，大致经历了早中晚期三个历史阶段。一方面，我们要注意现代性的阶段性变化；另一方面，又要警惕将现代性的阶段性变化夸大为它的终结。后现代之于现代，正如后工业之于工业和后资本主义之于资本主义一样，前者不过是后者的一个阶段而已。再次，现代性的终结，正如它的生成一样，需要一定历史条件，包括社会经济、政治、文化条件。后现代的转向和解构之所以没有真正达到它的主观意图，是因为它并不真正具备这些客观条件。后现代只是进行文化批判，然而，如果不进行社会经济、政治变革，现代性是不可以撼动的。最后，通过后现代，现代性虽然受到一定冲击，但是，总起来说，不是变得更加弱小，而是变得更加强大。它的强大在于它的兼容性能得到增强。

二、现代化与改革

现代化就是工业化。有资本主义工业化，有社会主义工业化，中国基于国情，选择了社会主义的道路；但是，有以计划经济和威权政治为特征的传统社会主义，有以市场经济和民主政治为特征的现代社会主义，而中国社会主义又选择了改革的道路，从而形成中国特色。

如果不就理想，而就现实来说，现存社会主义不过是某些国家、地区实现工业化的现实途径。在社会主义经历了理论和实践的如许的曲折和反复之后，现在正是我们从一切幻想中清醒过来，直面现实的时候了。

当我们现在谈论社会主义时，我们不仅要注意科学社会主义和空想社会主义之间的距离，而且要注意现实社会主义和理论社会主义之间的差距。根据马克思、恩格斯最初按照一般原理所预测的，社会主义应当在一些发达资本主义国家（如英国、美国、法国、德国等）内首先取得胜利，但事实却恰恰相反，社会主义在一些落后资本主义国家（如俄国）甚至半殖民地半封建国家（如中国）内首先取得了胜利。这一事实是由具体的历史的境况所决定的。

自从近代产业革命、尤其现代科技革命以来，一切国家、地区都要走工业化发展道路，都要从前工业社会（农业社会）发展到工业社会，然后从工业社会发展到后工业社会（知识社会）。这是历史必由之路。工业化的前提是资本原始积累。马克思在《资本论》中揭示了"原始积累的秘密"："所谓原始积累只不过是生产者和生产资料分离的历史过程。这个过程所以表现为'原始的'，因为它形成资本及与之相适应的生产方式的前史。"[1]

资本主义国家资本原始积累的一般道路是对内掠夺本国人民，对外掠夺殖民地附属国人民。斯大林指出："在历史上强大工业国的形成和发展有过三条道路。第一条道路是侵占和掠夺殖民地的道路。例如英国就是这样发展起来的……第二条道路是一个国家对另一个国家实行军事破坏和索取赔款的道路。例如德国的情况就是这样……第三条道路是资本主义落后的国家在奴役性的条件下把经营权租让给资本主义发达的国

---

[1] 《马克思恩格斯全集》第44卷，中共中央编译局编译，北京：人民出版社，2012，第822页。

家并且在奴役性的条件下向这些国家借款的道路。例如沙皇俄国的情况就是这样……事实上,在个别国家的历史中,这几条道路往往是互相交错、互为补充的,并且有过交织在一起的范例。例如美国的发展历史就是这种几条道路交织在一起的例子。这种情况表明,各种不同的发展道路,虽然它们彼此有所区别,但是具有某些使它们相互接近,使它们能够交织在一起的共同特征:第一,它们都导致资本主义工业国的形成;第二,它们都是以采取某种方法从外面流入'追加资本'为前提的,这是建立这些国家必不可少的条件。"①第一条道路是先发资本主义国家(如英国、法国等)的工业化发展道路,偏重于对外掠夺殖民地附属国人民;第二条道路是后发资本主义国家(如战前德国、日本等)的工业化发展道路,侧重于通过发动帝国主义战争重新瓜分殖民地,法西斯主义是其极端的表现;第三条道路是落后以及战败资本主义国家(如沙皇俄国以及战后德国、日本等)的工业化发展道路,偏重于对内掠夺本国人民。而美国则是这三条道路"交织在一起的范例"。

  但是,俄国,尤其中国走资本主义道路行不通。这首先是因为封建社会结构在东方国家(如俄国、中国、印度等)比在西方国家(如英国、法国、美国等)更稳定。俄国封建社会,专制制度、农奴制、东正教三位一体,根深蒂固,被称为"正统国民性"。当俄国由封建社会向资本主义社会过渡时,这种社会结构起到了顽固的滞碍作用,以至俄国成为落后资本主义国家。中国封建社会甚至形成了"超稳定结构",经济上是农业和手工业相结合的自给自足的自然经济亦即小农经济,政治上是中央集权和大一统的专制政治,思想文化上是儒家正统、儒表法里以及儒道互补或儒释道合流。当中国封建社会出现资本主义社会因素萌芽时,这种社会结构起到了更加顽固的滞碍作用,以致中国成为半殖民地半封建国家。总之,与西方国家相比较,东方国家(如俄国、中国等)封建社会结构妨碍这些国家资本主义社会因素的萌生滋长,滞缓了这些国家工业化的历史进程。而

---

① 《斯大林选集》上卷,中共中央编译局编译,北京:人民出版社,1979,第383—384页。

当这些国家终于面临工业化这一历史课题时,却由于落后挨打,既无力对外掠夺殖民地附属国人民(或由于资本主义落后如俄国,或甚至自身沦为殖民地半殖民地国家如中国),也无法对内掠夺本国人民(其人民早已被掠夺得一干二净),从而面临两难困境。资本主义此路难通,促使人们另找出路。

战争与革命的时代是俄国(苏联)、中国等国建成社会主义制度的历史机遇。历史证明,缺乏这一机遇,即使如印度等某些与俄国、中国具有相似历史背景的东方国家仍然未能走上社会主义道路。

社会主义制度的建立为这些国家实现工业化提供了历史条件。但是,社会主义国家工业化不能走资本主义国家资本原始积累的道路,即掠夺本国人民和殖民地附属国人民。社会主义国家只能通过节约,完成资本原始积累。列宁、斯大林、毛泽东都强调过"厉行节约"。斯大林明确指出:"还有第四条工业化的道路,靠本国节约来发展工业的道路,即社会主义积累的道路。"[1]

"社会主义原始积累"是斯米尔诺夫首先提出的。《共产主义 ABC》的两位作者——布哈林和普列奥布拉任斯基为此进行了争论。

普列奥布拉任斯基在《新经济学》一书中的定义是:"我们把主要来源于或者同时来源于国营经济之外的国家手中的物质资源积累叫做'社会主义原始积累'。"[2]按照这一定义,所谓社会主义原始积累,就是从国民经济体系外得来的,为国家所掌握的物质资源的积累,在某种程度上靠剥削小农(小生产者)来进行;就是社会主义国家利用相应的价格政策实行原始积累,亦即对非社会主义经济成分实行不等价交换来进行原始积累,也就是说,通过不等价交换的价格政策,有意识地把非公有经济的剩余产品国有化。这就是托洛茨基的"工业专政"、"超工业化"战略。普列奥布拉任斯基的理论前提是:计划经济就是社会主义,市场经济就是资本

---

[1] 《斯大林选集》上卷,中共中央编译局编译,北京:人民出版社,1979,第464页。
[2] [苏]叶·阿·普列奥布拉任斯基:《新经济学——对苏维埃经济进行理论分析的尝试》,纪涛、蔡恺民译,北京:生活·读书·新知三联书店,1984,第41页。

主义。因此,他将原始积累规律和价值规律对立起来,并主张剥夺农民。

布哈林批判了普列奥布拉任斯基的托洛茨基主义,认为剥夺农民无异于杀鸡取卵("杀掉会生金蛋的母鸡"),破坏工农联盟。在《过渡时期经济学》一书中,他说:"从废墟上成长起来的社会主义,必然应该是从动员活的生产力开始的。这种劳动动员乃是社会主义原始积累的基本要素,而社会主义原始积累是对资本主义原始积累的辩证否定。它的阶级实质不在于为剥削过程创造前提,而在于在消灭剥削的条件下恢复经济;不在于对一小撮资本家施用暴力,而在于劳动群众的自我组织。"①按照这一观点,所谓社会主义原始积累,就是劳动群众的动员和组织。

社会主义改造名义上是以公有制来代替私有制,实际上公有制也就是国有制(通过代表制往往成为官有制)。为了厉行节约,就要实行高度集中的经济、政治体制和意识形态(集体主义等等节欲伦理正是节约经济所要求的)。厉行节约必然带来普遍贫穷。而战争与革命年代遗留下来的战时经济—政治体制则是传统社会主义体制的雏形(战时经济—政治体制包含着计划经济—威权政治体制的因素)。建立在国有制基础上的高度集中的计划经济体制、高度集中的威权政治体制和高度集中统一的意识形态,是传统社会主义模式(即所谓斯大林模式和毛泽东模式)的集中体现。

苏联和中国的工业化和社会主义改造既有共同点,又有不同点。在苏联,工业化是典型的"一条腿走路"(发展重工业),社会主义改造是典型的暴力剥夺;在中国,工业化是典型的"两条腿走路"(既发展重工业,又发展农业和轻工业),社会主义改造是典型的和平赎买。同为传统社会主义模式,苏联模式更加死板、僵化,中国模式灵活、易变一些。尽管由于大跃进、人民公社和"文化大革命"等的人为干扰,毛泽东模式仍然比斯大林模式更具备在制度上进行改革和创新的历史条件。

---

① [苏]尼古拉·布哈林:《过渡时期经济学》第一部分《转化过程的一般理论》,余大章、郑异凡译,北京:生活·读书·新知三联书店,1981,第86页。

当然,在一定历史时期内,传统社会主义模式仍然有它的现实性和合理性。其中,集中资源,集中人力、物力、财力办大事是传统社会主义制度优越性的集中表现。传统社会主义模式的历史贡献是建立了独立的和比较完整的工业体系和国民经济体系,为某些国家工业化开辟了道路。

但是,传统社会主义模式在完成了自己的历史使命后,弊端百出,十分死板、僵化。在以国有制为基础的计划经济体制下,政府这只"看得见的手"支配着人们的整个经济生活和社会生活,权力经济、官本位和人身依附关系,政企职责不分、条块分割和"一刀切",忽视商品货币关系、市场和价值规律,平均主义、"大锅饭"和"铁饭碗"等等,严重挫伤了劳动者的生产积极性、主动性、创造性,扼杀了社会主义国家经济增长的生机、活力。以国有制为基础的计划经济体制越来越不适应生产力的发展,致使社会主义国家经济发展缓慢、停滞,以至陷于"一统就死、一死就放、一放就乱、一乱就收、一收又死、一死又放、一放又乱"的恶性经济循环中。国家综合国力(主要表现在政治力—军事力上)有所增强,而人民生活水平则无所提高。人民普遍贫穷,严重损害了社会主义国家的声誉,反过来妨碍了社会主义国家的进一步强大。在以国有制为基础的计划经济体制上容易造成威权政治体制、官僚主义、特权意识等等,妨碍了社会主义国家的政治民主,以至以权代法,以人治代法治。此外,由于社会主义和资本主义两大阵营之间的对抗及社会主义阵营内部的分裂,各个社会主义国家——无论苏联还是中国——整个社会经济、政治、文化生活显得格外保守、封闭。这就是传统社会主义体制的根本要害所在。由此,传统社会主义以国有制为基础的计划经济体制及与之相适应的威权政治体制和意识形态陷于危机之中,传统社会主义模式的改革势在必行。

根据社会主义理想,社会主义制度是以消灭剥削为己任的。但是在现实中,传统社会主义体制未能在解放和发展生产力基础上消灭剥削,因此在消除两极分化中,不是走向共同富裕,而是以普遍贫穷为代价。

布哈林在《过渡时期经济学》一书中曾经比较了社会主义生产和资本主义生产。他说:"在资本的统治下,生产是剩余价值的生产,是为利润进行的生产。在无产阶级的统治下,生产是为了满足社会的需要而进行的生产。整个生产过程的不同职能意义是由不同的所有制关系和国家政权的不同阶级特点所决定的。"[1]资本主义生产的目的是追逐剩余价值(利润),社会主义生产的目的是满足社会需要。一在价值(交换价值)方面,一在使用价值方面。这样一来,社会主义反而失去了生产的动力。由此,布哈林进一步比较了社会主义经济危机和资本主义经济危机。资本主义经济危机是生产过剩的危机,社会主义经济危机是生产短缺的危机,如"商品荒"、"资金荒"和"粮食荒"等。[2] 科尔奈在《短缺经济学》一书中比较了资本主义市场经济和传统社会主义计划经济。前者是过剩经济,供过于求的买方市场是市场经济的基本特点,而生产过剩则是资本主义经济危机的基本特征;后者是短缺经济,供不应求的卖方市场是计划经济的特点,而消费短缺则是传统社会主义经济危机的基本特征。[3]

列宁晚年注意到了社会主义国家官僚主义问题。托洛茨基和毛泽东晚年甚至注意到了社会主义国家"新阶级"问题,德热拉斯著有《新阶级》一书[4]。但是,对于这个"新阶级",他们(从列宁到毛泽东)既没有真正找到产生它的根源,也没有真正找到解决它的办法。其实,产生"新阶级"的根源,既不是过去的遗留、外来的渗透,也不是小生产自发势力的影响,而是传统社会主义体制本身。因此,解决"新阶级"的办法,不是什么"不断革命"、"继续革命",而是体制改革、制度创新。

由于种种历史原因,社会主义制度不是在西方发达资本主义国家,而是在东方落后资本主义国家(如俄国)甚至半殖民地半封建国家(如中

---

[1] [苏]尼古拉·布哈林:《过渡时期经济学》第一部分《转化过程的一般理论》,余大章、郑异凡译,北京:生活·读书·新知三联书店,1981,第97页。

[2] [苏]尼古拉·伊万诺维奇·布哈林:《布哈林文选》中册,中共中央编译局国际共运史研究室编,北京:人民出版社,1981,第274页。

[3] 参见[匈]亚诺什·科尔奈:《短缺经济学》上下卷,张晓光、李振宁、黄卫平、潘佐红、靳平、戴国庆译,北京:经济科学出版社,1986。

[4] 参见[南]密洛凡·德热拉斯:《新阶级——对共产主义制度的分析》,陈逸译,北京:世界知识出版社,1963。

国)首先建成。因此,发展生产力应当是这些国家的中心任务,商品经济是生产力发展不可逾越的阶段,建立在商品经济基础上的只能是市场经济体制。但是,传统社会主义计划经济体制建立在自然经济半自然经济基础上,原有的威权政治体制和意识形态陷于危机之中,传统社会主义模式的改革势在必行。

社会主义改革既有自下而上的革命趋向,又有自上而下的改良趋向。这两种趋向之间的张力决定了社会主义改革的历史进程,如何确立这两种趋向之间的平衡决定了社会主义改革的具体模式。

苏联东欧社会主义国家走在改革前列。在东欧,南斯拉夫率先进行改革,实行"自治社会主义"("工厂归工人,土地归农民")。随之,在赫鲁晓夫"大反斯大林"之后,匈牙利、捷克斯洛伐克和波兰相继进行改革,探索"市场社会主义"和"民主社会主义"的"第三条道路"。在苏联,戈尔巴乔夫提出所谓改革"新思维",一是和平主义,即主张全人类的利益高于一切;二是民主社会主义,即主张社会主义应当成为各民族人民的自由选择。[①] 在戈尔巴乔夫改革"新思维"指导下,苏联进行了一场激进式改革(即所谓休克式疗法),背离社会主义本质及其改革方向,先搞意识形态、政治改革,后搞经济改革。程序颠倒,秩序混乱,引起经济衰退、政治紊乱,最终导致苏联社会主义改革的破产以及苏联东欧的演变。

与此相反,在邓小平中国特色社会主义理论指导下,中国进行了一场渐进式改革,以经济建设为中心,坚持四项基本原则,坚持改革开放。从物质文明建设到精神文明建设,从经济体制改革到政治体制改革,从沿海开放到内地开放,循序渐进,系统演进,造成经济发展、政治稳定。至今,中国社会主义现代化建设和改革开放取得了显著成就。

关于市场经济体制,应当注意两个问题:其一,现代市场经济和传统市场经济的根本区别。市场经济作为发达商品经济的产物和表现,它在世界范围内经历了自由放任的传统市场经济发展阶段后,现已进入了国

---

① 参见[苏]戈尔巴乔夫:《改革与新思维》,苏群译,北京:新华出版社,1987年。

家宏观调控的现代市场经济发展阶段;随着生产的社会化以及资本主义从自由竞争阶段向垄断阶段的过渡,以"国家积极干预经济生活"为基调的凯恩斯经济理论和罗斯福"新政"的出现,标志着资本主义市场经济从自由放任的传统市场经济发展阶段向国家宏观调控的现代市场经济发展阶段的过渡(新保守主义或新自由主义经济理论和政治实践是对于这一趋向的反动,但是并未从根本上改变这一趋向)。其二,社会主义市场经济和资本主义市场经济的根本区别。建立在公有制(公有制不一定是国有制,而应该是社会所有制,亦即"联合起来的个人所有制",或称共有制)基础上的社会主义市场经济比建立在私有制基础上的资本主义市场经济更有利于国家对于市场经济的宏观调控。显然,中国市场经济体制属于社会主义现代市场经济体制。

中国社会主义经济体制改革的目标模式是建立比较完善的社会主义市场经济体制。其中涉及一系列社会经济、政治、文化生活的变革,广泛而又深刻。社会主义经济体制改革在所有制——国有制改革中深入展开。社会主义经济体制改革为社会主义政治体制改革提供了前提。中国社会主义政治体制改革的目标模式是建立比较完善的社会主义民主政治体制。社会主义市场经济体制为社会主义民主政治体制奠定了基础。伴随社会经济、政治体制变革的是文化体制变革。

历史的成功经验和失败教训从正反两方面告诉我们,在中国社会主义初级阶段,发展生产力就是发展商品经济。在商品经济阶段,市场经济是唯一适应生产力发展的经济体制或经济运行机制。建立和完善社会主义现代市场经济体制,是解放生产力、发展生产力的客观要求,是社会主义本质的体现。实践证明,它有利于社会生产力的发展、人民生活水平的提高、国家综合国力的增强。

但是,由于市场经济体制本身就有缺陷,加上中国市场经济体制确立伊始,尚不健全,由于在社会转型时期,经济改革、政治改革和观念变革一时还不配套,加上某些改革措施先后出台,一时倾斜,因此,在我们取得显著成就时,也有一些明显失误,如腐败、两极分化、生态环境危机、精神文化危机等。这是由于，在市场经济体制下，市场这只"看不见的手"支配着人们的经济生活和社会生活，因此，金本位、重商主义和"以物的依赖性为基础的人的独立性"等等，是它的必然产物和表现。实践证明，市场经济本身就是"双面刃"，既有正效应，又有负效应。为了保证它的良性运行，就要国家宏观调控，以法治和德治为硬约束和软约束。但是在中国社会转型时期，由于计划经济体制与市场经济体制的并轨（"双轨制"），由于政治体制改革（民主政治建设）滞后于经济体制改革（市场经济建设），精神文明建设滞后于物质文明建设，因此，旧体制的弊端尚未消除，新体制的弊端即已暴露。正是在这种情况下，问题显得更加严重。因此，解决这些问题，不是倒退，回归社会主义传统计划经济体制和传统社会主义模式，或者保守，将中国特色社会主义理解为市场经济和威权政治的结合，致使社会主义改革半途而废，而是继续前进，健全社会主义现代市场经济体制和现代社会主义模式。当然，在变革社会中，保持社会有序状态是非常重要的。在中国社会转型时期，社会主义制度是唯一能够保证社会公平、社会稳定亦即社会有序状态的有效机制。

三、中国道路与民族复兴

中国特色社会主义道路（简称"中国道路"）是中国走向现代化的历史进程，是中华民族伟大复兴的道路。从洋务运动"求强求富"，戊戌变法"变法图存"，辛亥革命"革命共和"……无数先驱所追求的中华民族之伟大复兴的目标，现在比任何时候更接近我们。

中国道路包括中国新民主主义革命道路和中国特色社会主义建设道路，它们前后衔接，因果关联，是实践和历史证明的中国革命和建设的唯一可行的道路。

首先，改良（洋务运动、戊戌变法）的失败证明了革命的必要。

在马列主义传入中国前，孙中山的三民主义（民族主义、民权主义、民生主义)是中国革命建国的意识形态。之所以是三民主义,而不是一民主义和二民主义,是因为孙中山企图"毕其功于一役"①,一次性完成民族革命、政治革命和社会革命的历史使命。这就是孙中山所谓的一次革命论。孙中山用民生主义置换了社会主义、共产主义。孙中山的民生主义是预防中国社会革命的方案,是置换中国社会主义、共产主义的方案。在三民主义旗号下,辛亥革命虽然没有完成民族革命、政治革命和社会革命的历史任务,但却触动了传统社会的结构,推动了社会的现代转型,从而改变了整个社会政治思想的风气。

其次,小革命亦即政治革命(辛亥革命)的失败证明了大革命亦即社会革命的必要。

由于俄国十月革命影响,五四运动时期,马列主义传入中国。马列主义在传入中国后,几乎立刻就被应用于社会改造中。最终,在列宁领导的共产国际的帮助下,中国共产党成立,中国国民党改组,以实行"三大政策"——"联俄、联共、扶助农工"为标志,孙中山的三民主义从旧三民主义发展到新三民主义,国共合作,发动大革命。但是,早期中国共产党人(以陈独秀、李大钊为代表)尚未实现马克思主义中国化,尚未解决中国革命道路问题。

由于斯大林领导的共产国际的错误决策,陈独秀领导的中共中央的错误执行,大革命失败。蒋介石抛弃了孙中山的"三大政策",国共破裂。中国共产党被迫采取了武装反抗国民党、蒋介石的方针。以毛泽东为代表的中国共产党第一代领导人在反对以王明为代表的教条主义的过程中,探索了一条中国特色的革命道路。

王明照搬照套马列主义原理和苏俄革命经验,忽视中国国情和中国革命特点。而毛泽东则将马列主义基本原理和中国革命具体实践相结合,开创了马克思主义中国化的道路。毛泽东说:"共产党员是国际主

---

① "夫欧美社会之祸,伏之数十年,及今而后发见之,又不能使之遽去。吾国治民生主义者,发达最先,睹其祸害于未萌,诚可举政治革命、社会革命毕其功于一役。还视欧美,彼且瞠乎后也。"(《孙中山选集》上,北京:人民出版社,2011,第80页)

的马克思主义者,但是马克思主义必须和我国的具体特点相结合并通过一定的民族形式才能实现。马克思列宁主义的伟大力量,就在于它是和各个国家具体的革命实践相联系的。对于中国共产党说来,就是要学会把马克思列宁主义的理论应用于中国的具体的环境。成为伟大中华民族的一部分而和这个民族血肉相连的共产党员,离开中国特点来谈马克思主义,只是抽象的空洞的马克思主义。因此,使马克思主义在中国具体化,使之在其每一表现中带着必须有的中国的特性,即是说,按照中国的特点去应用它,成为全党亟待了解并亟须解决的问题。"①

毛泽东提出了新民主主义革命的道路。这是运用马克思主义的立场、观点和方法,以对于中国半殖民地半封建社会国情的认识为前提提出的。它将马克思主义的不断革命论和革命发展阶段论统一起来,正确回答了"二次革命论"(陈独秀)和"一次革命论"(王明)争论的问题。在毛泽东看来,中国革命既不是无产阶级社会主义的革命,也不是资产阶级领导的资产阶级民主主义的革命亦即旧民主主义革命,而是无产阶级领导的资产阶级民主主义的革命亦即新民主主义革命。之所以资产阶级不能领导资产阶级革命,是因为中国民族资产阶级有两重性,既有革命性,又有软弱性,不能领导革命取得胜利,必须由无产阶级来领导。"所谓新民主主义的革命,就是在无产阶级领导之下的人民大众的反帝反封建的革命。"中国革命的这一性质决定"中国革命的终极的前途,不是资本主义的,而是社会主义和共产主义的"。②

毛泽东的新民主主义上承孙中山的新三民主义,下接邓小平的中国特色社会主义。在新民主主义革命胜利后经新民主主义社会过渡到社会主义社会原本是中共第一代领导人的共识。新民主主义革命是无产阶级(通过共产党)领导的资产阶级革命,同样,新民主主义社会也就是无产阶级(通过共产党)领导的资本主义社会。按道理说,这个社会不仅要在

---

① 《毛泽东选集》第 2 卷,北京:人民出版社,1991,第 534 页。
② 《毛泽东选集》第 2 卷,北京:人民出版社,1991,第 647、650 页。

经济上发展资本主义,而且要在政治上发展民主主义。但是,开国以后,我们在学习和借鉴外国经验的过程中,出现了照抄照搬别国经验、别国模式的做法。20世纪50年代,我们主要学习的是苏联经验和苏联模式;60至70年代,毛泽东等中国共产党人探索了中国特色的社会主义道路,但却误入歧途(如大跃进、人民公社化等)。症结在于,毛泽东放弃自己的新民主主义,批判刘少奇的新民主主义,进而提出无产阶级专政下继续革命理论,发动无产阶级"文化大革命",对于中国社会经济、政治、文化发展产生了极为严重的影响。而邓小平的中国特色社会主义则继承和发展了新民主主义的理论和实践。

最后,社会主义改造所确立的传统社会主义模式的失败证明了社会主义改革所确立的现代社会主义模式的必要,通过文化、政治革命进行社会主义建设的失败证明了通过经济、政治改革进行社会主义建设的必要。

以邓小平为代表的中国共产党第二代领导人开辟了中国特色的社会主义道路。邓小平说:"把马克思主义的普遍真理同我国的具体实际结合起来,走自己的道路,建设有中国特色的社会主义,这就是我们总结长期历史经验得出的基本结论。"[1]20世纪80—90年代,有些人主张"全盘西化",搞自由主义;有些人主张学习"新加坡经验",搞新权威主义,但是邓小平等中国共产党人坚持中国特色社会主义道路,取得了举世瞩目的成就。邓小平的中国特色社会主义也是初级阶段社会主义。社会主义初级阶段理论是对于中国社会主义社会一个长时期(社会主义改造以后一百年)实际状况的论断。它有两个基本意义:既反对从社会主义社会"后退"到资本主义社会(反右),又防止从社会主义初级阶段"超前"到高级阶段以至共产主义社会(防左)。社会主义初级阶段理论是中国特色社会主义理论的基础。中国特色社会主义道路也是一条"中道",中道才是正道,才是可行之道。中国社会主义现代化建设和改革开放所取得的巨大成就,显示了中国道路的特有魅力。

---

[1] 《邓小平文选》第3卷,北京:人民出版社,1993,第3页。

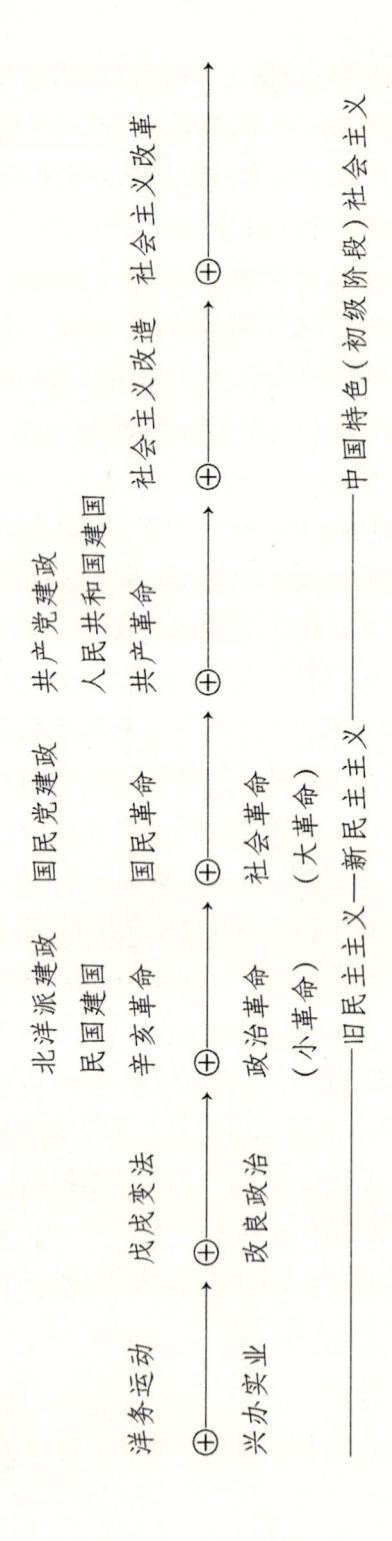

洋务运动　戊戌变法　　　　　　北洋派建政
　　　　　　　　　　　　　　　民国建国　　国民党建政　共产党建政
　　　　　　　　　　　　　　　辛亥革命　　　　　　　　人民共和国建国
⊕————→⊕————→⊕————————→⊕————————→⊕————————→
兴办实业　改良政治　政治革命　　国民革命　　共产革命　　社会主义改造　社会主义改革
　　　　　　　　　　（小革命）
　　　　　　　　　　社会革命
　　　　　　　　　　（大革命）
————————旧民主主义—新民主主义————————————中国特色（初级阶段）社会主义

[图 2.1] 中国道路

当代中国社会的一个根本转型是从"阶级斗争为纲"转变到"以经济建设为中心"。"阶级斗争为纲"、"纲举目张"以及对"生产力论"（或称"唯生产力论"）的批判无疑是上层建筑决定论的反映。但"以经济建设为中心"却并非是经济决定论的反映。

当初，在毛泽东、周恩来倡导的"四个现代化"的理论和实践中，中国现代化仅仅表现在工业、农业、国防、科技几个领域内。当代中国，经济发展对于社会进步的确具有决定性的作用。本来，从这一社会现实中可以合乎历史地和合乎逻辑地得出经济决定论的结论。但是，作为中国社会主义现代化建设和改革开放事业总设计师的邓小平不仅没有为经济决定论的眼光所局限，反而能够以社会系统论的视角来审视问题，从而开创了中国特色社会主义的理论和实践。邓小平理论正是一种社会系统论，这一理论所设计的中国社会主义现代化建设和改革开放事业正是一项社会系统工程。以经济建设为中心、坚持"四项基本原则"和坚持改革开放以及物质文明建设和精神文明建设、经济体制改革和政治体制改革、对内改革和对外开放等等，构成了这项社会系统工程的整体格局。这是一个从物质现代化经制度现代化到精神现代化（包括人的现代化）的整体进程。

邓小平理论虽然始终强调经济因素，但却不是把这一因素作为唯一决定性的因素，而仅仅是作为最终决定性的因素，甚至不是唯一最终决定性的因素。例如，在"科学技术是第一生产力"这一著名论断中，科技因素显然比经济因素更具有决定性的作用。

人们称邓小平式改革为渐进式改革。但是，中国改革的成功不在于什么改革的渐进式，而在于改革的系统性和有序性，渐进式不过是这种系统性和有序性的表现。中国改革作为一项社会系统工程，始终致力于系统内部诸要素之间、诸要素与系统之间、系统与外部环境之间的优化组合、综合平衡和相互协调，因此取得了社会生产力发展、人民生活水平提高、国家综合国力增强的巨大成就。

中国改革取得的成就归结于改革的系统性和有序性，而暴露的问题也归结于某些改革环节之间的失序、失衡和失调。例如，经济改革一时超前于政治改革是必要的,但是,政治改革长期滞后于经济改革,造成了过度腐败(权钱交易或称权力寻租),从而从根本上危害了社会的稳定和发展;又如,先富带动共富在一定时期内是必要的,但是,由于政策和法律的漏洞,造成了两极分化,从而从根本上损害了社会的公平和效率;再如,经济发展是必需的,但是不惜成本和不顾代价地发展经济,造成了生态环境危机,从而从根本上影响了人们的生存和发展;更如,在社会经济、政治转型中,观念转型是必然的,但是,思想解放未能及时以文化建设来补充,造成了精神文化危机,从而从根本上影响了社会的全面进步和持续发展,等等。这些问题只有通过系统及其内部诸要素、外部环境之间进一步的优化、平衡和协调才能加以解决。

现代化并非单一的模式,在不同时期和不同地区,现代化有不同的目标模式和不同的实现模式。在近代产业革命以后,现代化的目标是把前工业文明(农业文明)向工业文明推进;而在现代科技革命之后,现代化的目标则是把工业文明向后工业文明(知识文明)推进。诚然,对于中国现代化的总体目标来说,首先是前者,然后是后者。但是目前已经走到这样一步:必须把二者结合在一起。反之,亦步亦趋,只能永远落后、挨打。实现现代化的道路多种多样:资本主义、社会主义是20世纪各国走向现代化的两条主要道路。同是资本主义,西欧、北美、拉美、东亚各有不同;社会主义至今仍然处于探索之中,中国特色社会主义正是这样一种探索。总之,中国现代化的目标模式和实现模式都必须从中国国情出发,从中国具体历史境况出发,绝不能够根据所谓一般情况照搬照套。从社会系统论来考察中国现代化这一社会系统工程,可以得出这样一些结论:

在目标模式上,中国现代化的总体目标应当包含两个方面:一方面是继续把农业文明向工业文明推进,跟踪先发国家,最终实现工业文明;另一方面则是开始把工业文明向知识文明推进,利用后发优势,更快实现知识文明。世界已经进入和平与发展的时代,各国之间的竞争主要表现在综合国力的竞争上,而综合国力的竞争又主要表现在经济力—科技力的竞争上。知识经济时代已经到来。智力(智能)因素逐步获得了比经济因素更重要的地位。而地理环境因素、人口因素也逐步获得了与经济因素大致相并行的地位,可持续发展成为中心问题。因此,我们应当牢固树立"科学技术是第一生产力"、"科教兴国"的战略思想,将经济发展转移到依靠科技进步和提高劳动者素质上来,保证可持续发展,实现经济增长方式从粗放型到集约型的转变。

在实现模式上,首先,中国现代化的实现要求我们在经济上建立市场经济体制,但是,我们所建立的市场经济体制不是自由放任的传统市场经济体制,而是国家调控的现代市场经济体制;不是主要建立在私有制基础上的资本主义市场经济体制,而是主要建立在公有制基础上的社会主义市场经济体制。其次,中国现代化的实现要求我们在政治上建立民主政治体制,建立民主法制,建立法治国家,以法治代人治。但是,我们所建立的民主政治体制却是社会主义现代民主政治体制。这里,社会主义根本经济、政治制度是在促进社会全面进步和持续发展前提下保障社会公平和社会稳定的唯一有效机制。再次,在社会主义现代市场经济和社会主义现代民主政治的条件下,价值取向是多元的,而价值导向则是一体的。即使出现了个人功利本位的价值取向,在价值导向上也应该近似于反其道而行之,将真实的集体利益和正当的个人利益统一起来,将道义和功利统一起来,以免社会走向畸形。最后,继续实行独立自主、对外开放,形成全方位开放格局,积极地、主动地参与全球化进程。这是在当前大浪潮、大趋势下唯一现实的、合理的选择。

现代化是一个从物质现代化经制度现代化到精神现代化的整体社会进程。现代化是中国人一个半世纪来的梦想。从梦想到现实,经历了一个艰难曲折的历程。从洋务运动的物质现代化诉求,经过戊戌变法、辛亥革命的制度现代化诉求,到五四运动的人的精神现代化诉求,这是中国现代化历程的第一个圆圈。新民主主义革命和社会主义根本政治制度的建立以及社会主义改造和社会主义根本经济制度的建立、大跃进和人民公社化、"文化大革命",上升中的下降、前进中的后退,这是中国现代化历程的第二个圆圈。中国特色社会主义建设——社会主义现代化建设和改革开放,从物质文明建设、精神文明建设、政治文明建设、社会文明建设到生态文明建设,这是中国现代化历程的第三个圆圈。三个小圆圈构成一个大圆圈。在这一历程中,中国现代化最终逐步成为一项社会系统工程,而关于现代化的系统观的确立,则是其中的关键。

关于现代化的系统观的确立,还有另外一个维度。近世以来,面对列强入侵、西学东渐,中国人逐渐形成了"师夷"—"制夷"(魏源)的两难情结。一个半世纪来,古今中西之辨一直伴随着中国人走向现代化的历程。在传统/现代和中国/西方的两难思考中,先后出现过"中体西用"(张之洞)、"合华梵中西于一体"(章太炎)、"全盘西化"(胡适)、"拿来主义"(鲁迅)、"古为今用、洋为中用"(毛泽东)、"本位文化"(牟宗三、杜维明)、"西体中用"(李泽厚)、"综合创新"(张岱年)等等的方案。各种方案无非是在古今中西文化之间不同比例而已。它们对于中国现代化的实现起到了各自不同的作用。

应当指出,将中西文化还原为古今文化,将空间距离还原为时间差距,这些早已有之。而主张西化等于现代化者则大有人在。但是问题恰恰在于,当先进的西方与落后的中国相比较时,除了先进与落后的时间差之外,还有西方与中国的空间距。其实,21世纪的中国之所以处于21世纪,是因为它与21世纪的世界(包括21世纪的西方)存在着千丝万缕的联系。落后的中国学习先进的西方,不是亦步亦趋,而是以简略而又迅速的方式重演西方16、17、18、19、20世纪的历史,以便成为名副其实的21世纪的中国。这就是后发国家追赶先发国家的优势。

每种文明都有自己的长处和短处、优点和缺点。因此,每种文明都要从别种文明中补充其他的营养。当中国向西方学习时,西方也在向中国学习。当然,我们不能因此而故步自封,须知别人学习我们是一种圆圈式的运动:螺旋式的上升或波浪式的前进。而我们自己故步自封则是一种原地踏步的无谓举动。但是,我们同样不能因此而重蹈覆辙,从别人的成功经验和失败教训中,我们一定能够走出一条属于自己的更近更直的道路。

第二章　现代化与中国道路

20世纪有两大神话:一是以为资本主义的灭亡和社会主义的胜利指日可待,二是以为西方的没落和东方的复兴计日可成。结果,在20世纪最后十年,先后发生了苏东的政治演变和东亚的经济危机,两大神话一时迹近虚无,而西方资本主义则似乎重又令人刮目相看。的确,我们应当从中汲取应有的经验和教训。但是,如果我们得出这样一种结论,以为唯有西方资本主义的道路才是唯一正确的选择,那么我们就大错特错了。而今,情况正在发生变化:在21世纪最初十年,西方资本主义一再出现经济危机,而中国经济发展则领先世界。

"取其精华,弃其糟粕",是我们历来的说法。批判和继承民族的文化传统,主要就在于把思想的根本精神同那些受时代支配的东西区别开来,吸取前者而抛弃后者。同样,批判和借鉴外来的民族文化,主要也在于把思想的根本精神同受地域支配的东西区别开来,吸取前者而抛弃后者。其实,任何一种文化都有它们的积极方面和消极方面。传统文化和外来文化的积极方面和消极方面虽然在本来意义上不可分离,然而人们可以通过建立某种扬弃机制予以分离。人类既可以在有限的范围内和有限的程度上解决自然领域中的问题,也可以在同样有限的范围内和同样有限的程度上解决社会领域中的问题。解决的基本办法是各种文化系统的优势互补和合流。任何一种文化系统都要扬长避短,以彼之长,克己之短。中国文化系统更要以开放的、进取的姿态去面向世界、面向未来,这是中国现代化的真谛。

第三章　全球化与中国模式

　　全球化是全球性的生成过程,在政治意义上的老殖民、经济意义上的新殖民后,全球性表现为文化意义上的后殖民。现代化是时间维度的描述,全球化是空间维度的描述。全球化就是现代化,亦即全球化遵循着现代化的目标和途径;现代化就是全球化,亦即现代化达到了全球化的程度和规模。既然后现代是晚期现代性的表达,原本作为文学批评和文化批评的后殖民也就是晚期全球性的表达。

　　所谓中国模式就是中国回应全球化的历史态势。它有两个基本含义:一是其具有特殊性的经验和智慧,这一部分具有自身特色,不适用于其他国家和地区;二是其具有普遍性的经验和智慧,这一部分可适用于具有类似国情亦即类似传统和现实条件的新兴国家和地区。中国模式的提法,比原来中国道路的提法更进了一步,是对中国特色社会主义道路的概括和总结,表明我们已经取得的成功经验和智慧,形成了既具有自身特色,又可以为其他国家和地区所学习的普遍的、一般的经验和智慧。中国道路是民族复兴的道路,中国模式是大国崛起的模式。中国这个新兴大国通过自身永续发展的道路,正在实现和平崛起的梦想。

一、全球性与后殖民

　　全球化是一个空间的广延,表现为中国/西方的张力,表现为全球性的不断生成。全球性与全球化有密切关系。当今世界,伴随经济全球化和政治全球化的是文化全球化。全球性是在全球化中不断累积起来的各民族文化之中具有普遍性和共同性的,因而可以被各民族所普遍承认或共同接受从而反过来推动全球化的精神文化资源或表征,如世界人权、全球伦理和文化多样性等。迄今为止,在其主导方面,全球化还是全球资本主义化,表现为资本国际循环,表现为世界资本体系。但是,资本主义全球化经历了殖民、新殖民、后殖民几个历史时代。殖民主义以军事控制、政治代理为主要特点,新殖民主义以经济参与、经济接管为主要特点,而后殖民主义则在结合新老殖民主义基础上,以文化附着、文化渗透为主要特点。在这一意义上,后殖民一方面意味着新老殖民时代的历史终结(殖民地反对宗主国的民族斗争,是与社会主义反对资本主义的阶级斗争紧密结合在一起的);另一方面则意味着新老殖民精神的历史传承。

　　20世纪70—80年代,有人提出了"全球化"的概念。绝大多数学者是从社会经济、政治、文化领域来定义的。但是,"全球化"最根本和最重要的含义是全球时空重构。吉登斯将"全球化"定义为"世界范围内的社会关系的强化,这种关系以这样一种方式将彼此相距遥远的地域连接起来,即此地所发生的事件可能是由许多英里以外的异地事件而引起,反之亦然。"[1]这就是吉登斯所强调的跨越时空的超距离影响。罗伯森认为

---

[1] [英]安东尼·吉登斯:《现代性的后果》,田禾译,南京:译林出版社,2000,第56—57页。

"社会、个人、诸社会组成的系统和全人类一起构成""全球人类状况"。他将"全球化"定义为"既指世界的压缩(compression),又指认为世界是一个整体的意识的增强"。并将"全球性"定义为"广泛存在认为世界——包括人类的物种方面——是一个整体的意识这种状况"[①]。

罗伯森提出了"全球场(global field)的模式",包括"四个主要方面或者说参照点":"民族社会(national societies);个人,或者更根本地说,是自我(selves);民族社会之间的关系,或者说诸社会组成的世界体系;总体意义上的人类(mankind),为避免误解,我时常称之为全人类(humankind)。"[②]

罗伯森描述了"走向目前很高程度的全球密集性和复杂性状况的时间—历史路程":从"萌芽"、"开始"、"起飞"到"争霸"、"不确定性",分为

[①] [美]罗兰·罗伯森:《全球化——社会理论和全球文化》,梁光严译,上海:上海人民出版社,2000,第11、112页。
[②] [美]罗兰·罗伯森:《全球化——社会理论和全球文化》,梁光严译,上海:上海人民出版社,2000,第36页。

第三章　全球化与中国模式

五个阶段,①非常明确地勾勒了全球化的现实历史进程。

同时,罗伯森提出了"四种世界秩序形象",同样明确地勾勒了全球化的各种可能前景:"全球共同体之一"是"世界秩序应当而且可以只采

---

① "第一阶段——萌芽阶段。在欧洲,从15世纪初期延续到18世纪中期。民族国家共同体开始成长,中世纪'跨民族'体系的作用开始降低。天主教会范围扩大。个人概念和人道思想得到强调。世界日心说和近代地理学开始出现,阳历使用范围扩大。第二阶段——开始阶段。从18世纪中叶延续到19世纪70年代,主要发生在欧洲。向同质性、单一性的国家观念迅速转变;形式化的国家关系概念成型,标准化的享有公民权利和义务的个人概念和较具体的关于人类的概念成型;与国际和跨国调节和交往有关的法律公约和机构迅速增加。国际性展览会举办。'国际社会''接纳'非欧洲社会问题开始出现。民族主义—国际主义问题成为讨论主题。第三阶段——起飞阶段。从19世纪70年代延续到20世纪20年代中期。在此,'起飞'是指这样一个时期,在此期间,从前时期和场所发生的日益全球化的倾向让位于一种以下面四个参照点因而也是制约因素为中心的单一的、不可抗拒的形式:民族国家社会,一般意义上的个人(但具有某种男性倾向),单一的'国际社会',某种日趋单一但并不统一的人类概念。'现代性'问题初步成为讨论主题。关于'可接受'的民族国家社会的'正确轮廓'的观念越来越具有全球性,关于民族国家认同和个人认同的思想成为主题;一批非欧洲社会纳入'国际社会';国际间的形式化(formalization)和人道思想的尝试性地实施。移民限制的全球化。全球交往形式的数量非常迅速地增多,速度非常迅猛地提高。第一批'国际小说'出现。全世界宗教世俗天国运动兴起。全球性竞赛(如奥林匹克运动会和诺贝尔奖)形成。世界时间的实行和接近在全球范围采用阳历。第一次世界大战。第四阶段——争霸阶段。从20世纪20年代中期延续到60年代后期。出现围绕起飞时期结束时确定的主导性全球化过程的脆弱条件展开的争论和战争。国际联盟,以及后来联合国的确立。民族独立原则确立。(盟国与轴心国)互相冲突的现代性观念,随后高度的冷战('现代性工程'内部的冲突)。因大屠杀和原子弹的使用而使人们尖锐地聚焦于人类的本性和前景。第三世界的成型。第五阶段——不确定性阶段。从20世纪60年代后期开始,并在90年代初显示出危机趋势。60年代后期全球意识增强。登上月球。重视'后物质主义'价值。冷战的终结,拥有核武器和热核武器的'权利'问题变得明显突出起来,拥有的范围扩大。全球性机构和运动的数量大大增加。全球交往手段迅猛加速。各社会日益面临多文化和多种族问题。因性别(gender)、性(sexual)和民族与种族的考虑而变得复杂的个人观念。公民权成为一个全球性问题。国际体系更加不固定——两极体系终结。对作为一个物种共同体的人类的关注大大增强,特别是通过环境保护运动。尽管出现了'族群革命'(the ethnic revolution),但对世界公民社会和世界公民的兴趣高涨。全球传媒系统加固,包括这方面的对立加剧。伊斯兰成为一种逆全球化/再全球化运动。里约热内卢地球环境首脑会议。"([美]罗兰·罗伯森:《全球化——社会理论和全球文化》,梁光严译,上海:上海人民出版社,2000,第84—86页)

077

取一系列相对封闭的社会共同体这种形式","全球共同体之二"是"只有从一个充分全球性的共同体的原本意义上,才存在全球秩序","全球法理社会之一"是"一系列开放的社会,它们之间有着相当多的社会文化交换","全球法理社会之二"是"世界秩序只有在正式的、计划好的世界组织的基础上才能形成"。①

现代化进入了全球化的历史阶段,这一大浪潮、大趋势将把我们引向何方?有关人类社会前景,最有知名度和影响力的预测是"历史终结论"和"文明冲突论"。

在历史上,所谓历史终结、文明冲突是重复了无数遍、无数次的历史观念,意识形态版的历史终结论和文明冲突论是宗教版的世界末日论和神魔对抗论的翻版。其中的典型是基督教的"千年王国论"和"末日审判论"。黑格尔出于其辩证方法,原本不应承认任何终点,但出于其唯心主义体系,却设立两个终点:一是在他的历史哲学中,以日耳曼世界为"地上王国"的终点;二是在他的哲学历史中,以黑格尔哲学为"天上王国"的终点。马克思无疑是反对历史终结论的,其阶级斗争论不是文明冲突论,而是将社会冲突奠基于对立阶级之间的经济利益的矛盾分析亦即阶级分析。阶级斗争是生存斗争的残余形态,共产主义终结人类"史前史"状态,开辟了人类真正"文明史"的进程。同样,马克思主义没有终结真理,而是开辟了通往真理的道路。一个世纪以来,无论日耳曼种族统治,还是无产阶级专政;无论法西斯主义,还是共产主义,不仅没有终结历史,反而遭到了失败或挫折。在这一历史背景下,人们自然联想:以美国和西方为典范的自由民主制度是否可以真正终结历史?

福山在1989年夏为《国家利益》杂志撰写的一篇文章,题为《历史的终结?》。"在这篇文章中",福山"阐述了一个热门话题,内容涉及过去几年中自由民主制度作为一个政体在全世界涌现的合法性,它为什么会战

---

① [美]罗兰·罗伯森:《全球化——社会理论和全球文化》,梁光严译,上海:上海人民出版社,2000,第113—114页。

胜其他与之相竞争的各种意识形态,如世袭的君主制、法西斯主义以及近代的共产主义"。自由民主制度是普遍的,不是特殊的。"但是,不仅如此,我还认为自由民主制度也许是'人类意识形态发展的终点'和'人类最后一种统治形式',并因此构成'历史的终结'。换句话说,在此之前的种种政体具有严重的缺陷及不合理的特征从而导致其衰落,而自由民主制度却正如人们所证明的那样不存在这种根本性的内在矛盾。这并不是说当今美国、法国或瑞士等国家的稳定的民主体制已不存在不公正或严重的社会问题,但这些问题则是因构建现代民主制度的两大基石——自由和平等的原理——尚未得到完全实现所造成的,并非原理本身的缺陷。或许当代有些国家能够实现稳定的自由民主制度,而且有些国家可能会倒退回其他更原始的统治方式,如神权政治或军人独裁,但我却找不出比自由民主的理念更好的意识形态。"[1]根据这种历史终结论,福山明确提出了全球化就是美国化,就是美国领导世界的基本结论。

以福山的历史终结论为代表的这一思潮,以自由民主制度为"历史终结"。但是,这种新的"世界末日"神话,正如一切老的"世界末日"神话一样,就在它宣告"末日"的那个日子里宣告破产了。旧的"历史的终结"无非新的历史的开端而已。这个地球也许不再以意识形态标准划分为"两个阵营",也许不再以经济标准划分为"三个世界",但由美国来实现全世界"大一统",这一历史时机却尚未成熟甚至永不具备。全球政治冲突依然持续不断,并且形成了崭新的特点:民族的冲突、宗教的冲突,等等。血统和信仰的结合,使这种种冲突比以往任何冲突都更加疯狂。

1993年夏,美国《外交》季刊发表了亨廷顿的一篇文章《文明的冲突》。亨廷顿"在这篇文章中提出的论点:正在出现的全球政治的主要的和最危险的方面将是不同文明集团之间的冲突"。亨廷顿把全球文明划分为7种或8种主要文明:西方文明、儒教文明、日本文明、伊斯兰教文

---

[1] [美]弗朗西斯·福山:《历史的终结及最后之人》,黄胜强、许铭原译,北京:中国社会科学出版社,2003,第1页。

明、印度文明、斯拉夫—东正教文明、拉美文明或加上非洲文明。西方文明是独特的,但并不是普遍的。他认为:冲突主要将在西方文明与儒教文明和伊斯兰教文明之间进行。"在正在来临的时代,文明的冲突是对世界和平的最大威胁,而建立在多文明基础上的国际秩序是防止世界大战的最可靠保障。"①根据这种文明冲突论,他提出了21世纪美国的国际战略构想。

以亨廷顿的文明冲突论为代表的这一思潮,意识到"历史终结"的虚幻性质,由理想主义转变为现实主义,提出了"文明冲突"的理论范式,试图取代原有"意识形态冲突"或"利益冲突"的理论范式。其实,在世界历史上,冲突并非始终按照文明划界,正像并非始终按照意识形态划界一样,不同文明之间有冲突,也有和谐;同一文明内部有和谐,也有冲突,总起来说以利益来解说冲突更加使人信服一些。但是,人类不能在冲突中继续生存下去,不管这种冲突是野蛮的冲突还是"文明的冲突"("文明的冲突"比野蛮的冲突更危险)。这一点是毋庸置疑的。

正是在这样一个历史背景下,全球主义逐渐成为时尚。其基本特点是主张各种意识形态、文化传统之间平等对话,求同存异,和而不同。它反映了人们在全球化进程中实现和平共处的美好理想。

此前,西方许多学者就提出了有关全球主义的种种理论方案,如罗尔斯的正义论伦理的"道德建构主义"和政治自由主义的"政治建构主义"、哈贝马斯的基于社会批判理论或交往行为理论上的"商谈伦理"等。这些方案超越民族国家单元,构架世界社会,为全球主义提供了理论基础。从布罗代尔的时段理论、斯塔夫里阿诺斯的全球历史观("站在月球上观察世界")到沃勒斯坦的世界体系理论,这些理论将世界史研究推进为全球史研究,为全球史观提供了理论基础。

正像现代主义的真正形成依赖于后现代主义的兴起一样,全球主义

---

① [美]塞缪尔·亨廷顿:《文明的冲突与世界秩序的重建》,周琪、刘绯、张立平、王圆译,北京:新华出版社,1998,第1、372页。

的真正形成依赖于后殖民主义的兴起。从多斯桑托斯的依附理论、阿明的不平等发展理论到弗兰克的依附理论,第三世界在全球化中的处境得到了后殖民主义的反思。尤其通过萨义德建立在批判"西方中心主义"的"东方学"基础上的"东方主义",东方在全球化中的处境得到了后殖民主义的反思。同样,正像后现代并不能够真正解构现代性一样,后殖民也不能够真正解构全球性。后现代和后殖民不过是现代性和全球性的补构、换构而已。

当今世界,全球主义所取得的成就,主要体现在"世界人权"、"全球伦理"和"世界文化多样性"三方面。因此,我们以联合国大会《世界人权宣言》、世界宗教议会大会《走向全球伦理宣言》和联合国教科文组织《世界文化多样性宣言》为典范文本来阐明这一问题。

1946年,联合国成立人权委员会,负责起草《世界人权宣言》,起草委员会主席为美国总统富兰克林·罗斯福的遗孀埃莉诺·罗斯福。1948年12月10日提交联合国大会表决,在出席大会的56个成员国(2国代表缺席)中,48票赞成,0票反对,8票弃权,通过了《世界人权宣言》(第217A[Ⅲ]号决议)。这一天被确定为"世界人权日"。《世界人权宣言》由联合国人权部负责人、加拿大的约翰·汉弗莱负责起草,包括序言和正文两部分。正文共30条,其中,第一条确立了自由、平等、博爱的人道主义原则,第二条确立了世界人权的普世价值原则,第三至二十一条规定了各项公民权利和政治权利,第二十二至二十七条规定了各项经济、社会及文化权利,第二十八条确立了社会和国际秩序原则,第二十九条确立了权利和义务相统一的原则,第三十条确立了禁止任意解释的原则。[1] 这些原则为举世所公认,构成了人权对话的基本原则。此后,联合国人权公约——《公民权利和政治权利国际公约》和《经济、社会及文化权利国际公约》先后制定。这两个国际人权公约与《世界人权宣言》一起构成了公认的"国际人权宪章"。

---

[1] 参见联合国人权委员会起草:《世界人权宣言》,北京:京华出版社,2002。

总起来说,《世界人权宣言》对人权对话作出了以下三点贡献:

第一,与1776年美国《独立宣言》、1789年法国《人权宣言》相比较,《世界人权宣言》一方面继承了自由、平等、博爱的人道主义原则,另一方面将其贯彻到底,将世界人权确立为普世价值原则。第一条规定:"人人生而自由,在尊严和权利上一律平等。他们赋有理性和良心,并应以兄弟关系的精神相对待。"第二条规定:"人人有资格享有本宣言所载的一切权利和自由,不分种族、肤色、性别、语言、宗教、政治或其他见解、国籍或社会出身、财产、出生或其他身份等任何区别。""并且不得因一人所属的国家或领土的政治的、行政的或者国际的地位之不同而有所区别,无论该领土是独立领土、托管领土、非自治领土或者处于其他任何主权受限制的情况之下。"[①]《世界人权宣言》每一条文都以"人人"的方式来表述,表明人权已经被彻底普世化,这一点在人权史上是一个巨大的贡献,是人类在经历了两次世界大战的巨大人权灾难后的高度自觉,这是起码的人权共识,也是人权对话的基点。

第二,《世界人权宣言》在人类史上第一次通过主权国家联合发表,并且得到了绝大多数主权国家的认同。这是人类史上的里程碑。虽然以美国为代表的西方国家控制了联合国人权委员会,虽然《世界人权宣言》表现了以美国为代表的西方国家的人权观和价值观,但是,无论在形式上,还是在内容上,它都是全人类的共同精神文化财富。尤其将人权概括为公民权利和政治权利与经济、社会及文化权利两方面,确实突破了西方传统的人权观和价值观。在某种意义上应该承认:世界人权理念超越了当时资本主义和社会主义的两大意识形态的对立。

第三,《世界人权宣言》不是封闭的,而是开放的。虽然以它为基础的两个国际人权公约具有某种强制性,但它本身却不具有任何强制性。唯其如此,它才具有教育因素。世界人权理念一定会在世界历史上得到越来越广泛、深入和持久的认同。诚然,迄今为止,世界人权还是一份宣

---

① 联合国人权委员会起草:《世界人权宣言》,北京:京华出版社,2002,第6、6—7页。

言,尚待落实。第二十八条宣布:"人人有权要求一种社会的和国际的秩序,在这种秩序中,本宣言所载的权利和自由能获得充分实现。"诚然,世界人权确认了人类基本权利的原则,但也确认了权利和义务相统一的原则。第二十九条宣布:"(一)人人对社会负有义务,因为只有在社会中他的个性才可能得到自由和充分的发展。""(二)人人在行使他的权利和自由时,只受法律所确定的限制,确定此种限制的唯一目的在于保证对旁人的权利和自由给予应有的承认和尊重,并在一个民主的社会中适应道德、公共秩序和普遍福利的正当需要。""(三)这些权利和自由的行使,无论在任何情形下均不得违背联合国的宗旨和原则。"[1]

总之,《世界人权宣言》确立的人权共识,已经成为当代国际(世界)政治对话的基本共识。

20世纪90年代,一些世界宗教界和伦理界知名人士,提出"全球伦理"概念,以补充"世界人权"概念。他们期望联合国大会能够通过一份《世界伦理宣言》,以补充《世界人权宣言》。他们为此做了充分准备。1993年9月4日,世界宗教议会大会通过了《走向全球伦理宣言》,由德国基督教神学家孔汉思起草。《走向全球伦理宣言》所提出的"全球伦理"包括:其一,"没有道德便没有人权"。这是权利和义务相统一的原则。其二,"两项基本的要求":"每一个人都应受到符合人性的对待。"这是人道主义原则;"己所不欲,勿施于人!"这是所谓"金规则"或"黄金法则"亦即"全球伦理"的普世价值原则。其三,"四条不可取消的指令":一是"一种非暴力和敬重生命的文化"。这是从古老的"不可杀人"的戒律中推论出"尊重生命"的指令。二是"一种团结的文化和公正的经济秩序"。这是从古老的"不可偷窃"的戒律中推论出"处事正直,办事公平"的指令。三是"一种宽容的文化和诚实的生活"。这是从古老的"不可撒谎"的戒律中推论出"言行都应诚实"的指令。四是"一种男女之间权利平等与伙伴关系的文化"。这是从古老的"不可奸淫"的戒律中推论出

---

[1] 联合国人权委员会起草:《世界人权宣言》,北京:京华出版社,2002,第11页。

"彼此尊重,彼此相爱"的指令。①

总起来说,《走向全球伦理宣言》对宗教对话、伦理对话作出了以下三点贡献:

第一,《走向全球伦理宣言》指出:"我们所说的全球伦理,并不是指一种全球的意识形态,也不是指超越一切现存宗教的一种单一的统一的宗教,更不是指用一种宗教来支配所有别的宗教。我们所说的全球伦理,指的是对一些有约束性的价值观、一些不可取消的标准和人格态度的一种基本共识。"②这表明,《走向全球伦理宣言》拒斥了独断论或历史主义独断论的观念,贯彻了约定论或约定主义的观念。尽管其作者是一位西方学者、基督教神学家,作者还是在一定程度上突破了自身的局限,表现了对于其他宗教和伦理文化传统的承认和尊重,而又有意地或无意地表现了西方宗教和伦理文化传统的特色。比如,放弃"以上帝之名"来言说,而又坚持人道主义话语立场,等等。

第二,毫无疑问,提出"全球伦理",这表明《走向全球伦理宣言》在贯彻了约定论或约定主义的观念时,同样拒斥了怀疑论或历史主义怀疑论的观念。在当今宗教界和伦理界,有人提出所谓"境遇伦理"或"叙事伦理",企图以此补充以至取代"普遍伦理"或"规范伦理"。这一意图尽管有其独特的意义和价值,但它的基本立场却是对于普世价值的怀疑。为了捍卫"全球伦理"普世价值原则,《走向全球伦理宣言》克服了由普遍和特殊之间的矛盾所推导的一些语义悖论。比如,"不可杀人"(非暴力)包含的语义悖论是"可以杀杀人者"(暴力自卫)。这一语义悖论显然不能通过如墨家所谓"杀盗非杀人"等诡辩论语言策略解决,而是应当承认:前者是普遍原则,后者是特殊例外。原则可以在一定限度内容许例外发生,但例外却不能在任何情况下推翻原则本身。但是,即使在特殊例外

---

① 参见[德]孔汉思、库舍尔编:《全球伦理——世界宗教议会宣言》,何光沪译,成都:四川人民出版社,1997,第168—169页。
② [德]孔汉思、库舍尔编:《全球伦理——世界宗教议会宣言》,何光沪译,成都:四川人民出版社,1997,第12页。

中,实质正义由形式正义来规定仍然应当成为普遍原则。"不可偷窃"也是如此。空想社会主义者(如蒲鲁东)就曾提出过"财产即偷窃",科学社会主义者(如马克思)也曾提出过"剥夺剥夺者"。但作者(孔汉思等)却未能发现其中所包含的语义悖论。这表明作者未能超出有产阶级的狭隘眼界,也表明作者拒斥共产主义于全球伦理普世价值外的狭隘视域。其实,这一语义悖论可以通过同一语言策略解决。"不可撒谎"还是如此。虽然撒谎在某种特殊境遇下也许是道德的,但"不可撒谎"却依然是道德的普遍规范。"不可奸淫"或许是其中唯一没有例外的道德律令,因为任何违背妇女意志的性行为都是不道德的。

第三,《走向全球伦理宣言》把"全球伦理(各项人权)"奠定在"各宗教"和"非宗教传统"的基础上。[①] 在"全球伦理(各项人权)"与"各宗教"和"非宗教传统"的关系问题上,《走向全球伦理宣言》作出了比较正确的规定。其关系大致有三种基本类型:其一,虽然"各宗教"和"非宗教传统"的某些特殊价值原则不能成为"全球伦理(各项人权)"的普遍价值原则,但是,在二者不相冲突时,"全球伦理(各项人权)"容许"各宗教"和"非宗教传统"保留自身特色,如某些印度宗教传统的"不可杀生"(提及珍惜生命是应当并且可能的,但"不可杀生"起码在现有条件下却不可能,但也并非不应当,因而既不能提倡,也不应反对)、"不可饮酒"(没有提及,其实可以把"不可吸毒"规定为"全球伦理")、"不可好色"(取消一切性行为既不可能也不应当,但某些人们自愿放弃性行为却是无害的,提出应当予以承认并且尊重)等,以体现普世价值的多元性。其二,在二者相互冲突时,为了维护"全球伦理(各项人权)"的普世价值原则,"各宗教"和"非宗教传统"应当作出自我约束、自我限制,如放弃以自身特殊价值为普遍价值的独断论立场等,从而建立特殊价值与普遍价值之间的相互协调关系,以体现普世价值的一体性。其三,《走向全球伦理宣言》从

---

① 参见[德]孔汉思、库舍尔编:《全球伦理——世界宗教议会宣言》,何光沪译,成都:四川人民出版社,1997,第78页。

"各宗教"和"非宗教传统"的宝库中提炼了作为"全球伦理(各项人权)"普世价值原则的"金规则"或"黄金法则"——"己所不欲,勿施于人!"这是最重大的贡献。

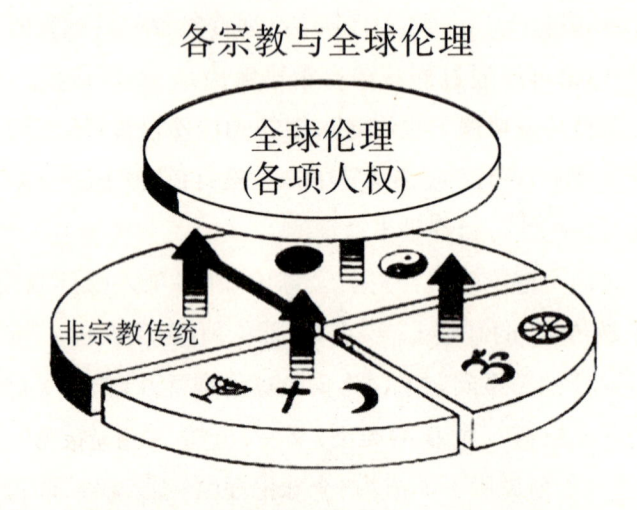

各宗教与全球伦理

近东先知型宗教　印度神秘型宗教　远东智慧型宗教
犹太教　　　　　印度教　　　　　儒/道教
基督教　　　　　佛教　　　　　　日本宗教
伊斯兰教

自然宗教与部族宗教
欧洲、亚洲、大洋洲和美洲的各原住民的宗教

[图3.1] 全球性①

总之,《走向全球伦理宣言》确立的宗教共识、伦理共识尤其责任共识,已经成为当代国际(世界)文明对话的基本共识。

以人权共识为基础的政治对话,以宗教共识、伦理共识尤其责任共识为基础的文明对话,已经、正在、并且还将推动全球化进程,形成跨文化

---

① 参见[德]孔汉思、库舍尔编:《全球伦理——世界宗教议会宣言》,何光沪译,成都:四川人民出版社,1997。

形态。

与世界人权、全球伦理观念追求人类基本价值共识相比较,世界文化多样性观念注意到了世界文化多元化趋向。2001年11月2日,联合国教科文组织大会第三十一届会议通过《世界文化多样性宣言》,"重申应把文化视为某个社会或某个社会群体特有的精神与物质,智力与情感方面的不同特点之总和;除了文学和艺术外,文化还包括生活方式、共处的方式、价值观体系、传统和信仰"。《世界文化多样性宣言》指出:"文化多样性是人类的共同遗产,应当从当代人和子孙后代的利益考虑予以承认和肯定。"但是,保护文化多样性、文化多元化不得否定人类基本价值共识。《世界文化多样性宣言》强调:"文化多元化与民主制度密不可分,它有利于文化交流和能够充实公众生活的创作能力的发挥。""任何人不得以文化多样性为由,损害受国际法保护的人权或限制其范围。""文化权利是人权的一个组成部分,它们是一致的、不可分割的和相互依存的。"[1]

总之,全球主义包括普遍性和特殊性的两个基本方面:一方面追求人类基本价值共识,另一方面则保护文化多样性亦即文化多元化。片面强调普世价值,就会抹杀文化的多样性和多元化,全球主义就会变成后殖民主义,自我叙事变成他者叙事;片面强调文化多样性亦即文化多元化,就会抹杀人类基本价值共识,全球主义也会变成后殖民主义,丧失自我的"自我"成为他者的"他者"。因此,关键不在于普遍性还是特殊性,而在于自我性还是他者性。

二、全球化与开放

全球化进程可以上溯到15—16世纪地理大发现。此后至今,大工

---

[1] 文化部外联局编:《联合国教科文组织保护世界文化公约选编》,北京:法律出版社,2006,第48—49、49、50页。

业,特别是交通工具、通讯工具和传媒工具的迅速发展,为全球化进程的加速运行提供了历史动力。

全球化历史进程有两个基本状态:

一是"地球号"状态。

人们关于地球生态危机的认识经历了一个过程。最初流行的用语是"地球号宇宙飞船"(Spaceship Earth)。这个用语,是把资源、环境、人口等项问题,都放在从整个地球的角度来考虑。它所强调的观念,就是把有限的地球,看作是像一艘宇宙飞船那样的事物。总之是从人类整体设想出来的术语。后来,由于资源、环境、人口等项问题日益严重,流行的用语变成了"救生艇状态"(lifeboat situation)。[①] 如果"地球号"是一艘救生艇的话,当今世界,只有极少数富国和富人是在艇上,而绝大多数穷国和穷人则是溺水者,那么根据哈定的设想,在全球生态危机中,富国和富人只有通过牺牲穷国和穷人才能获救。

这种危机意识愈演愈烈,最终形成了"地球号"="泰坦尼克号"(Ti-

---

① 1974年,美国生物学家G·哈定发表了一篇著名论文《生活在救生艇上》(其著作《在地球上生存的伦理学》收集了这篇论文)。哈定认为:在当前资源有限时代的社会状况下,与其把地球比喻为"地球号宇宙飞船"这样一揽子的论点,倒不如采用像是处在不能拯救全体乘客的"救生艇状态",而且恰如数目众多的、容量各不相同的救生艇正在拼命地争取脱险的状态。问题就在于处在这种严峻的边缘状态的场合下,如何来进行选择。比如说,现在这里有一只救生艇,它的收容量为五十人,即使不把安全系数计算在内的话,也只能容纳六十人搭乘。如果在这只救生艇周围,有无数的人正在海中一边游泳一边挣扎求救,那么在这只救生艇上的人们,能够进行怎样的选择呢?哈定设想了四种情况:一是从溺水的人们当中,只救出十个人来。这就产生了怎样来选择这十个人的问题。二是把溺水的人全部救到救生艇上,大家共同沉没。这是无懈可击的正义行为,并以彻底的大悲剧而告终。三是想方设法让现在在救生艇上搭乘的人活下去。除此之外,不让任何人登到艇上来。根据情况,有时不得不含着眼泪把拽住救生艇的溺水者甩掉。四是已在救生艇上具有自我牺牲精神的人,自己跳到大海里去,以换取营救溺水者登上救生艇获救的可能。这就是所谓进行良心的淘汰。在这种边缘状态之中,对于人类伦理道德加以考验。(引自[美]阿尔文·托夫勒:《第三次浪潮》,朱志焱、潘琪、张焱译,北京:新华出版社,1996,第2页译注)这就是说,只有第一种和第三种情况才是现实的和合理的,而且与第一种情况相比较,第三种情况显然更为安全方便。

tanic)的观念。美国未来学家阿尔温·托夫勒在《第三次浪潮》一书中指出:在"第二次浪潮"向着"第三次浪潮"推进中,人们之间一切意识形态的和政治的斗争都是无谓的,"他们都是在一艘即将沉没的铁坦尼号邮船甲板上,争夺一把著名的躺椅"①。这艘即将沉没的泰坦尼克号邮船叫做"地球",这把著名的躺椅叫做"优越性",在甲板上争夺的两个人,一个叫做"资本主义",一个叫做"社会主义"。也就是说,在全球生态危机中,资本主义和社会主义之间,无论意识形态的还是政治的斗争都是无谓的。但是,事实残酷地粉碎了这一天真的全球主义梦想。所谓全球或全人类的利益,结果不过是美国或美利坚民族(资产阶级)的利益而已。总之,为了富国和富人俱乐部的利益,穷国和穷人们似乎就只有死路一条了。

二是"地球村"状态。

随着"IT(互联网)革命"、"WWW(环球网)速度"……这种超越各国边界、覆盖全世界的互联网和环球网好像蜘蛛网一样,缠绕着地球,编织了一个数字地球、虚拟地球、网络地球,从而把历史推进到一个数字时代、虚拟时代、网络时代。时间在加速运行,空间在成倍缩小。"地球村"观念就这样出现了。埃里克·麦克卢汉提出:由于信息交换和往来的快速提高,世界正在被"压缩"——所谓"时空压缩"(time-space compression)——成一个单一的"地球村"。埃里克·麦克卢汉首创了"地球村"(global village)的说法,包括传统的地球村(广播地球村和电视地球村)和赛博空间的地球村。"地球村"概念的含义不仅是指地球变小,而且是指人们的交往方式以及社会—文化形态的重大变化:从"村落"(tribe)都市化经过"非村落化"(detribalize)到"重新村落化"(retribalize)。②

从技术上说,现在一个人,可以在地球上任一一个地点,与在地球上

---

① [美]阿尔文·托夫勒:《第三次浪潮》,朱志焱、潘琪、张焱译,北京:新华出版社,1996,第12页。

② 参见[加]埃里克·麦克卢汉、弗兰克·秦格龙编:《麦克卢汉精粹》,何道宽译,南京:南京大学出版社,2000。

另外任——个地点的另一个人,即时交往。人们之间比以往任何时候都更贴近。但是,从利益上和情感上说,这一个人和那一个人之间,也许比以往任何时候都更疏远和更隔膜。虽然居住在同一个"地球村"里,"村民"之间的两极分化却更加严重。一方面是阶级的贫富分化,另一方面则是民族的贫富分化。比如一个"知识英雄"比尔·盖茨及其微软公司,就可以购买撒哈拉沙漠以南多少黑非洲国家。这就叫做"马太效应":"因为凡有的,还要加给他,叫他有余;没有的,连他所有的也要夺过来。"(《圣经·新约全书·马太福音》第25章)这也叫做"胜者通吃":除了第一名是胜利者以外,第二、三名以下都是失败者。但是,网络虽然不能使幸福迅速传递,却往往能够使灾难迅速传播。比如一个"金融杀手"索罗斯及其量子基金会,就可以摧毁东亚多少国家金融—经济体系。这就叫做"多米诺骨牌效应",一张一张站起来的,倒下去是连锁反应。或者叫做"蝴蝶效应":南美洲的一只蝴蝶扇动翅膀,沿着因果关系发展链条,最终引起北半球的一场风暴。

总之,全球性生态危机(资源、环境、人口等等危机)是全球化进程的利益驱动,为全球化进程提供了历史必要性。以往的问题总是某个国家、地区的局部性问题,依靠各个国家和地区自身的力量就能得到解决;而现在的问题却都是整个世界的全局性问题,只有通过各个国家和地区之间的协同才能得到解决。因此,正是全球生态危机推动了全球意识的产生。早在1972年,为联合国人类环境会议通过《人类环境宣言》作准备,美国经济学家芭芭拉·沃德、生物学家勒内·杜博斯在《只有一个地球——对一个小小行星的关怀和维护》这份著名报告中宣布:"我们已进入了人类进化的全球性阶段,每个人显然地有两个国家,一个是自己的祖国,另一个是地球这颗行星。"[①]全球性技术进步(交通、通讯、传媒等等技术)是

---

① [美]芭芭拉·沃德、勒内·杜博斯:《只有一个地球——对一个小小行星的关怀和维护》,《国外公害丛书》编委会译,长春:吉林人民出版社,1997,第17页。

全球化进程的技术驱动,为全球化进程提供了历史可能性。有了网络,有了信息的高速交换和往来,才有可能进行对话,才有可能获得共识。因此,正是全球技术进步促进了全球意识的产生。

但是,全球化、全球性的两个根据——全球性生态危机和全球性科技进步,都具有暧昧的性质。它往往有利于富国和富人而有害于穷国和穷人。穷国(人)与富国(人)相比较,在利益上受到更大的伤害,而在技术上则得到更小的补偿。这激起了反全球化浪潮(弱小民族国家、下层底层阶级组织以及绿色运动组织等等)和反全球主义思潮(经济意义上的贸易保护主义、政治文化意义上的民族主义以及生态主义等等)。总起来说,反全球主义是全球主义的解毒剂和装饰品。按照罗伯森观点,反全球化必然遭遇全球化所谓"阈下奴役"(subliminal thrall)。

按照世界历史观点,从16世纪到20世纪,资本主义世界体系共出现了三批霸权国家:即17世纪中叶前后的葡萄牙、西班牙和荷兰,19世纪中叶前后的英国和法国、20世纪中叶前后的美国和苏联,还有德国、日本等国争霸。第一次世界大战后以英法美为首形成凡尔赛—华盛顿体系,企图通过列强均势维护世界和平,结果转瞬即逝。第二次世界大战后以美苏英中法为首形成雅尔塔体系。以美国为首的资本主义阵营和以苏联为首的社会主义阵营之间的对垒、美苏两个超级大国之间相互争霸,形成了长期冷战的两极世界格局。当今世界,全球化进程实质上是以美国为领导的西方资本主义世界主导的,是国际资本大循环或国际资本主义化。

全球化进程在三大领域中展开:首先,经济全球化。这是通过扩大国际资本、国际贸易、国际投资,逐步走向全球共同市场的历史进程。国际资本、跨国公司的力量急剧膨胀。国际贸易、国际投资的数量规模日益扩展,质量构成日益改变。国际金融市场扩展速度迅猛,影响巨大,是经济全球化的首要标志。国际经济组织通过实施组织管理和制定规章制度两条渠道,在经济全球化中居于重要地位,起着重要作用。然后,政治全球化。这是通过扩大国际交往,逐步走向全球治理的历史进程。国际联盟和联合国是全球化历史进程的两个主要标志。最后,文化全球化。这是通过扩大国际对话,逐步走向全球共识如世界人权、全球伦理和世界文化多样性等的历史进程。

走向全球化目标的基本途径是区域化:一是经济区域化,二是政治区域化,三是军事区域化。区域化是全球化的阶段性和局部性产物和表现。但是,区域化既有可能推动全球化,也有可能阻碍全球化。从历史发展过程这一角度来考察,更有可能是先推动,后阻碍。

全球化自始至终包含了特殊化(多极化、异质化或多元化)和普遍化(单极化、同质化或一元化)的双重过程。全球化历史进程包含了必然性和偶然性的双重因素。全球化本身是确定的(因为决定它的全球性生态危机和全球性技术进步的趋势是确定不移的),而全球化是单极化还是多极化则是不确定的(因为决定它的全球力量对比是极其不确定的)。换句话说,除了全球化可以断定以外,究竟单极化还是多极化?单极化是哪一极?多极化是哪几极?未可料定。从中国自身的利益和实力来考虑,无疑应当积极地主动地参与全球化历史进程,反对单极化,争取多极化,并且努力成为其中重要一极。

严格地说,全球化(globalization)包括两方面:一是国际化(internationalization),二是世界化(worldness)。迄今为止,一方面,全球化表现为国际化,亦即民族国家之间的互动。这就表现为单极化、两极化或多极化(在全球化历史进程中,多极化比单极化更具有可行性。因为单极化不仅遭遇到多极化的阻抗,而且就唯一超级大国——美国说,它的对外国策同时还会遭遇到内部体制的阻抗。而多极化则消解了单极化的弊端。它意味着,全球化是以各个民族国家充分现代化为前提的)。另一方面,全球化表现为世界化,亦即超越民族国家的整合。这就表现为超越民族国家的世界体系的生成(从跨国公司到各种各样社会、经济、政治和文化方面的国际组织)。一些历史学家已经指出:在历史上,除了以西方为典范的殖民体系之外,还有以中国为典范的朝贡体系等等。这是形成中心—外围之世界体系的两种不同方式,但是这种世界体系仍然是一种国际体系的范式,如宗主国与殖民地和附属国之间的关系等,并未超越民族国家构架。名副其实的世界体系的形成无疑是一个遥远的未来。将世界史与中国史类比,可以确认:我们现在处于"国际大春秋"时代,可能朝着"国际大战国"时代发展,更进一步,可能朝着"国际大一统"时代发展。但是,究竟形成"单一制",还是"联邦制"、"邦联制"超级民族国家,在种种前景上,历史并非只有一种可能,而是具有多种可能。

自但丁提出"世界帝国"起,对于全球化进程的初步反映,表现在康德和黑格尔那里。康德曾提出过"世界公民"、"世界公民社会"的概念,但却以民族国家为单元,构架国际社会。黑格尔曾提出过"世界历史"、"世界历史时代"的概念。黑格尔的世界历史虽然是西方中心主义的,但却是第一个以世界历史的眼光来把握世界历史的人物。其他,如维科等,也有类似思想。但对于全球化进程的更进一步反映,却表现在马克思、恩格斯那里。

马克思和恩格斯在《德意志意识形态》中指出:"交往普遍化"或"普遍交往"推动"地域性的存在"朝向"世界历史性的存在"发展。[①] 这是关于全球化问题初步的历史唯物主义表述。

马克思和恩格斯在《共产党宣言》中对于全球化问题作出了更进一步的历史唯物主义论述,包括这样几个要点:第一,全球化从地理大发现开始;第二,全球化的实质是殖民化、工业化、资产阶级化、资本主义化;第三,全球化首先表现为经济全球化,即国际贸易、世界市场的形成和发展;第四,经济全球化必然引起政治全球化、文化全球化以及整个社会生活全

[①] 参见《马克思恩格斯选集》第1卷,中共中央编译局编译,北京:人民出版社,2012,第166、169页。

球化;第五,全球化的后果表现为城市化和西方化,等等。① 应当指出的是,当前人们关于全球化问题的研究在总体上并未超出这一基本框架。

马克思不仅提出了关于全球化问题的历史唯物主义研究框架,而且,马克思试图更加实证地和系统地研究有关经济全球化问题——国际贸易和世界市场。马克思政治经济学写作计划包括:(1)资本(包括一些绪论性的章节);(2)土地所有制;(3)雇佣劳动;(4)国家;(5)国际贸易;(6)

---

① "美洲的发现、绕过非洲的航行,给新兴的资产阶级开辟了新天地。东印度和中国的市场、美洲的殖民化、对殖民地的贸易、交换手段和一般商品的增加,使商业、航海业和工业空前高涨,因而使正在崩溃的封建社会内部的革命因素迅速发展。""大工业建立了由美洲的发现所准备好的世界市场。世界市场使商业、航海业和陆路交通得到了巨大的发展。这种发展又反过来促进了工业的扩展,同时,随着工业、商业、航海业和铁路的扩展,资产阶级也在同一程度上发展起来,增加自己的资本,把中世纪遗留下来的一切阶级排挤到后面去。""不断扩大产品销路的需要,驱使资产阶级奔走于全球各地。它必须到处落户,到处开发,到处建立联系。""资产阶级,由于开拓了世界市场,使一切国家的生产和消费都成为世界性的了。使反动派大为惋惜的是,资产阶级挖掉了工业脚下的民族基础。古老的民族工业被消灭了,并且每天都还在被消灭。它们被新的工业排挤掉了,新的工业的建立已经成为一切文明民族的生命攸关的问题;这些工业所加工的,已经不是本地的原料,而是来自极其遥远的地区的原料;它们的产品不仅供本国消费,而且同时供世界各地消费。旧的、靠本国产品来满足的需要,被新的、要靠极其遥远的国家和地带的产品来满足的需要所代替了。过去那种地方的和民族的自给自足和闭关自守状态,被各民族的各方面的互相往来和各方面的互相依赖所代替了。物质的生产是如此,精神的生产也是如此。各民族的精神产品成了公共的财产。民族的片面性和局限性日益成为不可能,于是由许多种民族的和地方的文学形成了一种世界的文学。""资产阶级,由于一切生产工具的迅速改进,由于交通的极其便利,把一切民族甚至最野蛮的民族都卷到文明中来了。它的商品的低廉价格,是它用来摧毁一切万里长城、征服野蛮人最顽强的仇外心理的重炮。它迫使一切民族——如果它们不想灭亡的话——采用资产阶级的生产方式;它迫使它们在自己那里推行所谓的文明,即变成资产者。一句话,它按照自己的面貌为自己创造出一个世界。""资产阶级使农村屈服于城市的统治。它创立了巨大的城市,使城市人口比农村人口大大增加起来,因而使很大一部分居民脱离了农村生活的愚昧状态。正像它使农村从属于城市一样,它使未开化和半开化的国家从属于文明的国家,使农民的民族从属于资产阶级的民族,使东方从属于西方。"(《马克思恩格斯选集》第1卷,中共中央编译局编译,北京:人民出版社,2012,第401、401—402、404—405页)

世界市场。① 其中,第一、二、三部分基本完成,这就是马克思的《资本论》。马克思在《资本论》中揭示了"现代殖民的秘密":"资本主义的生产方式和积累方式,从而资本主义的私有制,是以那种以自己的劳动为基础的私有制的消灭为前提的,也就是说,是以劳动者的被剥夺为前提的。"②这样就将现代殖民与原始积累联系在一起。如果马克思完成全部政治经济学写作计划的话,我们今天对于这些问题,譬如国家问题,譬如国际贸易和世界市场亦即经济全球化问题,一定能够获得更加全面和深入的认识。

马克思、恩格斯不仅在历史唯物主义理论上研究了全球化问题,而且在无产阶级革命实践中注意到全球化这一历史进程。一方面,他们揭露了全球化进程的资产阶级性质;另一方面,他们又为无产阶级制定了与资本主义全球化既相适应(适应其全球化进程)又相反对(否定其资本主义性质)的国际主义的革命战略和策略。马克思和恩格斯在《共产党宣言》中指出:在资产阶级统治下,"工人没有祖国。……无产阶级首先必须取得政治统治,上升为民族的阶级,把自身组织成为民族,所以它本身还是民族的"。但是,"随着资产阶级的发展,随着贸易自由的实现和世界市场的建立,随着工业生产以及与之相适应的生活条件的趋于一致,各国人民之间的民族分隔和对立日益消失"。"无产阶级的统治将使它们更快地消失。联合的行动,至少是各文明国家的联合的行动,是无产阶级获得解放的首要条件之一。""人对人的剥削一消灭,民族对民族的剥削就会随之消灭。""民族内部的阶级对立一消失,民族之间的敌对关系就会随之消失。"马克思和恩格斯在《共产党宣言》中提出"全世界无产者,联合起来!"③这是无产阶级国际主义口号。马克思创立的第一国际和受到第

---

① 参见《马克思恩格斯文集》第10卷,中共中央编译局编译,北京:人民出版社,2009,第150、157页。
② 《马克思恩格斯全集》第44卷,中共中央编译局编译,北京:人民出版社,2012,第887页。
③ 《马克思恩格斯选集》第1卷,中共中央编译局编译,北京:人民出版社,2012,第419、435页。

一国际影响的巴黎公社、恩格斯创立的第二国际,是无产阶级国际主义实践的典范。

列宁批判了考茨基的帝国主义论。考茨基认为,帝国主义是高度发展的工业资本主义的产物,是工业资本主义民族力图征服和吞并农业民族。[①] 列宁《帝国主义论》亦即《帝国主义是资本主义的最高阶段》(以及《国家与革命》)在某种意义上是马克思政治经济学写作计划的遗嘱执行甚或是马克思《资本论》的续作。但是,由于历史从理论准备时代进入到直接行动时代,作为职业革命家的列宁不可能像作为学者革命家的马克思和恩格斯那样进行全面、深入和细致的科学研究。列宁在《帝国主义论》中,整理了当时在艰难条件下搜集的一些事实、数字材料,作出了某些对于革命行动具有现实意义的理论论断。列宁概括了帝国主义的五大经济特征:生产集中和垄断、银行和银行的新作用以及金融资本和金融寡头、资本输出、资本家同盟瓜分世界、大国瓜分世界;提出帝国主义是资本主义的特殊阶段,其特殊性在于其垄断性;指出资本主义的寄生性和腐朽;确定帝国主义的历史地位。列宁的结论是:帝国主义是垄断的、腐朽的、垂死的资本主义,帝国主义就是战争,帝国主义是无产阶级革命的前夜。[②] 这就是我们原来经常说的两句话:战争引起革命,革命制止战争。应当指出的是,当前人们关于全球化问题的研究,在很大程度上受到了列宁《帝国主义论》这一理论范式的影响。但是,列宁《帝国主义论》是战争和革命时代的产物和表现,对于和平和发展时代的全球化进程来说,这一理论多少有些过时和无效。

在第一次世界大战中,列宁谴责了以考茨基为代表的第二国际修正主义的民族主义,揭露了他们所谓"保卫祖国"口号的虚伪性质;根据马

---

① 参见[奥]卡尔·考茨基:《考茨基文选》,王学东编,北京:人民出版社,2008,第296页。
② 参见《列宁选集》第2卷,中共中央编译局编译,北京:人民出版社,2012,第561、650、651、704页;《列宁选集》第3卷,中共中央编译局编译,北京:人民出版社,2012,第66、266页。

克思和恩格斯关于"工人没有祖国"的教导,捍卫了马克思主义的国际主义原则。列宁认为:第一次世界大战是帝国主义战争,在这场战争中,号召各国工人阶级"保卫祖国",就是号召各国工人阶级保卫"自己"国家的资产阶级。但是,"工人没有祖国"。在这场战争中,工人阶级及其政党应当让"自己的"政府在帝国主义战争中失败,变帝国主义战争为国内战争。同时,列宁以"一国胜利论"取代了马克思和恩格斯的"多国胜利论"。他主张民族自决权,提出"全世界无产者和被压迫民族联合起来!"①这同样是国际主义原则,把无产阶级的国际联合推广到无产阶级和被压迫民族及被压迫人民的国际联合。第三国际(共产国际)同样是无产阶级国际主义实践的典范。俄国十月革命证明:无产阶级可以在一国内首先发动革命并且取得胜利。俄国十月革命开创了无产阶级革命的民族形式,同时具有世界意义。

列宁之后,斯大林以"一国建成论"批判了托洛茨基的"不断革命论"。托洛茨基认为:一国只能单独取得无产阶级革命胜利,不能单独建成社会主义,只有通过国际无产阶级联合才能巩固革命成果进而建成社会主义。②而斯大林则认为:一国既能单独取得无产阶级革命胜利,也能单独建成社会主义,只要依靠国内工农联盟就能巩固革命成果进而建成社会主义。③苏联社会主义改造以及社会主义建设证明:无产阶级不仅可以在一国内首先取得革命胜利而且可以在一国内首先建成社会主义。在第二次世界大战中,无产阶级革命采取了反法西斯民族战争(包括苏联卫国战争)的形式。中国以及其他各国的革命和改造、建设主要都是通过国内工农联盟和统一战线的民族形式进行。无产阶级国际联合逐渐

---

① 《列宁选集》第 2 卷,中共中央编译局编译,北京:人民出版社,2012,第 524(409)、554、722、371、564 页;《列宁选集》第 4 卷,中共中央编译局编译,北京:人民出版社,2012,第 326 页。

② 参见[俄]列·托洛茨基:《托洛茨基文选》,郑异凡编,北京:人民出版社,2010,第 236—237、240、284 页。

③ 参见[俄]列·托洛茨基:《托洛茨基文选》,郑异凡编,北京:人民出版社,2010,第 240、284—285 页。

居于次要地位,起着次要作用。

战后,社会主义阵营没有败于资本主义阵营,而是败于自身。导致社会主义阵营走向分裂(如中苏论战和中苏分裂等)的,主要不是意识形态分歧,而是国家利益冲突。这样,"两个阵营"的划分(以意识形态和社会制度为划分标准)就让位于"三个世界"的划分(以经济实力和经济利益为划分标准)。直到苏共下台、苏联解体以及苏东演变,各国社会主义制度和国际共产主义运动历史性挫折的关键性原因,除了其他种种因素之外,其中一个重要原因是国际主义的衰落和民族主义的兴起(正是苏联党和国家这一"老大哥"以国际主义为旗号的民族主义,激发了其他党和国家的民族主义反叛,最终埋葬了国际主义的原则)。这一历史的经验和教训值得我们认真吸取。

三、中国模式与大国崛起

中国特色社会主义模式(简称"中国模式")是中国回应全球化的历史态势,是新兴大国和平崛起的表现,是中国道路、中国经验、中国智慧的历史结晶。中国模式亦即北京共识,是针对美国模式亦即华盛顿共识而言的。

所谓华盛顿共识是约翰·威廉姆森提出来的(1989),起初是为拉美转型提出来的"十条政策建议清单"。威廉姆森给出的定义是:"几乎在华盛顿的每一个人都会赞同,几乎拉美每一个地方都需要的十条政策建议清单,称之为'华盛顿共识'。"华盛顿共识中的"华盛顿,包括两类:国会、政府高级官员所代表的政治型华盛顿,国际金融机构、美国政府经济部门、联邦储备局和智囊团所代表的专家型华盛顿"。"最初政策清单"包括"十点改革建议":"1.财政纪律;2.重新安排公共支出优先序列;3.税收改革;4.利率自由化;5.竞争性的汇率;6.贸易自由化;7.引进外资的自由化;8.私有化;9.放松规制;10.产权。"华盛顿共识提出来以后,便出现了另外两种解释:一是把华盛顿共识理解为"布雷顿森林体系"或者是"美国的态度"。布雷顿森林体系是指战后至1973年形成的以美元为中心的国际货币体系。它是根据1944年布雷顿森林会议所通过的各项协定以及关税总协定,以外汇自由化、资本自由化和贸易自由化为主要内容的多边经济制度,构成西方资本主义集团的核心内容,是按照美国经济利益制定的原则,是实现美国经济霸权确立的体制。二是把华盛顿共识理解为"新自由主义"或者是"市场原教旨主义"。① 约瑟夫·斯蒂格利茨认为:"华盛顿共识,是指国际金融机构和美国财政部80年代和90年代早期所推荐的过度简单化的政策建议……总之,无论其最初的内容和目标何在,世界上大多人的心目中的'华盛顿共识'是指以私有化、自由化和宏观稳定(主要是价格稳定)为主要内容的发展战略;以及基于对自由市场的坚定信念并且旨在削弱,甚至最小化政府角色的一系列政策。"② 这是"大市场"和"小政府"的美国模式,尤其在以芝加哥学派的"新自由主义"或"市场原教旨主义"为依据的里根—撒切尔"新政"中表现突出。但是,随着它在拉美、东南亚、俄罗斯、东欧国家转型中遭到挫败,华盛顿共识受到挑战,如"欧洲价值观"、"后华盛顿共识"(约瑟夫·斯蒂格利茨)、"北京共识"等应运而生。

所谓北京共识是乔舒亚·库珀·雷默提出来的(2004)。雷默把一种"新的动力和发展物理学称为'北京共识'。它取代了广受怀疑的华盛顿共识"。"什么是'北京共识'?这就是关于如何组织世界上这样一个发展中国家的三个定理,加上关于为何这个现象令来自新德里、巴西利亚等地的学者感兴趣的几个公理。第一个定理,使创新的价值重新定位。""'北京共识'的第二个定理是,既然混乱不可能自上加以控制,你需要一整套新工具。它超越了人均国内生产总值这样的衡量尺度,而把重点放

---

① 黄平、崔之元主编:《中国与全球化:华盛顿共识还是北京共识》,北京:社会科学文献出版社,2005,第63、65、66—67、73、74页。
② 黄平、崔之元主编:《中国与全球化:华盛顿共识还是北京共识》,北京:社会科学文献出版社,2005,第86—87页。

在生活质量上,这是管理中国发展的巨大矛盾的唯一途径。""最后,'北京共识'包含一个自主理论,这个理论强调运用杠杆推动可能想要惹怒你的霸权大国。"雷默发现后邓小平时代中国已经从不管"白猫"还是"黑猫"转变为关注"绿猫,透明猫",从追求"黑色GDP增长"转变为追求"绿色GDP增长率"("清洁GDP增长率")。雷默要求改变以往美国和其他西方国家的对华"接触/遏制"战略,这一战略基于"中国威胁"/"中国机会"或"中国威胁论"/"中国机遇论"的二元主张。[①] 与华盛顿共识的"激进转型观"("休克疗法")相比较,北京共识是"渐进制度观",它在中国与越南的转型中得到成功体现。

北京共识亦即中国模式。有关中国模式问题,学界还在讨论之中,学者见仁见智。与"中国道路"提法相比较,"中国模式"提法至今没有得到官方认可,只是作为一个民间概念,得到广泛传播。

一种比较流行的观点是根本否定"中国模式"这一提法,认为中国模式根本就不存在,存在的是中国道路。道路是一个动态的过程,模式是一个静止的势态。"中国道路"提法虽然立足于当代背景和中国国情,但却专注于我们如何批判地继承传统的智慧和批判地借鉴外来的经验,而"中国模式"提法则从我们学习别人变成别人学习我们,这样就会固化我们的经验和智慧。须知,中国特色社会主义仍在途中,它是初级阶段社会主义,属于过渡形态。将中国道路理解为中国模式,就是将暂时性和特殊性的经验和智慧理解为长期性和普遍性的经验和智慧,有害无益。

但是,中国模式对于我们总结中国道路的经验和智慧,仍然具有启发意义。当然,中国模式不是一成不变,而是不断变化,处于自我修正之中。

另外一种比较流行的观点是将中国模式与美国模式比较,认为:美国模式=大市场+小政府,中国模式=市场经济+威权政治。这是将美国模式理解为"新自由主义"模式,将中国模式理解为"新权威主义"模式。

---

① 黄平、崔之元主编:《中国与全球化:华盛顿共识还是北京共识》,北京:社会科学文献出版社,2005,第6、12—13页。

更有甚者,这种观点干脆将"中国特色社会主义"理解为"中国特色资本主义",认为中国特色就是"中国共产党的领导",不是"中国共产党领导走社会主义道路",而是"中国共产党领导走资本主义道路",这种资本主义不是"文明资本主义",而是"野蛮资本主义"亦即"权贵资本主义"。这种观点似是而非,混淆了市场经济和资本主义、威权政治和社会主义的界限。按照这种观点,中国模式注定是短命的,"崩溃"在即。

诚然,新民主主义革命是中国共产党领导的资产阶级革命,新民主主义社会是中国共产党领导的资本主义社会。但是,自从1956年中国完成社会主义改造和开始社会主义建设以来,中国就走上了社会主义道路,中国特色社会主义就是基于当代背景和中国国情的初级阶段社会主义,不是重新走上资本主义道路。

虽然中国模式是在概括后邓小平时代中国发展的经验和智慧,但它的雏形和轮廓却是在邓小平时代创制和成型的。有关中国模式的种种误释和曲解在邓小平那里早已澄清:首先,中国模式不是"计划经济",而是"市场经济"。1992年,邓小平"南方谈话"提出:"计划多一点还是市场多一点,不是社会主义与资本主义的本质区别。计划经济不等于社会主义,资本主义也有计划;市场经济不等于资本主义,社会主义也有市场。计划和市场都是经济手段。"[1]建立和完善社会主义市场经济体制是中国经济体制改革的既定目标,这种市场经济不是以私有制为主要基础的自由放任的资本主义市场经济,而是以公有制为主要基础的国家调控的社会主义市场经济。其次,中国模式不是"威权政治",而是"民主政治"。1979年,邓小平在《坚持四项基本原则》讲话中指出:"没有民主就没有社会主义,就没有社会主义的现代化。"但是,"什么是中国人民今天所需要的民主呢? 中国人民今天所需要的民主,只能是社会主义民主或称人民民主,而不是资产阶级的个人主义的民主"[2]。建立和完善社会主义民主

---

[1] 《邓小平文选》第3卷,北京:人民出版社,1993,第373页。
[2] 《邓小平文选》第2卷,北京:人民出版社,1994,第168、175页。

政治体制是中国政治体制改革的既定目标,虽然由于种种原因,它的实现被延缓和推迟了,但是,这不等于用所谓威权政治来取代民主政治,当然我们不能照搬照套西方资本主义民主政治体制(如三权分立、公民普选、多党轮流执政等),中国社会主义民主政治体制具有自身特色(如党的领导、人民当家作主、依法治国等)。最后,中国模式中的"社会主义"具有自身特色。邓小平在"南方谈话"中提出了"三个有利于"和"社会主义本质"的著名论断:"判断的标准,应该主要看是否有利于发展社会主义社会的生产力,是否有利于增强社会主义国家的综合国力,是否有利于提高人民的生活水平。""社会主义的本质,是解放生产力,发展生产力,消灭剥削,消除两极分化,最终达到共同富裕。"①这里强调的主要是生产力,并且没有提及公有制。不仅从生产关系(经济基础)、上层建筑,而且主要从生产力来定义社会主义本质,是邓小平关于社会主义本质认识的基本贡献;它没有从公有制来定义社会主义本质,因而改变了我们对于社会主义制度的传统观念。

中国模式包括两个层面:一是感性经验层面,可以称为"中国经验",二是理性智慧层面,可以称为"中国智慧"。经验是在决策和制度的设计中显现出来的"技"的方面,智慧是隐藏于经验中的"道"的方面。

[表3.2] 中国模式

中国经验	1. 经济发展 2. 经济改革 3. 政治改革 4. 文化建设 5. 社会建设 6. 对外交往
中国智慧	1. 解放思想,实事求是,与时俱进 2. 发展优先,改革有序,稳定至上 3. 独立自主,开放搞活,和平共处

大致地说,中国经验起码包括下列几点:第一,中国的经济发展具有

---

① 《邓小平文选》第3卷,北京:人民出版社,1993,第372、373页。

自身的增长模式。我们从追求经济增长转变为谋求科学发展,一方面努力实现从粗放型经济增长转变到以依靠科技进步和提高劳动者素质为目标的集约式发展;另一方面则努力实现以人为本,经济与环境、人口、资源、社会之间的综合平衡和全面、协调、可持续发展。第二,中国的经济发展是以经济体制改革为前提的。我们从计划经济转变为市场经济,并且进行了国有企业的改革,但是,中国的经济改革没有走向全盘市场化和私有化的地步,坚持了社会主义的改革方向,坚持了公有制的主体地位和国家宏观调控职能。因此,中国的经济改革是渐进式的,而不是激进式的或者休克式的疗法。第三,中国的政治改革也像经济改革一样,以维护经济发展和社会稳定为前提,循序渐进。中国的政治改革没有照搬照套西方的政治模式,而是在维护根本政治制度前提下,改革现有政治体制,不断健全和完善社会主义民主与法治。第四,中国的文化建设也形成了自身的模式,就是以中国化马克思主义为主导,批判地吸取和借鉴传统文化与外来文化的精华,在中国特色社会主义实践中,努力创造中国特色社会主义文化。第五,中国的社会建设也形成了自身的模式,就是建设和谐社会,构建人与自然和人与社会和谐相处的关系。第六,在经济全球化、政治多极化和文化多元化的时代,中国努力实现和平崛起,争取有利于中国崛起的和平的国际环境。在世界历史上,中国的和平崛起不同于以往大国崛起的范式,这也是中国模式的一个基本方面。

大致地说,中国智慧起码包括下列几点:第一,解放思想,实事求是,与时俱进。1978年,邓小平在中共中央工作会议闭幕会上发表了题为《解放思想,实事求是,团结一致向前看》的讲话,指出:"一个党,一个国家,一个民族,如果一切从本本出发,思想僵化,迷信盛行,那它就不能前进,它的生机就停止了,就要亡党亡国。""解放思想,就是要运用马列主义、毛泽东思想的基本原理,研究新情况,解决新问题。""什么叫解放思想?我们讲解放思想,是指在马克思主义指导下打破习惯势力和主观偏见的束缚,研究新情况,解决新问题。""解放思想,就是使思想和实际相符合,使主观和客观相符合,就是实事求是。"①邓小平自称"实事求是派"。"实事求是"是毛泽东提出来的:"'实事'就是客观存在着的一切事物,'是'就是客观事物的内部联系,即规律性,'求'就是我们去研究。"②为了实事求是,必须解放思想;只有解放思想,才能与时俱进。这是马克思主义的精髓,也是中国共产党的思想路线。第二,发展优先,改革有序,稳定至上。邓小平说:"发展才是硬道理","革命是解放生产力,改革也是解放生产力","改革是中国的第二次革命。""稳定压倒一切"。③ 发展之所以优先,是因为许多问题都要通过发展解决;应当通过科学发展,尽可能地减少发展所付出的成本、代价,提高效益。发展必须以改革为前提,改革既是改良,也是革命,因而充满风险。改革之所以应当有序进行,是为了尽可能地减少风险。这就是中国改革采取渐进式改革而非激进式改革、增量式改革而非存量式改革的理由。亨廷顿以对转型社会的实证研究所获得的大量的事实和数据为基础,考察了现代化的冲击所涉及的几项关系:"1. 社会动员÷经济发展=社会颓丧","2. 社会颓丧÷流动机会=政治参与","3. 政治参与÷政治制度化=政治动乱",证明了经济发展、政治制度化相对于社会动员、政治参与的优先性。④ 稳定之所以至上,是为了改革有序进行。第三,独立自主,开放搞活,和平共处。从毛泽东到邓小平,历来倡导"独立自主"。独立自主的首要方面是主权意识。独立思考,自主选择,自己的路自己走,自己的事自己做。中华民族的解放,中国人民的自由首先就是争取主权,维护主权。这也使得苏联、中国这样一些传统社会主义国家变成民族社会主义或国家社会主义的封闭社会。而改革、开放则是传统社会主义转向现代社会主义的两个基本方略。现代社会主义正在走向开放社会。根据波普尔的观点,封

---

① 《邓小平文选》第 2 卷,北京:人民出版社,1994,第 143、179、279、364 页。
② 《毛泽东选集》第 3 卷,北京:人民出版社,1991,第 801 页。
③ 《邓小平文选》第 3 卷,北京:人民出版社,1993,第 377、370、113、284 页。
④ [美]塞缪尔·P·亨廷顿:《变化社会中的政治秩序》,王冠华、刘为等译,北京:生活·读书·新知三联书店,1988,第 51 页。

闭社会是以完备性和不可错性假设为前提建立起来的,而开放社会则是以不完备性和可错性假设为前提建立起来的。[①] 社会主义的改革和开放关键在于形成自我试错—纠错机制。从周恩来到邓小平,历来倡导"和平共处"。中国先后采用的外交方针和国际战略有:"两个阵营"中的"一边倒"、"和平共处"、"三个世界"中的"不称霸"、"韬光养晦"等等,相比而言,和平共处是最佳的外交方针和国际战略。按照博弈论的说法,大国崛起就是国际博弈,或零和博弈(一方之所得为另一方之所失),或负和博弈(双输),或正和博弈(双赢)。以往人们只注意到一种可能——零和博弈,现在我们还注意到两种可能——双输、双赢。在零和博弈没有可能(譬如双方"斗则两害、和则两利",不能"你死我活",只能要么"同归于尽",要么"和平共处")时,就应避免双输,争取双赢,就要求同存异,和平共处。非零和博弈之所以可能,是因为全球化。一方面,生态自然造成了"一损俱损、一荣俱荣"的资源链条;另一方面,知识创新则使得新兴大国不必争夺物质资源,而能通过智力(智能)赶超传统大国。这也就是中国和平崛起的方针和战略。

[①] 参见[英]卡尔·波普尔:《开放社会及其敌人》第1、2卷,郑一明等译,北京:中国社会科学出版社,1999。

第四章　生态文明与美丽中国

从探讨经济与人口、环境、资源、社会以及人与自然界之间的函数关系式到形成生态系统观,从提出零增长方案到形成可持续发展方案,从生态伦理到自然价值,这是人类走向绿色文明的历程。而生态系统观、可持续发展方案则是当代全球生态文明的核心理念。这两个方面分别从空间维度和时间维度来架构生态文明,体现了一种崭新的世界观和历史观。生态伦理和自然价值是反映生态文明的伦理—价值规范。而自然资本主义和生态社会主义则是反映生态文明的经济—政治制度。

对于21世纪世界来说,20世纪人类留下的思想文化遗产,真正无可怀疑的,一是科学技术,二是生态文明。虽然它们之间存在着相互矛盾的方面,但它们却是当今所谓全球共识的两个基本方面。这样两个基本方面相反相成,构成了当代全球文明的一对基本矛盾。认真地回顾人类走向绿色文明的历程,总结其中在理论和实践理念上的经验教训,对于新文明进一步的探索和实验,建设生态文明,建设美丽中国,无疑是非常重要的。

一、生态系统观与可持续发展方案

人类开始自觉走向绿色文明的历史进程既不会太晚,也不会太早。如果我们把所谓生态价值理念确定为对于近现代以来经济亦即科学、技术、生产巨大进步所引起的人口、环境、资源乃至社会严重危机的反映的话,那么,诸如"天人合一"(儒家)、"自然无为"(道家)、"梵我如一"(婆罗门教)、"众生平等"(佛教)等东方(中国、印度)传统观念也就不过是一种古老的思想文化资源而已。对于西方(希腊、希伯来)传统观念来说,情况是类似的。希腊精神偏重于征服世界,希伯来精神侧重于拯救灵魂。当然,从今天生态视角来重新审视,生态意识古已有之。

《论语》记载:"子适卫,冉有仆。子曰:庶矣哉。冉有曰:既庶矣,又何加焉?曰:富之。曰:既富矣,又何加焉?曰:教之。"(《论语·子路》)这就是孔子的社会理想:首先增加人口,人口众多为"庶";然后发展经济,经济繁荣为"富";最后发展教育,教化百姓为"教"。这也是中国历代王朝的基本国策。在中国文化正统中,世代繁衍建构了人类生存的根基。如"愚公移山":"虽我之死,有子存焉;子又生孙,孙又生子;子又有子,子又有孙。子子孙孙,无穷匮也。"(《列子·汤问》)这就是说,人类征服自然的力量源泉在于世代繁衍。又如"春秋三不朽":"太上有立德,其次有立功,其次有立言。虽久不废,此之谓不朽。"(《春秋左传·襄公二十四年》)这又是说,由于世代繁衍,人类在历史中获得了生命"不朽"的意义和价值。

在天人关系上,孟子主张"天人合一"——"万物皆备于我"(《孟子·尽心上》);荀子主张"天人二分"——"制天命而用之"(《荀子·天论》)。在儒家传承中,孟为"醇儒",荀为"杂儒"。因此,儒家主流有从人本主义伦理推广到自然主义伦理的思想资源,如孟子"亲亲而仁民,仁民而爱物"(《孟子·尽心上》)、张载"民,吾同胞;物,吾与也"(《正蒙·乾称篇》)等。

　　与以孔子为代表的儒家比，以老子为代表的道家更有生态意识。老子论"道"，其基本含义有两个，一是"道法自然"，二是"道常无为而无不为"。"自然"与"人为"相对立，就是自然中心主义与人类中心主义相对立。老子的社会理想是："小国寡民，使有什伯之器而不用，使民重死而不远徙。虽有舟舆，无所乘之；虽有甲兵，无所陈之。使人复结绳而用之。甘其食，美其服，安其居，乐其俗。邻国相望，鸡犬之声相闻，民至老死不相往来。"(《老子》第二十五、三十七、八十章)这个理想社会就是一个自然状态。

　　婆罗门教思想的核心是探讨世界的终极原因和人的本质。其中的两个基本概念是"梵"(Brahman)和"我"(Ātman)。"梵"是绝对精神，宇宙的自我、本体、本原或本质，是生命的基础。"我"是灵魂，既指宇宙自我，也指人的个体自我，即人的本质或灵魂。"梵我同一(不二、一如)"的意思是："宇宙即梵，梵即自我"，亦即宇宙本体与个体灵魂的同一。"梵"与"我"的统一在某种意义上就是自然和人类的统一。

　　佛教宣扬"众生平等"，小乘佛教追求"阿罗汉果"——"自我解脱"，大乘佛教追求"佛果"——"普渡众生"。佛教主张"泛爱万物"。佛教这一传统思想非常切近现代生态意识。

　　与东方文化总体倾向"天人合一"比，西方文化总体倾向"天人二分"。

　　希腊精神表现于希腊神话中。希腊神话是指诸神故事——奥林匹斯诸神(以宙斯为万神之王)以及英雄传说。希腊的神和人一样，富有人性、个性。人神之恋的结晶是英雄。所谓英雄亦即半人半神。他们拥有像神一样的智慧和力量，而又像人一样必死。希腊神话塑造了众多的英雄形象，他们的使命是"征服世界"，以"征服世界"为人生意义和价值的实现。这就是希腊神话的基本精神——英雄主义精神。正是这种英雄主义精神造就了希腊哲学、科学、艺术的辉煌，但也激发了自然界与人以及人与人之间的持续紧张。

　　希伯来精神表现于犹太教中。犹太教早就构造了一个从水、大气、土壤经过植物、食草动物、食肉动物到人的"食物链金字塔",并且上帝委托人治理(管理)万事万物。"上帝说:'我们要照着我们的形像,按着我们的样式造人,使他们管理海里的鱼、空中的鸟、地上的牲畜和全地,并地上所爬的一切昆虫。'上帝就照着自己的形像造人,乃是照着他的形像造男造女,上帝就赐福给他们,又对他们说:'要生养众多,遍满地面,治理这地;也要管理海里的鱼、空中的鸟,和地上各样行动的活物。'上帝说:'看哪,我将遍地上一切结种子的菜蔬,和一切树上所结有核的果子,全赐给你们作食物。至于地上的走兽和空中的飞鸟,并各样爬在地上有生命的物,我将青草赐给它们作食物。'事就这样成了。上帝看着一切所造的都甚好。有晚上,有早晨,是第六日。"(《圣经·旧约全书·创世纪》第1章)

在著名的挪亚方舟的故事里,上帝为了惩罚人的罪恶,下决心发洪水除灭人和万事万物,但又命挪亚造方舟。"上帝就对挪亚说:'……看哪,我要使洪水泛滥在地上,毁灭天下。凡地上有血肉、有气息的活物,无一不死。我却要与你立约。你同你的妻,与儿子、儿妇,都要进入方舟。凡有血肉的活物,每样两个,一公一母,你要带进方舟,好在你那里保全生命。飞鸟各从其类,牲畜各从其类,地上的昆虫各从其类,每样两个,要到你那里,好保全生命。你要拿各样食物积蓄起来,好作你和它们的食物。'"这就是说,哪怕到了世界末日,也要保护各个物种,保持生态平衡,保存生态系统,而非仅仅保存人类。只有这样,一切才能周而复始。"上帝赐福给挪亚和他的儿子,对他们说:'你们要生养众多,遍满了地。凡地上的走兽和空中的飞鸟,都必惊恐、惧怕你们;连地上一切的昆虫并海里一切的鱼,都交付你们的手。凡活着的动物,都可以作你们的食物,这一切我都赐给你们,如同菜蔬一样。惟独肉带着血,那就是它的生命,你们不可吃。流你们血、害你们命的,无论是兽是人,我必讨他的罪,就是向各人的弟兄也是如此。凡流人血的,他的血也必被人所流,因为上帝造人,是照自己的形像造的。你们要生养众多,在地上昌盛繁茂。'"(《圣经·旧约全书·创世纪》第6、7、8、9章)

但是,只有在科技进步和生态危机同时出现的时候和地方,才有可能产生这样一种生态价值理念。这种生态价值理念真正说来应当始于英国经济学家马尔萨斯《人口原理》一书。之所以如此,是因为正是在这部影响广泛和深远的著作中,马尔萨斯系统地考察了经济(依赖于土地资源的农业经济)增长与人口增长之间的函数关系式。这种函数关系式是生态系统观及其方法论的简约形式。我们甚至可以说,在人类生态运动史上,正是马尔萨斯《人口原理》一书第一次敲响了绿色警钟。

马尔萨斯在世期间,《人口原理》一书出过六版。其中有代表性的是第一版(1798)和第二版(1803)。马尔萨斯写作此书的目的是为了批驳当时英国以葛德文、孔多塞为代表的激进社会改革派和空想社会主义者,提出人口问题,旨在为资本主义社会制度作辩护。在《人口原理》一书中,马尔萨斯首先提出"两条公理":"第一,食物为人类生存所必需。""第二,两性间的情欲是必然的,且几乎会保持现状。"通过论证,马尔萨斯最后得出结论:"人口的增殖力无限大于土地为人类生产生活资料的能力。""人口若不受到抑制,便会以几何比率增加,而生活资料却仅仅以算术比率增加。""人口的增加必然受生活资料的限制。""当生活资料增加的时候,人口总是增加。较强的人口增殖力,为贫困和罪恶所抑制,因而实际人口同生活资料保持平衡。"①在马尔萨斯《人口原理》所建立的函数关系式中,食欲、性欲是两个常数,人口、生活资料是两个变数。至于人口超过生活资料增长危机,第一版主张通过增加人口的死亡率抑制人口增长,而第二版则主张通过降低人口的出生率控制人口增长。但马尔萨斯贯彻始终的观点却是:人口问题的产生和解决,均与资本主义社会制度无关。

对于马尔萨斯《人口原理》的责难主要有:抽象人性论(抽象的和不变的"自然法则")、所谓"人口以几何比率增加"(以美国为例)和"生活资料以算术比率增加"(以英国为例)在事实上的虚构、重农主义者的落

---

① [英]马尔萨斯:《人口原理》,朱泱、胡企林、朱和中译,北京:商务印书馆,1992,第6、7、55页。

后经济学、资本主义制度辩护士的庸俗经济学等等。但今天我们对于马尔萨斯《人口原理》却应当抱有更加理解和同情的态度。

对于马尔萨斯《人口原理》的批判主要依据于马克思《资本论》。马克思在《资本论》一书中把总资本划分为用于购买生产资料的不变资本和用于购买劳动力的可变资本两部分，认为随着生产力发展和科学技术进步，不变资本的增长必将快于可变资本的增长，由此造成相对人口过剩（绝对人口过剩似乎是其假象）。马克思指出："总资本的可变组成部分的相对减少随着总资本的增长而加快，而且比总资本本身的增长还要快这一事实，在另一方面却相反地表现为，好像工人人口的绝对增长总是比可变资本即工人人口的就业手段增长得快。事实是，资本主义积累不断地并且同它的能力和规模成比例地生产出相对的，即超过资本增殖的平均需要的，因而是过剩的或追加的工人人口。……这就是资本主义生产方式所特有的人口规律，事实上，每一种特殊的、历史的生产方式都有其特殊的、历史地发生作用的人口规律。抽象的人口规律只存在于历史上还没有受过人干涉的动植物界。"①马克思最后这一句话似乎是针对马尔萨斯的。对于马尔萨斯人口理论与马克思人口理论，以往我们总是注重它们之间的对立，忽略它们之间的统一。但是，历史事实证明：既不能以绝对人口过剩来否定相对人口过剩，也不能以相对人口过剩来否定绝对人口过剩。两种人口理论是可以互补的。马克思人口理论比马尔萨斯人口理论更科学之所在，不在于全盘否定它，而在于辩证扬弃它。换句话说，马克思在马尔萨斯所建立的经济变量（从依赖于土地资源的农业经济改变成以工业经济为主导）与人口变量的函数关系式中引入了生产方式以及社会制度这一中间变量，不仅使这种人口理论更加接近现实，而且使一种抽象的人口理论变成具体的和历史的科学人口理论。

对于人口问题，马克思、恩格斯起初提出四种生产（"通过劳动实现

---

① 《马克思恩格斯选集》第2卷，中共中央编译局编译，北京：人民出版社，2012，第284—285页。

的自己生命的生产"包括生活资料的生产、生产资料的生产、"通过生育实现的他人生命的生产"、"通过语言实现的思想、观念、意识的生产")①,恩格斯后来提出两种生产("物质资料的生产"和"人类自身的生产")并指出:"如果说共产主义社会在将来某个时候不得不像已经对物的生产进行调节那样,同时也对人的生产进行调节,那么正是这个社会,而且只有这个社会才能无困难地作到这点。"②恩格斯并不认为只有资本主义社会才有人口问题,社会主义社会就不存在,而是认为社会主义制度应当比资本主义制度更有必要和可能解决这一问题。

马克思和恩格斯不仅特别地从政治经济学角度研究了经济与人口之间的函数关系式,而且更加一般地从哲学角度研究了人与自然界之间的函数关系式。马克思在《1844年经济学哲学手稿》一书中提出了"自然的人化"与"人的自然化"的双向活动过程,提出相对人的"有机的身体"来说,自然界是人的"无机的身体",提出社会是人同自然界的统一,以及自然主义和人道主义的统一、自然科学和关于人的科学的统一的观点。③马克思在《关于费尔巴哈的提纲》一文中指出:"环境的改变和人的活动的一致,只能被看作是并合理地理解为变革的实践。"④这是建立在劳动实践观基础上的生态系统观。

恩格斯在《自然辩证法·劳动在从猿到人的转变中的作用》一文中更进一步论述了这种生态系统观,包括这样几个要点:第一,坚持人"自身和自然界的一体性"的科学的、自然的观点,反对"关于精神和物质、人类和自然、灵魂和肉体之间的对立的荒谬的、反自然的观点"。例如在所

---

① 参见《马克思恩格斯选集》第1卷,中共中央编译局编译,北京:人民出版社,2012,第158—163页。
② 《马克思恩格斯选集》第4卷,中共中央编译局编译,北京:人民出版社,2012,第13、538页。
③ 参见《马克思恩格斯全集》第3卷,中共中央编译局编译,北京:人民出版社,2002,第272、301、306、324、308页。
④ 《马克思恩格斯选集》第1卷,中共中央编译局编译,北京:人民出版社,2012,第138(134)页。

谓唯物主义和唯心主义的对立中,必须始终注意新旧唯物主义区分,旧唯物主义既指直观唯物主义,也指机械唯物主义,新唯物主义不仅是指实践唯物主义和历史唯物主义,而且是指自然唯物主义和生态唯物主义。第二,为此,不仅要"认识和正确运用自然规律",而且要认识和正确运用社会规律,这也就是自然主义和人道主义的统一、自然科学和关于人的科学的统一。第三,为此需要对生产方式以及对整个社会制度实行变革。①应当指出的是,当前人们关于生态系统观问题的研究在总体上并未超出这一基本框架。

总之,这种经济与人口、环境、资源、社会之间的函数关系式以及人与自然界之间的函数关系式是我们所谓生态价值理念的雏形。

工业—资本主义社会所遭遇的历史反动,一是在人与人的社会关系上的社会主义思潮和运动,二是在人与自然界关系上的生态主义思潮和运动。资本主义社会制度对人的剥削和压迫已经为社会主义所暴露与反

---

① "我们不要过分陶醉于我们人类对自然界的胜利。对于每一次这样的胜利,自然界都对我们进行报复。每一次胜利,起初确实取得了我们预期的结果,但是往后和再往后却发生完全不同的、出乎预料的影响,常常把最初的结果又消除了。……因此我们每走一步都要记住:我们决不像征服者统治异族人那样支配自然界,决不是像站在自然界之外的人似的去支配自然界——相反,我们连同我们的肉、血和头脑都是属于自然界和存在于自然界之中的;我们对自然界的整个支配作用,就在于我们比其他一切生物强,能够认识和正确运用自然规律。""事实上,我们一天天地学会更正确地理解自然规律,学会认识我们对自然界习常过程的干预所造成的较近或较远的后果。特别自本世纪自然科学大踏步前进以来,我们越来越有可能学会认识并从而控制那些至少是由我们的最常见的生产行为所造成的较远的自然后果。而这种事情发生得越多,人们就越是不仅再次地感觉到,而且也认识到自身和自然界的一体性,那种关于精神和物质、人类和自然、灵魂和肉体之间的对立的荒谬的、反自然的观点,也就越不可能成立了,这种观点自古典古代衰落以后出现在欧洲并在基督教中取得最高度的发展。""但是,如果说我们需要经过几千年的劳动才多少学会估计我们的生产行为在自然方面的较远的影响,那么我们想学会预见这些行为在社会方面的较远的影响就更加困难得多了。……但是,就是在这一领域中,我们也经过长期的、往往是痛苦的经验,经过对历史材料的比较和研究,渐渐学会了认清我们的生产活动在社会方面的间接的、较远的影响,从而有可能去控制和调节这些影响。""但是要实行这种调节,仅仅有认识还是不够的。为此需要对我们的直到目前为止的生产方式,以及同这种生产方式一起对我们的现今的整个社会制度实行完全的变革。"(《马克思恩格斯选集》第4卷,中共中央编译局编译,北京:人民出版社,2012,第998—1000页)

抗，而工业社会制度对自然界的破坏和掠夺也已经为生态主义所揭示与抵制。正像社会主义破除了对于资本主义社会经济、政治、文化体制的迷信，生态主义同样破除了对于工业社会经济增长方式以及社会发展模式的迷信。

在《政治经济学原理》一书中，密尔指出："所谓社会的经济进步通常指的是资本的增加、人口的增长以及生产技术的改进。"但是，密尔批判了人们通常的进步观念，设计了理想社会的"静止状态"。密尔指出："即使人口增长是无害的，我也认为没有理由再让人口增长。……即使每个人都能得到充足的粮食和衣物供应，人口仍然有可能过分拥挤。人挤人、人撞人的状态是不好的。孤独，即人能经常一个人独处，是思想深刻和性格沉稳所必不可少的条件，而一个人面对大自然的美和壮丽，则是使人产生思想和抱负的摇篮，具有思想和抱负不仅对个人是有益的，而且对整个社会也是有益的。一想到世界将丧失其生机盎然的景象，变得一片光秃，每一寸长满花木或青草的荒地都将被翻耕，所有野生禽兽都将因为与人争食而被灭绝，人工栽种的每一棵灌木或多余的树木都将被砍除，野生灌木和野花都将在农业改良的名义下被当作野草而予以铲除，想到这样的世界，就叫人不舒服。如果仅仅为了使地球能养活更多的而不是更好、更幸福的人口，财富和人口的增长将消灭地球给我们以快乐的许多事物，那我则为了子孙后代的利益而真诚地希望，我们的子孙最好能早一些满足于静止状态，而不要最后被逼得不得不满足于静止状态。""不用说，资本和人口处于静止状态，并不意味着人类的进步也处于静止状态。各种精神文化以及道德和社会的进步，会同以前一样具有广阔的发展前景，'生活方式'（Art of Living）也会同以前一样具有广阔的改进前景，而且当人们不再为生存而操劳时，生活方式会比以前更有可能改进。即使是工业技术也会同以前一样得到悉心培育，不断得到改进，同以前的区别只是，工业改良不再仅仅为增加财富服务，而会产生其应有的结果，即缩短人们的劳动时间。……只有当不仅有公平的制度，而且人口的增加也因为人类具有远见卓识而受到控制时，科学发明者的智力和活力对自然力量的

第四章　生态文明与美丽中国

征服,才会成为人类的共同财富,才会成为改变人类命运的手段。"①这一段话已经是生态意识的觉醒(人本主义而非自然主义)。

1972年,罗马俱乐部提出了一份"关于人类困境的报告"——《增长的极限》,在人类生态运动史上,再一次敲响了绿色警钟。

这份报告把马尔萨斯简单的两要素(人口和生活资料)之间的函数关系式扩大为五要素(人口、工业化或者资本、污染、粮食生产和资源消耗)之间的函数关系式。报告提出"指数增长",认为"指数增长"必将存在一个"极限",指出这个"极限"必将在今后100年或者一个世纪中发生。为了避免这一危机,报告为人们设计了一个"全球均衡状态"。"全球均衡状态的最基本的定义是人口和资本基本稳定,倾向于增加或者减少它们的力量也处于认真加以控制的平衡之中。"报告的基本观点集中表达在这样两句话中:"不要盲目地反对进步,但是反对盲目的进步。""有三个可供选择的方案——不受限制的增长、自己对增长加以限制,或者自然对增长加以限制——事实上只有后面两种方案是可能的。"②而第二种方案则比第一种方案更可取。

罗马俱乐部"零增长方案"是典型的生态悲观主义。它遭到了技术乐观主义和制度乐观主义的强烈反弹。技术乐观主义者深信科学技术进步可以解决生态危机。但科学技术是一把"双刃剑",它究竟是福还是祸,完全在于社会应用。制度乐观主义者深信社会制度变革可以解决生态危机(如自然资本主义、生态社会主义等)。但社会制度亦即人与人社

---

① [英]约翰·穆勒:《政治经济学原理及其在社会哲学上的若干应用》下卷,胡企林、朱泱译,北京:商务印书馆,1991,第317、321—323页。
② [美]丹尼斯·米都斯等:《增长的极限——罗马俱乐部关于人类困境的报告》,李宝恒译,长春:吉林人民出版社,1997,第132、116、130页。关于"指数增长","有一个古老的波斯传说:有一个聪明的朝臣献给他的国王一个精美的棋盘,并请求国王给他在这棋盘的第一个方格上放一粒米,在第二个方格上放二粒,在第三个方格上放四粒,如此等等作为报答。国王立刻同意了,并下令从他的仓库里取米。这棋盘的第四个方格需要8粒,第十格需要512粒,十五方格需要16384粒,而第二十一个方格给这个朝臣的米超过100万粒。到第四十个方格必须从仓库里取出1万亿粒米。远在达到第六十四个方格以前国王储备的全部米粒都耗尽了"。(同上书,第4页)

115

会关系的变革能否取代人与自然界关系的重建？事实证明,除了科学技术进步、社会制度变革以外,全球生态意识的确立、普及和提高是非常重要的。例如,约翰·缪尔在《我们的国家公园》(1901)一书中提出了保护森林植被的问题。① 蕾切尔·卡逊在《寂静的春天》(1962)一书中揭露了当时美国严重的杀虫剂污染给人类和自然带来的巨大危害,认为所谓"杀虫剂"其实就是"杀生剂"②,在当时美国社会产生了巨大影响。比尔·麦克基本在《自然的终结》(1989)一书中揭露了温室效应的危害。③ 艾伦·杜宁在《多少算够——消费社会与地球的未来》(1992)一书中认为除了"人口增长和技术的变化"之外,"消费"是第三个因素。人类已经进入消费社会,人类的过度消费,破坏了环境,浪费了资源。④ 这样,为了走向绿色文明,整个人类生活方式都进入了人们批判和反思的视野。

正是在这一意义上,罗马俱乐部"零增长方案"向经济"增长"以及社会"发展"、人类"进步"等等"神圣"观念的现实性和合理性提出了挑战。尽管它的解决方案过于极端,但它的危机意识却具有相当历史价值。

随着生态系统观的确立,人们对于"增长"、"发展"、"进步"等等传统观念作了更进一步的批判和反思。为了满足人类的需要,适度的增长、发展、进步是毋庸置疑的,但其中的成本、代价却可以使一切走向负面、反面。为了解决这一矛盾,人们提出了"可持续发展方案"。

1972年,美国经济学家芭芭拉·沃德、生物学家勒内·杜博斯在《只有一个地球——对一个小小行星的关怀和维护》(这是为1972年斯德哥尔摩联合国第一次人类环境大会准备的非官方报告)中提出了著名的

---

① 参见[美]约翰·缪尔:《我们的国家公园》,郭名倞译,长春:吉林人民出版社,1999。
② 参见[美]蕾切尔·卡逊:《寂静的春天》,吕瑞兰、李长生译,长春:吉林人民出版社,1997。
③ 参见[美]比尔·麦克基本:《自然的终结》,孙晓春、马树林译,长春:吉林人民出版社,2000。
④ 参见[美]艾伦·杜宁:《多少算够——消费社会与地球的未来》,毕聿译,长春:吉林人民出版社,1997。

"食物链金字塔"。他们考察技术圈和生物圈之间的关系,认为从大气、水、岩石经过植物、食草动物、食肉动物等等到人,形成了一个环环相扣的"食物链金字塔",而其中的关键则是建立技术圈和生物圈①之间的生态平衡。由此,勒内·杜博斯提出"十一诫":"你们应该努力提高环境质量。"②

正是在这一理论基础上,1972年6月5日(这一天后来被确定为"世界环境日"),联合国在斯德哥尔摩召开人类环境会议,发表《人类环境宣言》,庄严宣告:"人类既是他的环境的创造物,又是他的环境的塑造者,环境给予人以维持生存的东西,并给他提供了在智力、道德、社会和精神等方面获得发展的机会。生存在地球上的人类,在漫长和曲折的进化过程中,已经达到这样一个阶段,即由于科学技术发展速度的迅速加快,人类获得了以无数方法和在空前的规模上改造其环境的能力。人类环境的两个方面,即天然和人为的两个方面(='生物圈'和'技术圈'——引者),对于人类的幸福和对于享受基本人权,甚至生存权利本身,都是必不可少的。""人类有权在一种能够过尊严和福利的生活的环境中,享有自由、平等和充足的生活条件的基本权利,并且负有保护和改善这一代和将来的世世代代的环境的庄严责任。(='可持续发展'——引者)"③

---

① "苏联物理学家弗拉基米尔·伊凡诺维奇·维尔纳德斯基对此称之为'生物圈'。""包括人类在内的一切生物所赖以生存的地球表层(包括大气圈、水圈和岩石圈)的生物学环境,称为生物圈。"关于"食物链金字塔","典型的食物链就像金字塔那样。最底层是植物,利用土壤中的无机物和从日光获得的能量,制成自身的组织。第二层是食草动物,只吃植物。再上一层是食肉动物,在数量上比食草动物为少。最后在塔顶的是人类,是全部生物中最能干的猎手。"([美]芭芭拉·沃德、勒内·杜博斯:《只有一个地球——对一个小小行星的关怀和维护》,《国外公害丛书》编委会译,长春:吉林人民出版社,1997,第46、50页)关于"生态圈","概括来讲,这些就是控制着地球的三个巨大系统——空气、水和土壤的行为的环境循环。"([美]巴里·康芒纳:《封闭的循环——自然、人和技术》,侯文蕙译,长春:吉林人民出版社,1997,第24页)

② 引自[美]霍尔姆斯·罗尔斯顿Ⅲ:《哲学走向荒野》,刘耳、叶平译,长春:吉林人民出版社,2000,第24页。

③ 万以诚、万岍选编:《新文明的路标——人类绿色运动史上的经典文献》,长春:吉林人民出版社,2000,第1、3页。

《人类环境宣言》宣告人类进入了生态文明的时代。

1987年,世界环境与发展委员会在《我们共同的未来》(这是提交给联合国的调查报告)中正式提出"可持续发展"这一概念,并且定义如下:"可持续发展是既满足当代人的需要,又不对后代人满足其需要的能力构成危害的发展。"①此后,"可持续发展"逐步成为当代全球共识,成为人类走向生态文明的基本的理论和实践理念。

二、从生态伦理到自然价值

人类生态运动史是一部从人类中心主义走向自然中心主义的历史。虽然浪漫主义运动倡导人们"回归自然",但是,人类中心主义是西方传统文化的精髓。从古典古代文化到近代文艺复兴、科学革命、宗教改革、思想启蒙以来人文主义和实验科学理性的兴起,其中的核心观念也就是人类中心主义。它有两个基本要义:一是在人与自然界的关系上以人为中心,二是在个人与社会的关系上以个人为中心。人(个人)是一切意义的依归和一切价值的根据。正是这种观念推动了西方科技、社会和人文的进步,但同时也带来了生态、社会和人文的危机。

生态、自然——起初作为一种价值——是在国民经济学亦即政治经济学中得到反映的。经济学在讲到价值时,区分使用价值和交换价值,并且着重研究交换价值。当一个物品甚至产品只有使用价值没有交换价值时,它还不是商品。例如,在通常情况下,作为自然资源,空气、阳光和水并非稀缺资源,无须生产、分配、交换,即可消费。但土地却不然,属于稀缺资源,不仅具有使用价值,而且具有交换价值。在国民经济学史亦即政治经济学史上,价值论有两种,例如斯密和李嘉图,在讲到价值起源时,倾

---

① 世界环境与发展委员会:《我们共同的未来》,王之佳、柯金良等译,长春:吉林人民出版社,1997,第52页。

向于劳动价值论;在讲到价值构成时,倾向于生产要素价值论。经济学所谓生产要素,主要包括劳动、资本、土地三要素。马克思将劳动价值论和生产要素价值论对立起来,区分古典政治经济学和庸俗政治经济学,坚持劳动价值论,予以纯化,反对生产要素价值论,认为资本和土地的价值或价格——利润和地租,归根结底是工人劳动——生产和再生产的产物和表现,不过为资本家和地主根据所有权而占有罢了。

但是,今天,当我们从生态视角来重新审视时,我们便会发现,劳动价值论是单一(要素)价值论,具有人类中心主义倾向;而生产要素价值论则是综合(要素)价值论,具有自然中心主义倾向。生产要素价值论以密尔为代表。在《政治经济学原理》一书中,密尔明确将"适当的自然物品"——"由自然提供的原料和动力"——"自然要素"("土地")规定为"生产要素"之一。这里,"自然要素"("土地"),一方面作为"原料",一方面作为"动力",包含了地上、地表和地下资源,如空气、阳光、土地和水等[1],已经非常接近我们今天所谓生态和自然的含义。由此我们可以发现,生产要素价值论是生态价值论或自然价值论的雏形。

从观念上说,人类生态运动史经历了三个时期——自然主义、保护主义、生态主义。自然主义者,如美国文学家和哲学家亨利·梭罗的《瓦尔登湖》(1854)[2]等,是从自然界对于人的审美和艺术价值的角度倡导保护自然;保护主义者,是从自然界对于人的经济和科技价值的角度主张保护自然;而生态主义者则是从自然界对于人的道德和伦理价值的角度呼吁保护自然。

生态伦理学和自然价值论的著名代表是利奥波德和罗尔斯顿Ⅲ。罗尔斯顿Ⅲ认为,这一观念可以追溯到达尔文那里去。"在《人类的世系》中,他追述了人类最高贵的属性——道德意识——的自然史。他说道:'人的道德标准是向越来越高的水平发展的。'最初,人们都各自关注自

---

[1] 参见[英]约翰·穆勒:《政治经济学原理及其在社会哲学上的若干应用》上卷,赵荣潜、桑炳彦、朱泱、胡企林译,北京:商务印书馆,1991,第36、123、179—180、265、472页。

[2] 参见[美]亨利·梭罗:《瓦尔登湖》,徐迟译,长春:吉林人民出版社,1997。

己的利益。良知的增长是人的'社会性本能和同情心'的对象不断扩展的过程。这首先是扩展到家庭和部落;后来,人'越来越顾及到同胞的福利,而且还顾及到他们的幸福';再后来,'人的同情心变得更加敏感,而且扩展到更广的范围,扩展到所有种族的人,扩展到低能者、伤残者及社会上其他无用的成员;最终,扩展到比他低级的动物……'"罗尔斯顿Ⅲ指出:"那么,在动物之后,我们是否可以把植物、陆地景观、海上景观和生态系统也加入我们伦理关怀的范围之内呢?如果我们的良知能演进到能包容整个生态系统,那一定会是非常高尚的。如果这样的话,那么可以说利奥波德就在达尔文的视界里。"[①]

1949年,美国"环境保护主义之父"——奥尔多·利奥波德在他的被称作是"绿色圣经"——《沙乡年鉴》一书中提出了著名的"土地伦理"。利奥波德认为:"伦理"所适用的"共同体"界限是逐步扩大的。最初只是"主人伦理",伦理只适用于主人(奴隶主以及其他自由民),而不适用于奴隶;后来变成"人类伦理",伦理只适用于人类,而不适用于其他物种。如今,"伦理"所适用的"共同体"界限应当更进一步扩大。"土地伦理只是扩大了这个共同体的界限,它包括土壤、水、植物和动物,或者把它们概括起来:土地。""一种土地伦理当然并不能阻止对这些'资源'的宰割、管理和利用,但它却宣布了它们要继续存在下去的权利,以及至少是在某些方面,它们要继续存在于一种自然状态中的权利。""简言之,土地伦理是要把人类在共同体中以征服者的面目出现的角色,变成这个共同体中的平等的一员和公民。它暗含着对每个成员的尊敬,也包括对这个共同体本身的尊敬。""当一个事物有助于保护生物共同体的和谐、稳定和美丽的时候,它就是正确的,当它走向反面时,就是错误的。"[②]利奥波德"土地伦理"的意义是在伦理观、价值观上实现了从人类中心主义到自然中心

[①] [美]霍尔姆斯·罗尔斯顿Ⅲ:《哲学走向荒野》,刘耳、叶平译,长春:吉林人民出版社,2000,第34—35页。

[②] [美]奥尔多·利奥波德:《沙乡年鉴》,侯文蕙译,长春:吉林人民出版社,1997,第193、194、213页。

主义的突破。它破除了伦理只是对人适用、只有对人有用才有价值这样一些条条框框,它构成了当代全球生态文明的核心伦理观和价值观。

罗尔斯顿Ⅲ探讨了"生态伦理是否存在"的问题,将生态伦理(环境伦理)划分为两个基本类型:一是人本主义,二是自然主义。他指出:"可以根据他们以什么概念作为生态道德的来源而分成两类。(A)第一种人的思想中最主要的,是说生物体内的平衡与道德之间有着联系。这样给出的伦理,可以称为只是在派生意义上的生态伦理。(B)第二种人则进了一步,超越了派生意义上的生态伦理(但也并不反对它),而认为在生态系统的机能整体特征中存在着固有道德要求。据此提出的伦理学是根本意义上的生态伦理学。""一派(以密尔为代表——引者)坚持认为人类的道德行为和价值评判行为从根本上与我们的环境是不连续的;另一派(以爱默生为代表——引者)则在这里看到连续性。""环境伦理可以有两种。比较容易理解的一种是人类中心论的,即根据人类的利益来判断对与错。这种伦理(姑且称之为人本主义伦理)只在派生的意义上是一种环境伦理,即它主要考虑一件事对人是有益还是有害,而对环境的关心完全附属于这种对人的关心。另一种伦理是自然主义伦理,是直接面向自然的。"[①]罗尔斯顿Ⅲ的主要贡献是明确将生态伦理从人本主义转向自然主义。

1986年,霍尔姆斯·罗尔斯顿Ⅲ在《哲学走向荒野》一书中提出了"基于人类生存,促进生态平衡"的生态伦理学和自然价值论或环境伦理学和环境价值论。生态伦理学实现了从"是"到"应该"、从描述到规范、从自然(事实)到文化(价值)的转向,自然价值论实现了从主观价值到客

[①] [美]霍尔姆斯·罗尔斯顿Ⅲ:《哲学走向荒野》,刘耳、叶平译,长春:吉林人民出版社,2000,第7、39、262页。

观价值、从外在价值到内在价值、从工具性价值到目的性价值的转向。①

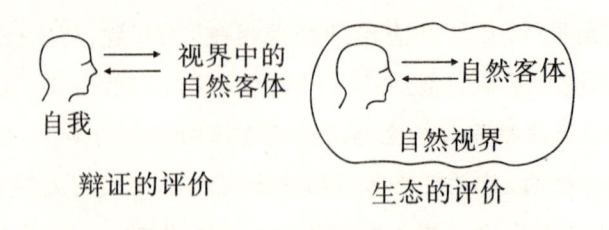

[图4.1]生态伦理—自然价值转向②

生态伦理学—自然价值论转向的核心是自然观的转向。1979年,卡洛琳·麦茜特在《自然之死——妇女、生态和科学革命》一书中批判近代(现代)以来机械论自然观,主张回归古老有机论自然观。③ 这是用女性主义自然观来对抗男性主义自然观,被人们认为是"新范式"、"深生态学"(戴

---

① 罗尔斯顿Ⅲ强调生态、自然的"家"、"源"或"根"的含义。他指出:在"生态学"(ecology)一词中,eco 的希腊词根是 oikos("家"),logy 的希腊词根是 logos("词"、"话语",引申为"……的科学")。其词源表明:地球是我们的家。在"资源"(resource)一词中,re 是"重新"的意思,source 是"源"的意思。(参见[美]霍尔姆斯·罗尔斯顿Ⅲ:《哲学走向荒野》,刘耳、叶平译,长春:吉林人民出版社,2000,第26、124页)虽然没有提及海德格尔,但是这些思想显然与海德格尔"家族相似"。

② 参见[美]霍尔姆斯·罗尔斯顿Ⅲ:《哲学走向荒野》,刘耳、叶平译,长春:吉林人民出版社,2000,第169、170页。

③ "'自然'(Nature)在古代和近代早期有几种相互关联的含义。对人而言,它说的是属性,内在特征,人、动物或事物的活力,更一般地讲,是人类本性。它也意味着去行动和去保持行动的一种内在冲动,反之,'违反自然'即是漠视这种内在的冲动。对物质世界而言,它指的是一个创造的动力和规约性的原则,正是这个原则产生了现象及其变化和发展。通常,在 natura naturans,创造的自然,和 natura naturata,自然的创造物之间有一个区分。自然与技艺(techne)相对,也与人工创造的事物相对。""在近代早期,'有机体'(organic)这一术语通常指生命的身体器官、构造和组织,而'有机论'(organicism)指这样的理论,认为有机结构是物质中固有的适应特性的结果。'有机的'(organical)一词也常常用来指一架机器或一件仪器。""'机械的'(mechanical)指的是机器和工具行业,手工操作和手艺,缺乏自我能动性、意志和思维的无生命的机械,以及力学科学(mechanical sciences)。"([美]卡洛琳·麦茜特:《自然之死——妇女、生态和科学革命》,吴国盛、吴子英、曹燕南、叶闯译,长春:吉林人民出版社,1999,第5、6页)

维·弗尔曼所谓"找到回家的路"的"深度生态学")、"后现代的生态世界观"。

总起来说,"自然"被理解为"生态"的同义词。在这一点上,还是罗尔斯顿Ⅲ表达得最明确。他说:"自然包括任何的存在,是一切存在的总和。在这个宇观层次上,自然的意义非常不好把握。即使单看'自然'的物理宇宙的意义(此意义可回溯到希腊语中的 physis),也还是太空泛,也过于简单。如果我们用'自然'来指我们复杂的地表生态圈层——一个依赖于整个地球的物质循环的生物圈的话,那么就达到了我们需要阐释的自然的意义(而且这也与 physis 的意义相吻合)。在最广泛的意义上,自然是指一切服从规律的事物,而这也包括天体自然。如果以这种方式使用自然一词的话,就只有超自然的领域——假设这样的领域存在的话——能与自然相对。但是,我们还是把自然一词限制在地球范围内,而不是在宇观层次上。我们通常使用的自然一词,就仍然保存着源于拉丁词根"natus"的意义,即产生生命的系统。这个意义在希腊语的 physis 中也同样存在。没有人会主张我们遵循物理和化学的自然,或者说死的自然。说遵循自然时,总是指那充满生机和进化的生态运动。是指那个我们大写为 Nature 的、有时还拟人化为'母亲'的自然。"[①]

当然,无论生态伦理学,还是自然价值论,不仅涉及人与自然界的关系,而且涉及人与人的社会关系。如何以生态(自然)规范来衡量社会制度安排?反过来说,哪种社会制度安排符合生态(自然)规范?这是生态伦理学和自然价值论必须探讨的两个基本问题。

巴里·康芒纳首先提出了四个"生态学法则":"每一种事物都与别的事物相关","一切事物都必然要有其去向","自然界所懂得的是最好

---

① [美]霍尔姆斯·罗尔斯顿Ⅲ:《哲学走向荒野》,刘耳、叶平译,长春:吉林人民出版社,2000,第40—41页。"宇航员摄下的生动的地球照片与宇航员在太空中时对地球的思乡情绪,都使我们重又产生了一种对地球这一'宇宙船'的爱和要致力于与它达成和解的决心。"(同上书,第88页)

的"、"没有免费的午餐"。① 霍尔姆斯·罗尔斯顿Ⅲ进而提出了三十个"中观准则"("中层规则"),包括三组,第一组是人本主义伦理规范,第二组是自然主义伦理规范,第三组是责任伦理规范。② 霍尔姆斯·罗尔斯顿Ⅲ还提出了一个价值层次序列,包括两组:第一组是人本主义价值序列,依次为:Vsg = 社会利益价值(social good value)、Vsp = 社会偏好价值(social preference value)、Vig = 个人利益价值(individual good value)、Vip = 个人偏好价值(individual preference value)、Vmp = 市场价格价值(market price);第二组是自然主义价值序列,依次为:Ves = 生态系统价值(ecosystemic value)、Vor = 有机体价值(organismic value)。并且,自然主义价值序列是人本主义价值序列的基础。③ 这是生态伦理规范,也是自然价值法则,更是生态系统理念。

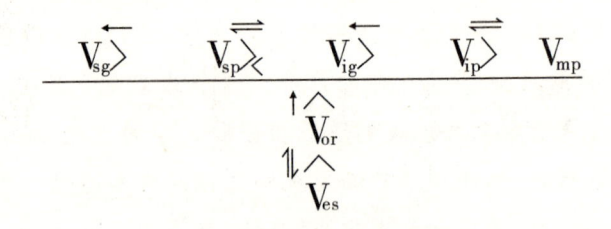

[图4.2]价值层次序列④

物种是由于它对于人类有用而有价值,还是由于它在生态系统中有用而有价值,还是它自身就有某种内在价值? 这分别是人本主义的、自然主义系统论的和自然主义原子论的观念。按照生态伦理学和自然价值论

---

① [美]巴里·康芒纳:《封闭的循环——自然、人和技术》,侯文蕙译,长春:吉林人民出版社,1997,第25、30、32、35页。
② 参见[美]霍尔姆斯·罗尔斯顿Ⅲ:《哲学走向荒野》,刘耳、叶平译,长春:吉林人民出版社,2000,第265—278、280—296、299—315页。
③ 参见[美]霍尔姆斯·罗尔斯顿Ⅲ:《哲学走向荒野》,刘耳、叶平译,长春:吉林人民出版社,2000,第327—331、353页。
④ 参见[美]霍尔姆斯·罗尔斯顿Ⅲ:《哲学走向荒野》,刘耳、叶平译,长春:吉林人民出版社,2000,第353页。

的理念,当三种观念相互矛盾时,自然主义系统论的观念具有终极意义。这就是说,在终极意义上,任何物种(包括人类)都得以生态(自然)系统为价值的依归和根据,凡有利于生态系统的行为都是"善"("好")的,凡有害于生态系统的行为都是"恶"("坏")的。生态价值解构了人类作为价值中心的传统价值观念,建构了自然作为价值中心的现代价值观念。任何物种,不仅是它对于人类有用才有价值,而且是它自身就有价值;只有将其置于整个生态系统中,才能度量其终极价值。而人类则是整个生态系统的一个组成部分。这样一种观念,构成生态价值理念。因此,人类不得以任何经济的、科学的、宗教的、伦理的或审美的等理由剥夺任何物种在生态系统中的生存权利,只要这种剥夺危害生态系统,就应令行禁止。人类应当从征服者转换为保护者,保护动物,保护植物,保护所有物种,并且,不是单纯保护物种本身,而是同时保护物种的自然生境,保护物种的天然本性。

从生态(自然)保护来衡量,究竟公有制更有利一些,还是私有制更有利一些?1968年,盖瑞特·哈定提出了著名的"公地悲剧",认为"世界生态系统就如同一个公用的牧场,在那里,每个人都为个人获利的欲望所诱导着,不断扩大着他的牧群,直到这个牧场为大家所毁灭"。由此,哈定推出两个结论:第一个是"一个公共食堂里的自由给所有的人带来了毁灭";第二个是"要避免毁灭就必须加以控制的那种自由,并不是私人从社会利益(公共食堂)中获利的一种引申,而是一种'生殖自由'"。"如果我们根据私人需要而不可改变地接受了一种社会利益的支配(公共食堂或生态圈),生存就要求立即地、彻底的人口限制。"但是,哈定强调:"我们(即美国人)每天都是很小的少数。我们每年仅增加1%,而世界上的其他地方则增加得快两倍。到2000年,24人中有一个美国人,到了100年后,就要46个人中才有一个美国人了……如果世界是一个大公共食堂,在那里,所有的食物都要被平等地分享,那我们就吃亏了。那些繁殖得快的人将会代替其他的人……在缺乏生殖控制的情况下,一个'一个月一顿饭'的政策,最终会导致一个完全悲惨的世界。在一个还不完善的社会里,建立在领土基础上的配给权是必须受到维护的,如果要避免一个毁灭性的生殖竞赛的话。文明和尊严在任何地方都可以存在是不大可能的,但是要能在个别地方存在总比没有好。幸运的少数必须以一个文明的托管人的身份来行动,这个文明正遭受着无知的善良意愿的威胁。"①哈定这一段话透露了美国人—西方人的典型心态,担忧其他国家、地区人口增加,破坏环境,浪费资源,主张"幸运的少数人"作为"文明的托管人"拯救人类,其实就是拯救极个别富国、极少数富人,置绝大多数穷国穷人于不顾。

人们总是从"公地悲剧"中寻找"产权约束"和"圈地运动"的根据。但是,"公地悲剧"既是公有制(牧场公有)的制度悲剧,也是私有制(牧群私有)的制度悲剧,更是(牧人作为)经济人的人性悲剧。理论上既是这样,现实中也是如此。1974年,巴里·康芒纳在《封闭的循环——自然、人和技术》一书中指出:"社会主义和资本主义的经济理论,两者都是明显地,在忽视由生态系统所呈现出的生物资本的有限容量的情况下发展起来的。结果,迄今还没有一个体系发展出一种能够使它的经济活动适应环境规律的手段来,没有一个体系准备很好地正视环境危机,因此,两种体系都将受到要解决这个问题的严峻考验。""当前的生产技术需要重新设计,以使其尽可能密切地与生态上的要求取得一致,现今工业、农业和交通运输企业的大部分,都需要按照这种新的设计重新进行安排。事实上,建立在战后有着生态错误的技术基础上的新生产企业,其主要部分都必须完全遵循着生态上的正确路线去重建。"②生态危机表明,现存资本主义和社会主义的制

---

① 引自[美]巴里·康芒纳:《封闭的循环——自然、人和技术》,侯文蕙译,长春:吉林人民出版社,1997,第239、239—240页。关于"公地悲剧","村民们在公有地上争先放牛,使公有地接近其承载能力。任何一个村民如果不增加自己的牛的头数,他在市场上就会处于不利地位,这样,每个村民为了个人利益就得不断地增加自己的牛的头数,结果是公有地被破坏了。"(引自[美]霍尔姆斯·罗尔斯顿Ⅲ:《哲学走向荒野》,刘耳、叶平译,长春:吉林人民出版社,2000,第11页)

② [美]巴里·康芒纳:《封闭的循环——自然、人和技术》,侯文蕙译,长春:吉林人民出版社,1997,第226—227、229—230页。

度安排需要并且必须改革。这有两个方面:如果我们将"公地悲剧"归结为公有制的悲剧,我们就会得出自然资本主义的结论;如果我们将"公地悲剧"归结为私有制的悲剧,我们就会得出生态社会主义的结论。

所谓自然资本主义,就是按照生态(自然)标准重建资本主义,实现生态主义和资本主义的结合。其中的核心概念是"自然资本",包括土地、水源、森林和矿藏等,亦即自然资源,与人造资本(机器、建筑、水利、交通、通讯和传媒等,亦即技术系统)、人力资本(公众知识水平和健康水平等,亦即公众素质)相对应。自然成为资本便意味着自然不能无偿使用,而应有偿使用。因此,一个国家生产出来的财富,减去国民消费,再减去人造资本的折旧,再减去自然资本的消耗,这才是财富的真正含义。但是,生态危机表明了保护环境、控制人口、节约资源等等的重要意义。为了保护生态平衡,不能放任市场运行,不能放任资源私有;为了保护生态平衡,适当实行政府监管,适当实行资源公有,既属必要亦属可能。

所谓生态社会主义,就是按照生态(自然)标准重建社会主义,实现生态主义和社会主义的结合。资本主义主张追逐剩余价值(利润),社会主义主张满足社会需要,生态主义主张保护自然生态系统。相比资本主义,社会主义更能兼容生态主义,只是需要改变人们的生产方式、交往方式和生活方式。我们不仅应当合理利用自然资本,而且应当合理运用人造资本,尤其人力资本,合理应用人的能力,合理满足人的需要,满足人的正当需要,解决生产过剩和消费过度的问题,解决资源短缺和环境污染的问题。我们应当懂得:生产和再生产不仅包括物质资料(生活资料和生产资料)的生产和再生产,而且包括环境的生产和再生产、人口的生产和再生产、交往形式亦即社会关系及其规范—制度的生产和再生产、精神的生产和再生产。这才是满足人类总体需要的总体生产。这样一种总体生产和总体消费的循环(经过分配、交换中介)必须按照生态平衡这一最高原则予以安排。

巴里·康芒纳提出了一个"生态规则":"这个生态规则就是,生态圈的社会和全球性质,必定要确定一个依赖于它的生产企业的合作性组织。"①生态主义不仅要求自然资本主义、生态社会主义,而且要求全球主义。历史证明,民族国家之间的分裂与冲突,必然导致生态灾难。而超越民族国家的合作与统一,则是人类摆脱生态危机的根本途径。

正像个人属于社会系统一样,人类属于生态系统。罗尔斯顿Ⅲ批判了"人类沙文主义",明确指出:"我们在这里提出的建议,是对价值的范围加以扩展,使自然不再仅仅被看做'财产',而是被看做一个共和国。""共和国(commonwealth):这里指使生态系中各种物类都有一种对系统平等的参与,人类作为此共和国的成员之一,得对其他成员有着一种尊重,而非仅把它们作为自己的附属物。"②既然我们可以假定个人之间订立社会契约,从而具有权利和义务的相互关系;那么我们也可以假定人类以及其他物种之间订立生态契约,从而也同样具有权利和义务的相互关系。人类应该放弃对于其他生物的帝国统治,允许各个生物王国的自治,治理生态系统,化无序为有序,变劣序为良序。整个生态圈就是一个共和国,我们每一个人是三重的公民——国家公民、世界公民、生态公民。其他物种,甚至作为个体的动物、植物和微生物等,同样是这个生态圈共和国的公民。当然,对于人类来说,类的价值优先于个体的价值;对于其他物种来说,种的价值优先于个体的价值。今天,对于其他物种,尤其对于整个生态系统来说,人类享有的权利太多,履行的义务太少。现在,钟声响了,是承担人类责任的时刻到了!

---

① [美]巴里·康芒纳:《封闭的循环——自然、人和技术》,侯文蕙译,长春:吉林人民出版社,1997,第240页。

② [美]霍尔姆斯·罗尔斯顿Ⅲ:《哲学走向荒野》,刘耳、叶平译,长春:吉林人民出版社,2000,第20页。"我们可以做一个思维实验,设想一个'末日审判'式的寓言。让我们假设一个世纪后,地球上发生了一场悲剧性的核战争,由交战双方相互投放的核弹所导致的放射性微粒回降使人类和其他哺乳动物的基因再也不能繁衍,但却无害于植物、无脊椎动物、爬行动物及鸟类。那么,最后一代作为价值评判者的人如果还有良知的话,就不该毁灭余下的生物圈。这并不是他们对什么余下的可作主体的生命有兴趣,而是因为即使主要的价值评判者已被消除,让余下的生态系继续存在下去也比将其毁灭要好。"(同上书,第196页)

在终极意义上,个人应该为社会牺牲,因为仅仅保存个人是不可能的,只有保存社会系统,人类才能延续下去,这是一种高尚的美德;同样,在终极意义上,人类应该为自然牺牲,因为仅仅保存人类是不可能的,只有保存生态系统,物种才能延续下去,这是一种更加高尚的美德。让我们记住恩格斯的伟大预言吧!他说:"物质虽然必将以铁的必然性在地球上再次毁灭物质的最高的精华——思维着的精神,但在另外的地方和另一个时候又一定会以同样的铁的必然性把它重新产生出来。"[1]个人不应以个体死亡为"世界末日",同样,人类不应以全体死亡为"世界末日"。我们将以这样的胸襟关怀自然,正像我们曾以如此的胸襟关怀社会一样。不仅个人对于社会是有责任的,人类对于自然同样是有责任的。责任重于生命!

三、环境保护与计划生育

我国国民生态意识的觉醒、国家生态文明的建设,经历了一个漫长而又艰难的历程。

早在现代国家建立初期,"国父"孙中山在规划《建国方略》时,就提出"实业计划(物质建设)"十策之一——"于中国北部及中部建造森林"[2]。在阐述《三民主义》时,孙中山讲到"民生主义"、"吃饭问题",研究到"防天灾",研究到"防止水灾与旱灾的根本方法",更主张"要造森林,要造全国大规模的森林"[3]。这些思想无疑是难能可贵的,但却是服务实业(物质)建设计划的,并不是独立的生态建设思想。民国北洋政府时期,规定以清明节为植树节;南京国民政府时期,为了贯彻"总理遗

---

[1] 《马克思恩格斯选集》第3卷,中共中央编译局编译,北京:人民出版社,2012,第279页。
[2] 《孙中山选集》上,北京:人民出版社,2011,第225页。
[3] 《孙中山选集》下,北京:人民出版社,2011,第891页。

教",改为以孙中山忌辰日(3月12日)为植树节,以便纪念孙中山;人民共和国一度废除以后恢复至今。

无论革命还是建设,都要研究中国国情。中国国情,包括中国的特点(如环境、人口、资源、历史状况、现实状况等各项指标)。关于中国的特点,毛泽东起初的说法是"地广人众、历史悠久"[①],习惯的说法是"地大物博、人口众多,历史悠久"。这里表达的是一种绝对值的概念,强调的主要是优势。毛泽东后来的说法是"一穷二白"[②]。"穷"是指工业农业上的贫穷、落后,"白"是指科学文化上的愚昧、落后。这里强调的主要是劣势,但却通过某种辩证逻辑("穷则思变"),把物质劣势转换为精神优势,以便为政治、文化革命作论证。而邓小平的说法则是"底子薄,人口多、耕地少"[③]。这里表达的是一种相对值的概念,强调的主要是劣势,以便为经济建设作论证。比较而言,邓小平的观点比毛泽东的观点更全面也更深入:第一,从环境、人口、资源这一方面的情况说,绝对地讲,中国的特点是"地大物博、人口众多"。但是,被"众多"人口一平均,地也就不"大"了,物也就不"博"了。因此,相对地讲,中国的特点是"人口多、耕地少"。中国作为大国尤其农业大国,人口多尤其农民多,人均占有土地尤其耕地稀少,资源短缺,是一个基本的特点。第二,从历史状况、现实状况这一方面的情况说,中国"历史悠久",不乏深厚的历史传统和丰富的历史遗产可资继承、借鉴,但历史因袭却同时变成了沉重的历史包袱。由于长时期和超稳定的封建统治,阻碍了资本主义因素的成长,中国近代以来不断落后挨打,形成了"一穷二白"的现实局面。"底子薄",是另一个基本的特点。

中国生态问题,首先在人口问题上出现一次重大交锋。这是对马寅初《新人口论》的批判,它是新中国成立以来危害最为深远的一次批判。

早在民国时期,在阐述《三民主义》时,孙中山讲到"民族主义",担忧

---

① 参见《毛泽东选集》第2卷,北京:人民出版社,1991,第623页。
② 参见《建国以来毛泽东文稿》第7册,北京:中央文献出版社,1992,第177—178页。
③ 参见《邓小平文选》第2卷,北京:人民出版社,1994,第163—164页。

人口减少乃至"亡国灭种",主张增加人口,尤其反对"马尔赛斯(即马尔萨斯)学说"。①

还在新中国成立前夕,毛泽东在"六评白皮书",特别是《唯心历史观的破产》一文谈到人口问题时指出:"中国人口众多是一件极大的好事。再增加多少倍人口也完全有办法,这办法就是生产。……革命加生产即能解决吃饭问题。"②

1953年,我国在全国范围内进行了历史上第一次人口普查。普查结果表明,截至1953年6月30日止,中国人口总数已达6亿多人,按照推算,中国人口大概每年增加1200万~1300万,增长率为20‰。这样,十五年后全国人口将达8亿多人,比建国初期要增长一倍左右。

马寅初是我国著名的经济学家,时任北京大学校长。1957年7月,在一届人大四次会议上,马寅初把他对人口问题的观点写成提案,并作了《新人口论》的书面发言,全面系统地阐述了他对人口问题的观点,并提出了控制人口的一些具体建议。7月5日,《人民日报》全文发表了他的发言《新人口论》。马寅初的《新人口论》共分十个部分:"我国人口增殖太快","我国资金积累得不够快","我在两年前就主张控制人口","马尔萨斯的人口理论的错误及其破产","我的人口理论在立场上和马尔萨斯是不同的","不但要积累资金而且要加速积累资金","从工业原料方面着想亦非控制人口不可","为促进科学研究亦非控制人口不可","就粮食而论亦非控制人口不可","几点建议"。他在《新人口论》中指出,建国四年来我国人口增殖率为20‰,以此推算,如果不控制人口,五十年后,我国人口将达到16亿。③

1958年4月,毛泽东写了《介绍一个合作社》一文,指出:"除了党的领导之外,六亿人口是一个决定的因素。人多议论多,热气高,干劲大。……除了别的特点之外,中国六亿人口的显著特点是一穷二白。这些看

---

① 参见《孙中山选集》下,北京:人民出版社,2011,第652页。
② 《毛泽东选集》第4卷,北京:人民出版社,1991,第1511—1512页。
③ 参见马寅初:《新人口论》,长春:吉林人民出版社,1997。

起来是坏事,其实是好事。"①6月,中共中央理论刊物《红旗》杂志创刊号发表了这篇文章。

1958年4月3日,北大党委决定对马寅初进行批判。1959年底至1960年初,北京大学举行了多次批判马寅初的会议,其中有3次是全校规模的,还张贴了近万张大字报。面对着这突如其来的大批判,马寅初本着一种捍卫真理的决心,对那些毫无道理的批判、指责、围攻加以反驳和回击,他一方面继续听取不同的意见,充实自己的观点,另一方面则发表文章、口头说明,为自己的观点作辩护。在《我国人口问题与发展生产力的关系》一文中,他说:"我们社会主义经济就是计划经济,如果不把人口列入计划之内,不能控制人口,不能实行计划生育,那就不成其为计划经济。"在《为什么要强调人口的质量》一文中,他说:"我们可以肯定地说,此后战争能否取胜,决定于人的智识,不决定于人的数量。这是智识的斗争,不是人数的斗争。"他在《我的哲学思想和经济理论》一文的《附带声明》中说:"我虽年近80,明知寡不敌众,自当单身匹马,出来应战,直至战死为止,决不向专以力压服不以理说服的那种批判者们投降。""我认为这不是一个政治问题,而是一个纯粹的学术问题。学术问题贵乎争辩,愈辩愈明,不宜一遇袭击,就抱'明哲保身,退避三舍'的念头,相反,应知难而进,决不应向困难低头。我认为在研究工作中事前要有准备,没有把握,不要乱写文章。既写之后,要勇于更正错误,但要坚持真理,即于个人私利甚至于自己宝贵的性命,有所不利,亦应担当一切后果。……因为我对我的理论有相当的把握,不能不坚持,学术的尊严不能不维护,只得拒绝检讨。"②结果马寅初被迫辞去北大校长一职,隐退20多年。在这期间,他依然关心着中国经济发展的状况,开始撰写了他的又一著作《农书》,在"文化大革命"中,他又不得不将这一近百万字的手稿烧毁。历史没有忘记,马寅初的《新人口论》冤案得以平反昭雪。

---

① 《建国以来毛泽东文稿》第7册,北京:中央文献出版社,1992,第177、177—178页。
② 马寅初:《新人口论》,长春:吉林人民出版社,1997,第28、51、55、57页。

马寅初的《新人口论》,突破了苏联政治经济学教科书关于社会主义的人口规律就是"人口不断迅速增加"的条条框框,其主要思想是符合我国实际的,具有远见卓识的。对马寅初《新人口论》的批判在理论上是极其错误的,在实践中是极其有害的。这场大批判从一开始就提出了这样一个问题:马寅初的"马"是马克思的"马"还是马尔萨斯的"马"? 由于马克思强调的是"相对人口过剩",马尔萨斯强调的是"绝对人口过剩",而马寅初强调的不是"相对人口过剩"而是"绝对人口过剩",因此认为马寅初的"马"不是马克思的"马"而是马尔萨斯的"马"。毫无疑问,这种观点有哗众取宠之心,无实事求是之意。以"人手论"来批判"人口论",同样是表面的、片面的。人是劳动者,也是消费者。但是,人有一双手是相对的,人能干活是有条件的,而人有一张嘴是绝对的,人要吃饭是无条件的。因此,一双手未必能够解决一张嘴的问题。至于其他批判更是牵强附会。这场大批判使我国的人口问题研究长期中断,对于经济和社会的发展带来了严重的后果。"错批一人,误增一亿。"其实,有人曾粗略地作过计算,如果当时马寅初的主张和建议得以实现,并且一直执行下去,中国后来的人口至少将减少 2.5 亿。在中国现代化发展进程中,人口压力成为一个十分严重的问题,是这场不负责任的批判的恶果。这场大批判严重混淆了学术问题和政治问题的界限,对马寅初的学术观点横加批判,任意上纲上线,扣帽子,抓辫子,打棍子,无所不用其极,迫使他辞去北大校长一职,离开北大。这场大批判使用的围攻批斗、无理辱骂和大字报等方法在以后的政治大批判中都得到使用。这场大批判对我国经济发展、政治民主和学术研究都带来了严重的不良后果,堪称我们民族一大悲剧。

直到 20 世纪 70 年代,中国大陆实行计划生育政策;80 年代,实行独生子女政策;1982 年,计划生育成为一项基本国策,持续至今,独生子女政策已经变成普遍二孩政策。但是,我国人口在数量、质量、构成、分布各个方面仍然面临种种危机:基数大,素质低,性别、年龄构成不均衡(女少男多、老年人口比例上升,1999 年,我国老年人口达到 1.2 亿,提前进入老龄化社会［60岁以上人口占总人口10%以上即"老龄化社会"］），地理分布不均衡（西少东多、城市人口密集）。因此，人口问题亟须综合治理：继续控制人口数量，努力提高人口质量，建立健全社会保障体制，开发老少边穷地区、发展中小城镇乡村。只有采取综合治理方针，才能真正解决人口问题。

人民共和国毛泽东时代在生态问题上所犯下的重大失误，除了人口问题之外，就是环境问题。早在延安时期，毛泽东就发动了大生产运动。毛泽东将革命战争的理论和实践照搬照套于和平建设之中。1958年，毛泽东又发动了大跃进运动，进一步提出了"不断革命"的思想，要求"十五年超英赶美"。毛泽东号召"向大自然进军"，"向大自然开战"，企图在经济建设中"大打一场人民战争"。其中"全民大炼钢铁"运动，"钢帅升帐"，"以钢为纲"，大搞"小（小高炉）、土（土法炼铁炼钢）、群（群众运动）"、"小洋群"；大放"高产卫星"；乃至"全民大办"一切事业，形成了高指标、瞎指挥、浮夸风、共产风的局面。"人有多大胆，地有多大产。""天上没有玉皇，地上没有龙王，我就是玉皇，我就是龙王，喝令三山五岳开道，我来了！""高山嘛，我们要你低头，你还敢不低头！河水嘛，我们要你让路，你还敢不让路！"在这样一种唯意志论思想的指导下，大跃进除了造成经济的重挫之外，还造成人口的锐减，更造成环境的破坏。1958年，毛泽东倡导"除四害讲卫生"运动，就是发动群众消灭苍蝇、蚊子、老鼠、麻雀"四害"，后来麻雀被平反，被臭虫取代，最后被蟑螂取代。20世纪60至70年代，毛泽东号召"工业学大庆、农业学大寨"，在经济建设中，生态问题继续遭到忽视。

直到20世纪70年代，中国大陆开始注意"公害"问题（所谓"四害"变成城市大气污染、水质污染、固体废弃物、噪声或水、气、声、渣问题），实行环境保护政策；80年代，环境保护成为一项基本国策，持续至今。但是，我国环境在水、土壤、空气、生物（动植物）各个方面仍然面临种种危机：水土流失（水体质污染、水资源短缺、洪涝灾害），荒漠化（林地、草地、耕地退化），大气污染（煤烟型大气污染、酸雨、臭氧层破坏、灰霾），生物多样性面临威胁(被子植物、裸子植物、脊椎动物濒危、极危、灭绝或者可能灭绝)。因此,环境问题亟须综合治理:水土保护、防治水污染、治理水土流失、防治荒漠化(森林建设、草原建设、生态农业),控制大气污染、保护臭氧层,天然林保护、湿地保护、物种(野生动植物)保护、节能减排、绿色低碳。只有采取综合治理方针,才能真正解决环境问题。

走向绿色文明,发展理念的调整是一个标志。我们已经树立了"科学发展观"("以人为本"的"全面、协调、可持续的发展观")。我们是否应该再进一步从人本主义转向自然主义? 在走向绿色文明过程中,我们仍在中途。

但是,人们经过如许的曲折和反复,生态意识逐渐生成。诗人徐刚在《伐木者,醒来!》(1988)一文中,曾经针对乱砍滥伐现象,发出了"救救森林,救救孩子"[①]的呐喊。

今天,生态意识早已成为基本共识。中国环境保护事业的开创者和奠基人之一、著名环境学家曲格平在《我们需要一场变革》(1995)一文中曾经宣告:"这是一场绿色革命,变革的浪潮席卷全球。虽然没有旌旗飘舞的场面和嘹亮的军号声,但其势不可当,它将冲破陈旧的观念,建立新的秩序,重塑我们的生活,从根本上改变我们的世界。""综观世界,这场变革已经发生,正冲击着人们的生产方式、生活方式和思维方式。它的意义不亚于1万年前的农业革命和200年前的工业革命,它的发生预示着以环境保护为标志的绿色文明正在来临。"[②]

农业文明是黄色文明,它对于自然生态的破坏是浅层次的;工业文明是黑色文明,它对于自然生态的破坏是深层次的。而今,一切都在命令我们:建设生态文明,建设美丽中国! 这是一个"绝对命令"。

[①] 徐刚:《伐木者,醒来!》,长春:吉林人民出版社,1997,第37页。
[②] 曲格平:《我们需要一场变革》,长春:吉林人民出版社,1997,第23、24—25页。

第五章　物质文明与富强中国

每一时代都有它的物质文明形态。当代物质文明就是知识文明。知识经济的来临,意味着人类从前工业(农业)文明,经过工业文明,进入了后工业(知识)文明。但是,"知识经济"历来就有两个基本含义:一是与实物经济相对应的虚拟经济形态;二是以信息、生物等等高新技术—产业为基础的知识经济形态。"知识价值"也有两个基本含义:一是与实物价值相对应的符号价值形态;二是以信息、生物等等高新技术—产业相关知识领域为基础的知识价值形态。二者虽有联系,但有根本区别。前者是后者的转化形式,后者是前者的实质内容。真正有历史进步意义的不是前者,而是后者。因此,我们不是在前一种意义上,而是在后一种意义上讨论"知识经济"、"知识价值"和"创新伦理"的问题。

"知识经济"已成为21世纪的"第一概念"。人类正在迈入知识社会,正在经历一场知识革命。这一大浪潮、大趋势必然波及社会的经济、政治和思想文化各个领域,影响人们的生产方式、生活方式、思维方式和价值观念、伦理观念,等等。其中,价值观念、伦理观念变革尤为重要。总之,知识价值的更新、创新伦理的重构,是时代的呼唤,是建设物质文明的需要,是建设富强中国的需要。

一、"美德就是知识"与"知识就是力量"

在不同社会—文化背景下，人们的知识形态表现了显著的差异。历来人们对于所谓李约瑟问题的研究，其实质是对于中(东)西知识形态的比较研究。李约瑟问题表明，对于生产起到真正推动作用的、以基础科学(以实验和数学为基础的科学)为支撑的应用科学(技术)不是产生于中国(东方)，而是产生于西方。而对于李约瑟问题的研究则表明其中的症结是在于中(东)西知识形态的显著差异。无论渗透着实用理性的中国智慧，还是附着于神秘体验的印度智慧，都制约了科学技术的全面发展，并使其呈现着技术一度领先、科学滞后——未能从经验型上升到理论型的片面发展格局，对于生产未能起到真正推动作用。

知识与智慧历来是既有联系又有区别的两个概念。中国传统把知识区分为可以"言传"的(包括"知其然"的和"知其所以然"的)和可以"身教"或"意会"的。知识是可以"言传"的，一是指对于时间、地点、人物、事件等等事实表象的认知；二是指对于本质、规律的认知。前者是"知其然"的事实知识，后者是"知其所以然"的原理知识。诚然，后者比前者更进了一步。但是，无论前者，还是后者，都没有达到智慧的高度。"只知其然，不知其所以然"的知识是感性知识，"既知其然，又知其所以然"的知识是理性知识，而"只可意会，不可言传"的知识则是智慧。智慧是贯通于知识之中的"只可意会，不可言传"的核心。知识与智慧的关系，宛如躯体与灵魂、硬件与软件的关系：没有知识的智慧是虚幻的；而没有智慧的知识则是僵死的。纯粹知识(无论感性的，还是理性的)都停留在认识(知)层面；只有智慧才进入到实践(行或用)层面。因为任何知识都是抽象的，而它的应用则是具体的和历史的。运用之妙即是智慧。在中国传统中，不是理论的知识形态，而是实践的智慧形态，才是最根本和最重要的。希腊传统把"爱智慧"和"智慧"区别开来，把"爱智者"和"智者"区别开来。"智慧"是属神的，只有神才能称为"智者"；而属人的则是"爱智慧",人只能称为"爱智者"。在希腊传统中,不是现成的智慧,而是爱智的活动,才是最根本和最重要的。

不仅如此,知识(不是感性知识,而是理性知识)具有抽象性和一般性的特征,因而具有普遍性和必然性的形式,这一普遍和必然的理性形式独立于经验并且应用于经验。相反,智慧具有具体性和个别性的特征。这就是中(东)西知识形态的根本差异。

古代智慧(知识)是"人类童年时代"的智慧(知识)。马克思指出:"有粗野的儿童和早熟的儿童。古代民族中有许多是属于这一类的。希腊人是正常的儿童。"①如果我们把中国、印度、希腊知识传统作一个比较,大致可以说,中国智慧是早熟型的,印度智慧是早衰型的,而希腊智慧则是正常型的。至于中国、印度、希伯来知识传统,大致可以说,中国智慧是耻感—乐感型的、印度智慧是苦感型的、希伯来智慧是罪感—爱感型的。

[表 5.1] 世界三大知识传统比较

中国智慧	印度智慧	希腊—希伯来智慧
早熟型	早衰型	正常型(希腊智慧)
耻感—乐感型	苦感型	罪感—爱感型(希伯来智慧)

传说商周之际出现的《周易》和《尚书·洪范》分别提出了"阴阳"观念和"五行"观念,标志着中国知识谱系的开端。所谓《周易》,包括"经"和"传"两部分。"经"包括"卦"、"卦辞"、"爻辞",共分上、下;"传"包括"彖辞"、"象辞"、"系辞",各分上、下,及"文言"、"序卦"、"说卦"、"杂卦",合计十篇,统称"十翼"。相传"卦"为伏羲所画:"古者包羲氏之王天下也,仰则观象于天,俯则观法于地,观鸟兽之文,与地之宜,近取诸身,远取诸物,于是始作八卦,以通神明之德,以类万物之情。"(《周易·系辞下传》)这个记载展示了初人由直观而猜测,创始文化(文明)的景象。又

---

① 《马克思恩格斯选集》第 2 卷,中共中央编译局编译,北京:人民出版社,2012,第 712 页。

传"辞"为文王、周公所作,"传"为孔子所作,其实"经"是殷周之际的作品,"传"是周秦之际的作品。"周",一指周朝,二指周到或普适;"易",一指简易,二指变易和不易。《周易》企图把宇宙简单化,用两个基本符号("– –、—")及其排列组合(8~64个卦象)来表达普遍适用于万事万物的变化与常态,属于象征主义体系,以符号来模拟万事万物及其运动、变化和发展的规律,既有科学思想的萌芽,也是迷信观念的胚胎。所谓《洪范》,相传为箕子所作,是殷周之际的作品。《洪范》托箕子言,提出"五行":"一曰水,二曰火,三曰木,四曰金,五曰土。水曰润下,火曰炎上,木曰曲直,金曰从革,土爰稼穑。润下作咸,炎上作苦,曲直作酸,从革作辛,稼穑作甘。"(《尚书·周书·洪范》)"洪"是大,"范"是法。《洪范》用五个基本范畴("水、火、木、金、土")及其"相生相胜"来表达普遍适用于万事万物的变化与常态,属于类比主义体系,以范畴来表达万事万物及其运动、变化和发展的规律。其效用类似于《周易》。到了春秋战国时期,"百家争鸣",中国知识谱系初具规模,形成了以儒、墨、道、法、名、阴阳、兵、农、纵横、杂为代表的"诸子百家"。

中国传统社会所谓"四民"(士农工商),以士为首。"儒"是指以满足人们精神文化需求为己任的中国传统文士的通称,与"侠"(武士)相对应。从前者演化为儒家,从后者演化为墨家,儒墨并称"显学"。儒家是中国传统文化的正统。原始儒家以治"六经"、学"六艺"为业。"诗以道志,书以道事,礼以道行,易以道阴阳,乐以道和,春秋以道名分。"(《庄子·天下》)这是学术。至于教育形成了以礼乐为中心的文武兼备的六艺教育。"六艺:礼、乐、射、御、书、数。"(《周礼·地官司徒·大司徒》)六艺之中,礼、乐、射、御为大艺,主要在大学阶段学习;书、数为小艺,主要在小学阶段学习。后来,中国传统学术经历了从子学到经学(今文经学、古文经学),而又从汉学(考据学)到宋学(义理学)的基本发展过程,形成了以文字、音韵、训诂为小学,以经学为大学的基本格局。中国传统教育形成了官学为主、私学为辅的基本格局,经历了从九品中正制(九品官人法,论品定级选拔人才)到科举制(考试选拔人才,后来与八股文相结合)的基本发展过程。

孔子认为："知之为知之，不知为不知，是知也。""知"（知识）建立在"知"（知道）与"不知"（不知道）的划界基础上。孔子经常将"知"与"仁"结合起来，仁者"爱人"，知者"知人"。（《论语·为政、颜渊》）这也就是将知识论与伦理学结合起来。"知"是关涉"仁"的"知"，换句话说，知识是关于道德的知识。在这样一种知识定位中，知识具有价值倾向，不能价值中立。这就是中国传统知识形态的要害所在。

道家具有反智主义倾向。老子批判了儒家的"仁"（伦理）与"智"（知识）："大道废，有仁义；慧智出，有大伪。六亲不和，有孝慈；国家昏乱，有忠臣。""绝圣弃智，民利百倍；绝仁弃义，民复孝慈；绝巧弃利，盗贼无有。"甚至阐述了"愚民"政策："古之善为道者，非以明民，将以愚之。民之难治，以其智多。故以智治国，国之贼；不以智治国，国之福。"（《老子》第十八、十九、六十五章）以老子为代表的道家反对以孔子为代表的儒家之伦理政治的知识，开启了一种自然无为的审美智慧。

印度最早的知识体系是西北印度流传的宗教历史文献汇编——吠陀和南印度泰米尔的"文学学府"——桑伽姆。"吠陀"（亦译"明论"、"知论"），原意是指知识，特别是指宗教知识。狭义的吠陀是指其中最古老的一部分，是对神的颂歌和祷文，称为"吠陀本集"，共有4种，即《梨俱吠陀》（亦译《歌咏明论》）、《娑摩吠陀》（亦译《赞颂明论》）、《夜柔吠陀》（亦译《祭祀明论》）和《阿达婆吠陀》（亦译《禳灾明论》）。其中，《梨俱吠陀》是颂神诗集，《娑摩吠陀》是颂神歌曲集，《夜柔吠陀》是祈祷诗文集，《阿达婆吠陀》（原名《阿达婆安吉罗》）是巫术诗集，以《梨俱吠陀》为核心。广义的吠陀包括解释吠陀的《梵书》《森林书》《奥义书》（又名吠檀多，即"吠陀的终结"）以及经书，还包括吠陀支（明论支节录），共有6种，即与学习吠陀有关的辅助学科，称为"吠陀文献"。其中，《梵书》主要陈述礼仪；《森林书》标志着由《梵书》的"祭祀之路"到《奥义书》的"知识之路"的转向，主要探讨理论；《奥义书》尤其探讨哲理，"奥义"蕴涵了"秘传"的意思。后来，印度出现了两大史诗——《摩诃婆罗多》《罗摩衍那》。《摩诃婆罗多》的《薄伽梵歌》（又译《神歌》）是其中的思想核心。同时，印度出现了百家争鸣的繁荣局面。当时的思潮有两类：一为婆罗门教正统及其支流；一为沙门思潮,即自由思想家思潮,有佛教和六师,其中主要有顺世论、佛教、耆那教和生活派。通常把承认吠陀权威的数论、瑜伽派、胜论、正理论、吠檀多派和弥曼差派等六派称为"正统派",把否认吠陀权威的顺世论、佛教和耆那教等三派称为"非正统派"。婆罗门教承认吠陀权威,以吠陀为根本经典,进一步发展了吠陀中的各种思想倾向;顺世论、佛教、耆那教和生活派否认吠陀权威,并且各自提出了不同的思想观点。

印度社会成员分成四种种姓:第一种姓婆罗门是祭祀,掌管宗教和文化;第二种姓刹帝利是武士,掌管王政和军事;第三种姓吠舍是平民,从事农业、畜牧业、手工业和商业;第四种姓首陀罗是奴隶,从事农牧渔猎和各种仆役。种姓之外,还有贱民。婆罗门教是印度传统文化的正统。婆罗门教的知识或智慧是指数论和《奥义书》的知识或智慧。《薄伽梵歌》阐明了达到人生最高目的解脱的三条道路:业瑜伽、智瑜伽和信瑜伽。"瑜伽"的意思是约束、连接、运用、结合,原本是修炼身心的方法,《薄伽梵歌》将"瑜伽"扩大为行动方式,是要求行动者——"我"约束自己,与至高之存在——"梵"合一。"业瑜伽"(行动瑜伽)是指以一种超然的态度履行个人的社会义务和职责,不抱有个人的欲望和利益,不计较行动的成败和得失。"智瑜伽"(智慧瑜伽)就是以数论和《奥义书》的知识或智慧指导自己的行动。"信瑜伽"(虔信瑜伽)就是虔诚地崇拜和信仰,将一切行动作为祭祀或奉献。

佛教之"佛"是音译"佛陀"的简称,意译"觉者"、"知者"。佛教的"知"(知识)也就是"觉"(觉悟),"觉"有三义:自觉、觉他、觉行圆满。佛教经典总称《三藏》,分为《经》《律》《论》三部分。经,即释迦牟尼所说的教义;律,即为僧侣所制订的戒律;论,即对教义、教理的解释和研究。原始佛教将现世存在理解为痛苦的渊薮,有"生、老、病、死、怨憎会、爱别离、求不得、五取蕴"八苦,寻找造成痛苦的各种原因或根据,认为痛苦的根源是欲望,追求最终理想的无苦境界涅槃,主张消灭欲望以便从根源上消灭痛苦,达到涅槃,提出为实现理想所遵循的道路或方法,有"见、思或志、语、业、命、精进、念、定"八正道。原始佛教认为,十二因缘就是从无明到老死彼此成为条件或因果联系的12个环节。十二因缘之首是"无明",即无知,所以消除痛苦的途径便在于消除无明(无知),求得觉悟。

总之,在中国传统社会—文化背景下,知识主要是一种伦理—政治智慧(儒家);或者是一种审美智慧(道家)。在印度传统社会—文化背景下,知识主要是一种宗教智慧(婆罗门教、佛教)。无论哪种知识形态,知识都具有价值倾向,都不能价值中立。这就是东方(中国、印度)传统知识形态的要害所在,但我们却在西方(希腊)传统知识形态中发现了知识的另外一种景观。

黑格尔在《哲学史讲演录》中指出,整个欧洲(西方)文化具有三个来源:从东方,特别是从叙利亚获得"宗教,来世,与超世间的生活",从希腊获得"今生,现世,科学与艺术",从罗马获得"宗教的教训以及拉丁文的福音"("拉丁经典")和"法律"("罗马法")。① 这就是说,希腊文化对于人类文化的基本贡献就是"科学(哲学),和艺术"。

希腊神话是希腊文化的活水源头。希腊神话是指诸神故事——奥林匹斯诸神(以宙斯为万神之王)以及英雄传说,主要保存于荷马史诗(《伊利亚特》《奥德赛》)和赫西俄德《神谱》中。

希腊哲学是希腊文化(科学、艺术)的精髓。作为一种"爱智"精神,希腊哲学的主要贡献表现在两个方面:一是科学理性的确立,二是人本主义的确立。两者相辅相成。前者为希腊科学的形成和发展奠定了基础。希腊科学的主要贡献是把经验科学上升为理论科学。后者为希腊艺术的形成和发展奠定了基础。希腊艺术的主要贡献是人性化和个性化的古典形式,表现在希腊建筑、雕刻、诗歌、戏剧以及奥林匹克运动等理想生活形式中。总之,希腊精神是科学理性和人本主义,以哲学为基础,科学精神与艺术精神相结合。

与中国人关注人事,印度人关注人生相比较,希腊人首先关注自然界。他们从变化的万物中寻找不变的基质("本原"、"始基")。这样,世界开始被划分为两个部分:一是生活世界,一是本体世界。前者是形而下

---

① [德]黑格尔:《哲学史讲演录》第1卷,贺麟、王太庆译,北京:商务印书馆,1960,第157—158页。

的,是现象,是感觉的对象;后者是形而上的,是本质,是理知的对象。换句话说,关于现象的感觉的形而下知识体系构成了意见王国(政治社会),关于本质的理知的形而上知识体系构成了真理王国(自然世界)。意见是多,真理是一。意见之所以是多,是因为作为意见的知识体系具有价值倾向;真理之所以是一,是因为作为真理的知识体系必须而且能够价值中立。亚里士多德在《形而上学》中指出,哲学首先根源于人的一种形而上学本能——"求知是人类的本性"。世界是奇异的,人生是奇异的。人们是由于感到诧异,感到困惑,觉得自己无知才开始研究哲学。这是哲学发生的内在动因。其次,哲学根源于一种社会历史条件:"只是在生活福利所必需的东西有了保证的时候,人们才开始寻求这类知识。"因此,在一个大家为生计而奔波的时代和国度,人们是不会考虑哲学的。只有在文化(文明)达到一定程度的时候和地方,才能产生哲学。这是哲学发生的外部条件。总之,"人们追求智慧是为了求知,并不是为了实用"①。求知是爱智的表现。只有获得闲暇的人们,才能发生哲学的兴趣。哲学是一门自由的学问,是属于自由人的高贵的知识,与属于奴隶们的卑贱的技艺相对应。毋庸置疑,希腊人贡献于全人类的知识正是这种自由人的知识、自由的知识、高贵的知识。这种知识既然超越了实用的考虑,满足于求知的需要,也就不再具有任何价值倾向、伦理或者宗教属性,从而获得了价值中立的特性。为什么现代理论自然科学不能从古代中国、古代印度的文化氛围中产生?为什么只有古代希腊的文化氛围才能孕育现代理论自然科学?这就是一个比较可靠的答案。古代希腊人的自然哲学和理论思维诞生了现代人的理论自然科学。

后来,希腊人转而关注人本身:对自然界的兴趣首先转向对人的兴趣,进而,对人事的关注转向对人生的关注。标志这一个转折点的是两派:一是智者,二是苏格拉底。

智者普罗泰戈拉的著名哲学命题是:"人是万物的尺度,是存在的事

---

① [古希腊]亚里士多德:《形而上学》,吴寿彭译,北京:商务印书馆,1959,第1、5页。

物存在的尺度,也是不存在的事物不存在的尺度。"①这就是说,事物就是它对一个人的显现,对这个人显现的是这样,对那个人显现的是那样,它对人的显现就是人的感觉。譬如冷热,对于感觉冷的人,存在冷,对于不感觉冷的人,不存在冷;同样,对于感觉热的人,存在热,对于不感觉热的人,不存在热,等等。这一命题将真理王国(自然世界)还原为意见王国(政治社会),将理知知识还原为感觉知识,从而解构了价值中立的知识,建构了知识的价值倾向。

与智者相类似,苏格拉底所关心的不是自然,而是人事。苏格拉底引用了德尔菲神庙的箴言——"自知其无知"即"人应当知道自己无知"。②苏格拉底的思想是怎样转变的?苏格拉底叙述了这样一个过程:他年轻的时候,曾经热切地希望知道那门称为自然研究的哲学,但却从自然哲学中一无所得,后来听说阿那克萨戈拉主张"心灵是一切事物的原因",就满怀希望阅读了阿那克萨戈拉的著作,又惨遭失望。苏格拉底意识到了必须"区分事物的原因和条件"。③研究自然转向研究自我,这就是苏格拉底的"心灵转向"。

当时苏格拉底与普罗泰戈拉之间还有一个争论。这就是关于美德和知识的关系的一个争论。普罗泰戈拉认为美德虽不是知识但可教,苏格拉底认为美德虽是知识但不可教。这里的关键是怎样理解"知识"、"教"、"学"。"当他把知识交出去的时候,我们称之为'教',而当别人从他那里得到知识时,我们称之为'学',当他把知识关在他的鸟笼中,在此意义拥有它们时,我们称之为'知道'。"④美德作为知识,不是一种学问,而是一种修行。换句话说,美德不是理论知识,可教可学,而是实践知识,不可教不可学。理论知识是价值中立的,实践知识具有价值倾向。

柏拉图将理知世界(可知世界)和感觉世界(可见世界)对立起来。著名的"太阳喻"认为太阳照亮了可见世界,而善(好)则照亮了可知世界。著

---

① 《柏拉图全集》第2卷,王晓朝译,北京:人民出版社,2003,第152页。
② 参见《柏拉图全集》第1卷,王晓朝译,北京:人民出版社,2003,第6—9页。
③ 参见《柏拉图全集》第1卷,王晓朝译,北京:人民出版社,2003,第106—108页。
④ 《柏拉图全集》第2卷,王晓朝译,北京:人民出版社,2003,第732页。

名的"洞穴喻"认为人们在洞穴中由于没有太阳的照耀,因而只能看见事物的影子,不能看见事物本身;同样,人们在现实世界中由于没有善(好)的照耀,因而只能看见理念的影子——事物,不能看见理念本身。进而,柏拉图将知识和意见对立起来,认为关于感觉世界的意见是经验的,关于理念世界的知识是先验的,人们通过回忆获得知识("学习就是回忆"[①])。

亚里士多德将知识划分为两类:一类是形而下的,一类是形而上的。前者具有实用价值,后者是人类求知本性的体现。这里的实质是将经验科学奠定在理论科学基础之上。进而,亚里士多德将理智德性区分为知识的部分和推理(考虑)的部分,知识的部分的目标在于真,推理(考虑)的部分的目标在于正确。获得真和正确的五种方式是技艺、科学、明智、智慧和努斯。这里,除了科学、技艺之外,明智属于实践智慧,努斯属于直觉智慧,智慧是指理论智慧。

但当希腊精神表现了对于知识的尊崇时,希伯来精神却表现了强烈的反智主义态度。在犹太教经典《圣经·旧约全书》中,人类始祖亚当与夏娃最初生活于上帝的伊甸园中。园子当中有生命树和智慧树(分别善恶的树),上帝禁止他们吃这树上的果子。但是夏娃和亚当被蛇诱惑,吃了分别善恶树上的果子,拥有了类似上帝的智慧,被上帝逐出伊甸园。"耶和华上帝说:'那人已经与我们相似,能知道善恶。现在恐怕他伸手又摘生命树的果子吃,就永远活着。'耶和华上帝便打发他出伊甸园去,耕种他所自出之土。于是把他赶出去了。"(《圣经·旧约全书·创世纪》第2、3章)智慧(知识)竟然变成了人类世代继承的"原罪",反映了犹太教强烈的反智主义倾向(但是这一倾向也有反例,例如所谓"所罗门的智慧"),这一倾向同样为基督教所继承。

由于种种原因,西方分别形成了英美和欧陆两大知识传统。从古代中世纪到近现代,西方两大知识传统既分立又互动,由此推动了西方知识体系的发展。从古代中世纪到近现代,西方知识体系存在着英美、欧陆两大知识传统的分立,即英美唯名论—经验论—实证主义—唯科学主义传

---

① 参见《柏拉图全集》第1卷,王晓朝译,北京:人民出版社,2003,第77—78(72、507)页。

统和欧陆唯实论—理性论—人本主义—非理性主义传统。分立的焦点是在个别与一般的关系等问题上。德谟克里特原子论和柏拉图理念论的争论就包含了这一问题。亚里士多德在他的实体说中,划分了第一实体(个别事物)和第二实体(属、种——普遍本质),从而引发了关于个别与一般的关系问题的争论。中世纪欧洲之唯名论与唯实论的争论是西方两大知识传统分立的开端。英美知识传统从中世纪唯名论的重个别,发展到近代经验论的重感性经验,再发展到现代实证主义—唯科学主义的重科学精神;而欧陆知识传统则从中世纪唯实论的重一般,发展到近代理性论的重理性思维,再发展到现代人本主义—非理性主义的重人文精神。

[表5.2]西方两大知识传统比较

英美知识传统	欧陆知识传统
唯名论:重个别	唯实论:重一般
经验论:重感性经验	理性论:重理性思维
实证主义—唯科学主义:重科学精神	人本主义—非理性主义:重人文精神

西方知识系统,早在古希腊,自柏拉图起,就形成了所谓"七艺",又称"自由七艺",三门语言技艺——语法、修辞、辩证法是三大门,四门数学技艺——算术、几何、天文和音乐是四小门。亚里士多德开创了学科研究的科学传统。希腊化以及古罗马时代的主要学科是逻辑学、物理学(自然哲学)和伦理学(道德哲学)。到了西欧中世纪,又出现了大学。中世纪大学的主要学科是神学、法学、医学和哲学。文艺复兴以来,西方知识传统又出现了大众化和实利化的转向。

培根是这一转向的关键。培根提出了"知识就是力量"的著名口号。他说:"人类知识和人类权力归于一;因为凡不知原因时即不能产生结果。要支配自然就须服从自然;而凡在思辨中为原因者在动作中则为法则。"①"知识就是力量"说明了要改造自然就要认识自然,能认识自然就能改造自然;显示了人类知识和人类力量(权力)的高度统一,一举颠覆了古典知识体系只求知、不实用的贵族自由精神,同时摧毁了一切反智主义的无谓感伤,奠定了现代知识体系实用化、功利化的大众世俗气质。在《新大西岛》一书中,培根设计了一个知识立国的"本色列岛"。其中的核心是"所罗门之宫"(或"六日大学"):"我们这个机构的目的是探讨事物的本原和它们运行的秘密,并扩大人类的知识领域,以使一切理想的实现成为可能。"②这就是"知识万能"的梦想。

从苏格拉底提出"美德就是知识"到培根提出"知识就是力量",人类知识体系弱化了伦理道德的倾向,强化了实用功利的倾向。近代欧洲出现了"认识论转向",形成了"认识论中心"。但是,对于人们来说,认识以及知识主要仍然是一种求真的认知活动及其成果。

近代英国经验论继承唯名论传统,以认识论问题为中心,强调感性经验,认为一切知识来源于感性经验,凡是在感性经验中能够证实的就是真的,否则就是假的,亦即以感性经验作为检验真理的标准。用一句话来表达,经验论的原则是:"没有在理智中的东西,不是曾经在感觉中的"。

相反,近代欧陆理性论继承唯实论传统,以认识论问题为中心,强调理性思维,认为一切知识来源于理性思维,凡是在理性思维中清楚明白、合乎逻辑的就是真的,否则就是假的,亦即以理性思维作为检验真理的标准。用一句话来表达,理性论的原则是:"没有在感觉中的东西,不是曾经在理智中的"。

进而,现代西方出现了"价值论转向",形成了"价值论中心"。由此,对于人们来说,认识以及知识变成主要是一种求利的认知活动及其成果。

古代知识体系以哲学为中心,中世纪知识体系以宗教为中心,而近现代知识体系则以科学为中心。现代英美实证主义力图从可验证性、可操

---

① [英]培根:《新工具》,许宝骙译,北京:商务印书馆,2009,第8页。
② [英]弗·培根:《新大西岛》,何新译,北京:商务印书馆,1959,第28页。

作性上定义科学知识,以在经验中能否证实证伪等作为科学的划界标准,探索科学的进步机制。

实用主义是美国的本土哲学。皮尔士提出了实用主义的基本原则。实用主义的根本原则是一切以效果、功用为标准。詹姆士提出了"有用就是真理"的著名命题:"'它是有用的,因为它是真的;'或者说:'它是真的,因为它是有用的。'这两句话的意思是一样的;也就是说这里有一个观念实现了,而且能被证实了。'真'是任何开始证实过程的观念的名称。'有用'是它在经验里完成了的作用的名称。""简言之,'真的'不过是有关我们的思想的一种方便方法,正如'对的'不过是有关我们的行为的一种方便方法一样。"①现代美国实用主义宣称"有用就是真理",就是将真理归结为价值。

正是在知识的大众化和实利化历史背景下,韦伯提出了价值中立与责任伦理的学术态度,认为作为学者,我们必须承担我们时代的命运——"世界的祛魅化",以一种价值中立的态度来消解各种价值倾向,而又以一种责任伦理的态度来消解各种心志伦理。② 这里体现了一种自相矛盾的知识立场:一方面,价值中立是知识,尤其科学知识的必要条件;另一方面,知识,尤其科学知识必须具有伦理约束。

福柯的"知识—权力"继承了培根的"知识就是力量"的精神气质,更进一步揭示了知识和权力在人类社会生活中的内在关系。他说:"权力制造知识(而且,不仅仅是因为知识为权力服务,权力才鼓励知识,也不仅仅是因为知识有用,权力才使用知识);权力和知识是直接相互连带的;不相应地建构一种知识领域就不可能有权力关系,不同时预设和建构权力关系就不会有任何知识。"③

---

① [美]威廉·詹姆士:《实用主义——一些旧思想方法的新名称》,陈羽伦、孙瑞禾译,北京:商务印书馆,1979,第104—105、114页。
② 参见[德]韦伯:《学术与政治(韦伯作品集Ⅰ)》,钱永祥、林振贤、罗久蓉、简惠美、梁其姿、顾忠华译,桂林:广西师范大学出版社,2004。
③ [法]米歇尔·福柯:《规训与惩罚——监狱的诞生》,刘北城、杨远婴译,北京:生活·读书·新知三联书店,2003,第29页。

二、从创新伦理到知识价值

知识经济意味着创新伦理取代劳动伦理、知识价值取代劳动价值的历史进程。1985年,日本未来学家堺屋太一在《知识价值革命》一书中,正是以"知识价值社会"、"知识价值革命"这些概念来描述这一历史进程的。①

只有在知识经济条件下,知识所隐含的经济价值才能真正显现出来。马克思在《资本论》中,已经将科学劳动包括在社会总劳动中,将科学技术包括在社会生产力中。马克思明确指出:"在这些生产力中也包括科学"。"劳动生产力是由多种情况决定的,其中包括:工人的平均熟练程度,科学的发展水平和它在工艺上应用的程度,生产过程的社会结合,生产资料的规模和效能,以及自然条件。"②

以熊彼特为肇始的现代政治经济学已经开始将知识(创新)作为经济的主要动力。熊彼特将"发展"定义为"执行新的组合"。所谓"创新",不仅仅是科学的发现、技术的发明,而是新的生产要素或生产要素的新的组合:"这个概念包括下列五种情况:(1)采用一种新的产品——也就是消费者还不熟悉的产品——或一种产品的一种新的特性。(2)采用一种新的生产方法,也就是在有关的制造部门中尚未通过经验检定的方法,这种新的方法决不需要建立在科学上新的发现的基础之上;并且,也可以存在于商业上处理一种产品的新的方式之中。(3)开辟一个新的市场,也就是有关国家的某一制造部门以前不曾进入的市场,不管这个市场以前是否存在过。(4)掠取或控制原材料或半制成品的一种新的供应来源,也不问这种来源是已经存在的,还是第一次创造出来的。(5)实现

---

① 参见[日]堺屋太一:《知识价值革命》,黄晓勇、韩铁英、刘大洪译,北京:生活·读书·新知三联书店,1987。
② 《马克思恩格斯文集》第8卷,中共中央编译局编译,北京:人民出版社,2009,第188页;《马克思恩格斯选集》第2卷,中共中央编译局编译,北京:人民出版社,2012,第100页。

任何一种工业的新的组织,比如造成一种垄断地位(例如通过'托拉斯化'),或打破一种垄断地位。""创新就是生产函数的变动,而这种函数是不能分解为无限小的步骤的。"①

熊彼特不仅探讨了创新,而且探讨了创新的组织和人才。他"把新组合的实现称为'企业';把职能是实现新组合的人们称为'企业家'"。他探讨了企业家的行为和他的动机,认为企业家除行为的享乐主义动机亦即满足一个人的需要的愿望外,还有行为的非享乐主义动机:"首先,存在有一种梦想和意志,要去找到一个私人王国,常常也是(虽然不一定是)一个王朝。""其次,存在有征服的意志:战斗的冲动,证明自己比别人优越的冲动,求得成功不是为了成功的果实,而是为了成功本身。""最后,存在有创造的欢乐,把事情办成的欢乐,或者只是施展个人的能力和智谋的欢乐。"②熊彼特所谓"企业家精神"就是一种创新伦理。

迄今为止,工业革命已经经过三次:第一次工业革命以蒸汽机为主导,第二次工业革命以电气化为主导,而第三次工业革命则以信息化为主导,出现了一系列新技术—产业群(如信息技术—产业、生物技术产业、新材料、新能源、海洋技术—产业、空间技术—产业等)。从对于科学技术革命前景的预测中,产生了一种"未来学"的研究,例如:"后工业社会"(丹尼尔·贝尔)、"后资本主义社会"(拉尔夫·达伦道夫)、"后资产阶级社会"(乔治·利希特海姆)、"后现代社会"(阿米泰·艾特齐奥尼)、"后文明社会"(肯尼思·博尔丁)、"后集体主义社会"(萨姆·比尔)、"后意识形态社会"(刘易斯·福伊尔)、"后传统社会"(艾森斯塔特)、"后市场社会"(汤姆·伯恩斯)、"后组织社会"(汤姆·伯恩斯)、"后经济学社会"(赫尔曼·卡恩)、"后大规模消费社会"(赫尔曼·卡恩与安东尼·维纳)、"后匮乏社会"(《社会政策》杂志)、"后福利社会"(吉迪思·绍伯格)、"后自由派时代"(杰弗里·维克斯)、"新工业国"(约

---

① [美]约瑟夫·熊彼特:《经济发展理论——对于利润、资本、信贷、利息和经济周期的考察》,何畏、易家祥等译,北京:商务印书馆,1990,第73、73—74、290页。
② [美]约瑟夫·熊彼特:《经济发展理论——对于利润、资本、信贷、利息和经济周期的考察》,何畏、易家祥等译,北京:商务印书馆,1990,第82—83、103—104页。

翰·肯尼思·加尔布雷斯)、"技术电子社会"(兹比格纽·布热津斯基)、"规划社会"(阿兰·图雷纳)、"多面社会"(克拉克·克尔)、"技术社会"(雅克·埃吕尔)、"超工业社会"(阿尔文·托夫勒),等等。其中,丹尼尔·贝尔在《后工业社会的来临》(1973)一书中提出了"后工业社会的概念",他"从五个方面,或五个组成部分来说明这个术语":"1. 经济方面:从产品生产经济转变为服务性经济;2. 职业分布:专业与技术人员阶级处于主导地位;3. 中轴原理:理论知识处于中心地位,它是社会革新与制定政策的源泉;4. 未来的方向:控制技术发展,对技术进行鉴定;5. 制定决策:创造新的'智能技术'。"①"后工业社会"是与"前工业社会"和"工业社会"并列的提法。阿尔文·托夫勒在《未来的冲击》(1970)一书中称其为"超工业社会"。② 在《第三次浪潮》(1980)一书中,他"把文明分成三个时期:第一次浪潮农业阶段,第二次浪潮工业阶段,第三次浪潮,即现在正在开始的阶段。"③约翰·奈斯比特在《大趋势》(1982)一书中描述了"改变我们生活的十个新趋向",其中的第一个"新趋向"是"从工业社会到信息社会"。④

现在我们确认"后工业社会"或"超工业社会"所描述的"第三次浪潮"或"大趋势"就是"知识经济"。按照经济合作与发展组织(OECD)的提法,"以知识为基础的经济"是"直接依据于知识和信息的生产、分配和使用"的经济。⑤ 所谓知识经济是指知识对于经济的增长和发展具有第一位的、决定性的作用。知识的经济价值的迅速增值,可以从两个方面来

---

① [美]丹尼尔·贝尔:《后工业社会的来临——对社会预测的一项探索》,高铦、王宏周、魏章玲译,北京:新华出版社,1997,第14页。
② 参见[美]阿尔文·托夫勒:《未来的冲击》,孟广均、吴宣豪、黄炎林、顺江译,北京:新华出版社,1996,第8页。
③ [美]阿尔文·托夫勒:《第三次浪潮》,朱志焱、潘琪、张焱译,北京:新华出版社,1996,第5页。
④ 参见[美]约翰·奈斯比特:《大趋势——改变我们生活的十个新趋向》,孙道章等译,北京:新华出版社,1984。
⑤ 参见《以知识为基础的经济》(修订版),经济合作与发展组织(OECD)编,杨宏进、薛澜译,北京:机械工业出版社,1997。

测度:一是从量的方面来测度。经济合作与发展组织在《1996年年度报告》中提出"以知识为基础的经济"这个术语,正是建立在这样一个估计上的:"据估计,OECD主要成员国国内生产总值(GDP)的50%以上现在已是以知识为基础的。"[1]二是从质的方面来测度。在知识经济条件下,知识已经从主要作为经济的外生变量转变到主要作为经济的内生变量发挥作用。知识的经济价值的迅速增值导致知识的社会、人文价值的迅速增值。1990年,阿尔文·托夫勒在《力量转移》一书中提出:知识正在取代暴力和财富,成为社会的主宰力量。[2]

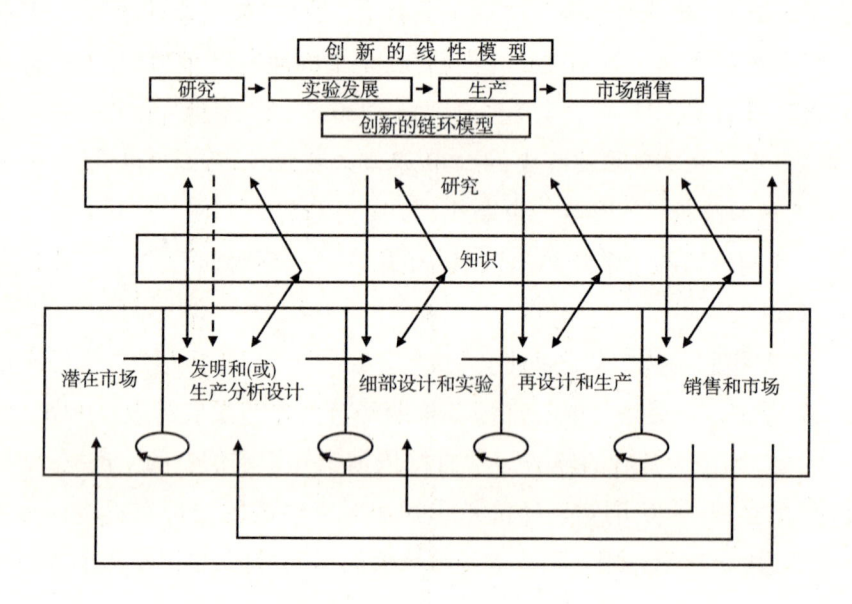

[图5.1]创新的模型[3]

---

[1] 《以知识为基础的经济》(修订版),经济合作与发展组织(OECD)编,杨宏进、薛澜译,北京:机械工业出版社,1997,第1页。

[2] 参见[美]阿尔文·托夫勒:《力量转移——临近21世纪时的知识、财富和暴力》,刘炳章、卢佩文、张今、王季良、隋丽君译,北京:新华出版社,1996。

[3] 参见《以知识为基础的经济》(修订版),经济合作与发展组织(OECD)编,杨宏进、薛澜译,北京:机械工业出版社,1997,第12页。

既然知识经济是以知识和信息为基础的,因此,理解知识和信息是理解知识经济的关键。在探讨知识经济的浩瀚文献中,知识和信息的定义(内涵和外延)几乎是所有论者探讨的一个核心问题。争论的焦点在知识和信息的相互关系上。除极少数论者持知识和信息"同一论"外,绝大多数论者持知识和信息"包含论"。但有两种基本观点:一种观点认为信息包含知识,另一种观点则认为知识包含信息。前者可以阿尔文·托夫勒为代表。此种观点认为,各种搜集起来的"数字"和"事实"称为"数据"(date),分类整理后的"数据"则成为"信息"(information),"信息"经加工制作可以发挥作用的则成为"知识"(knowledge)。[1] 这一观点的合理性在于,它揭示了知识的根源、本质,更适合于知识的内涵规定。后者可以OECD为代表。此种观点认为:"知识可以分成:知道是什么的知识(Know—what),知道为什么的知识(Know—why),知道怎么样做的知识(Know—how)和知道是谁的知识(Know—who)。"这里分为四类:事实知识("知其然")、原理知识("知其所以然")、技能知识和人际知识。根据这种分类,前两类知识属于"编码化知识",又称为"归类知识"("言传"型),亦即"信息",较易于编码化(归类)和度量,人们可以通过理论学习——读书、听讲和查看数据库("言传")获得;后两类以及其他各类知识属于"隐含经验类知识",又称为"沉默知识"("意会"型),较难于编码化(归类)和度量,人们可以在实践中学习("身教")获得。[2] 这一观点的合理性在于,它揭示了知识的类型、构成,更适合于知识的外延规定。由于人工智能的出现,知识逐步编码化,而"编码化知识"又可以通过人工智能加以掌握,在电脑及其网络中存储和流通。在这种情况下,人类智能、人脑及其网络应当着重把握的是"隐含经验类知识"。因此,这种知识分类反映了人—机知识分工的历史现实。人—机知识分工在于人们通过运用自身"隐含经验类知识",使用机器存储和流通的"编码化知识",

---

[1] 参见《以知识为基础的经济》(修订版),经济合作与发展组织(OECD)编,杨宏进、薛澜译,北京:机械工业出版社,1997,第20页。

[2] 《以知识为基础的经济》(修订版),经济合作与发展组织(OECD)编,杨宏进、薛澜译,北京:机械工业出版社,1997,第6页。

并且力图将前者逐步转换为后者。

```
各种搜集起来的数字和事实：date（数据）
分类整理的数据：information（信息）
加工制作可以发挥作用的信息：knowledge（知识）
```

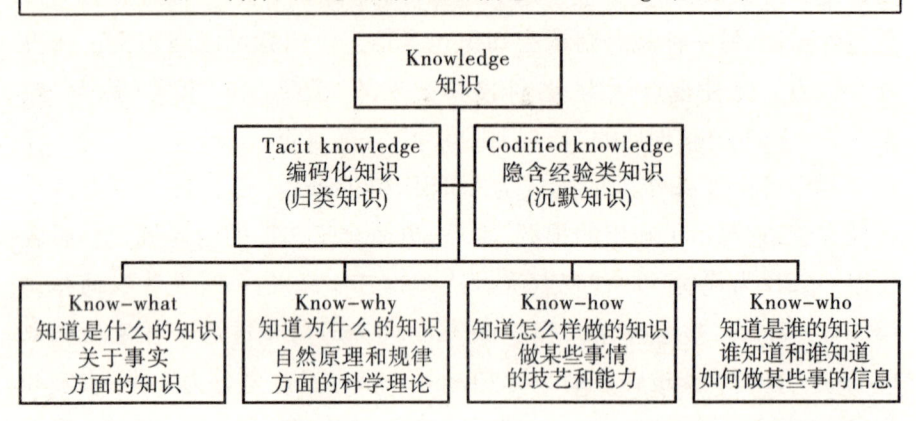

```
                    Knowledge
                      知识
         ┌─────────────┴─────────────┐
    Tacit knowledge            Codified knowledge
     编码化知识                   隐含经验类知识
     （归类知识）                  （沉默知识）
   ┌─────┴─────┐              ┌─────┴─────┐
Know-what   Know-why       Know-how    Know-who
知道是什么的知识 知道为什么的知识  知道怎么样做的知识 知道是谁的知识
关于事实     自然原理和规律    做某些事情     谁知道和谁知道
方面的知识    方面的科学理论    的技艺和能力   如何做某些事的信息
```

[图5.2] 知识的定义①

知识是人类认知活动的积极成果。第一，这种积极意义可以真理（合规律性）和价值（合目的性）两种尺度的统一加以衡量。所谓知识价值，其中价值成分是以真理成分为根源的。真理性和价值性的统一是知识亦即知识价值的本质属性。第二，就知识总体说，知识价值的生产、分配和使用具有无限性。实物是"稀缺"的，这就决定了实物经济"收益递减"，表现为经济增长的"周期性"以及非可持续性发展。同时，实物只能"分享"，在"分享"中价值递减。相反，知识是"丰富"的，这就决定了知识经济"收益递增"，表现为经济增长的非周期性以及"可持续性"发展。同时，知识还能"共享"，在"共享"中价值递增。正是在这一意义上，人们

---

① 参见[美]阿尔文·托夫勒：《力量转移——临近21世纪时的知识、财富和暴力》，刘炳章、卢佩文、张今、王季良、隋丽君译，北京：新华出版社，1996；《以知识为基础的经济》（修订版），经济合作与发展组织（OECD）编，杨宏进、薛澜译，北京：机械工业出版社，1997，第6页。

将实物——有形资产称为"有限制资本",相反,将知识——无形资产称为"无限制资本"。第三,就知识单元说,知识价值的生产、分配和使用具有创新性。"知识爆炸"不仅是指知识在量上的迅速扩张,而且是指知识在质上的迅速更新。"编码化知识"如此,"隐含经验类知识"同样如此。新的知识一旦出现,旧的知识立刻淘汰。变换如此迅速,让人应接不暇。同时,由于知识分工,随着人类知识总量递增,个人知识绝对量递增,相对量递减。第四,就知识单元和知识总体的统一说,知识价值具有一体性。以"知识经济"概念来代替"信息经济"概念,本身就表明了这种经济不仅仅是以某种高新科技知识(如信息技术、生物技术等)为基础的,而是以知识总体为基础的。上述知识分类表明,这种知识总体不仅体现了基础科学知识和应用科学(技术)知识的统一,而且体现了(自然)科学技术知识和社会、人文科学知识、思维科学知识等等的统一。事实证明,科学技术是"双面刃",既有造福于人类的一面,又有遗祸于人类的一面,如信息技术中的病毒技术和信息战、生物技术中的克隆技术和基因战等,对于人类的生存和发展构成了严重的威胁,这就要求我们运用社会、人文科学知识(如政治法律、伦理道德等)加以范导。不仅如此,社会、人文科学知识(如管理科学、行为科学、环境科学、人口科学等),可以通过制度创新,构造适宜条件,推动知识创新。总之,知识经济是以一体化的知识为基础的,这种知识形成了以科学技术知识为"硬知识",以社会、人文知识为"软知识"的一体化格局。知识的一体化可以保证经济和社会的可持续发展,促进经济和社会的全球化。

对于知识价值属性的科学理解,为我们确立合理的知识价值评价标准体系奠定了基础。首先,真理性和价值性的统一是知识价值评价的根本标准。知识既是真实的,又是有用的。应当从现有知识体系中清除一切虚假的、无用的"知识"。其次,知识总体价值的无限性和知识单元价值的创新性可以作为知识价值评价的"硬标准"。任何一个知识单元,可以通过测度它对于现有知识总体的比较创新程度,确定它的价值。最后,知识的一体化程度可以作为知识价值评价的"软标准"。任何一个知识单元,同时应当测度它的社会化、人文化程度。当然,社会实践是检验价值评价以及价值评价标准的根本标准。运用这些标准,构造合理的知识价值导向机制,可以范导人们的知识价值取向,保证知识经济和知识社会的健康发展。

对于知识价值属性的科学理解,同时为我们建立合理的知识价值实现机制奠定了基础。知识价值实现机制包括内部机制、外部机制两个方面。内部机制是指各种知识要素和各种知识门类之间的互动机制以及知识生产力和物质生产力之间的互动机制;外部机制涉及社会经济、政治、思想文化各个领域。因此,我们讨论"知识经济"问题,不应仅仅停留在口头上,而应落实在行动中。为了实现经济增长方式的根本转变和进入知识经济时代,应当进一步改革现有的社会经济、政治体制和社会价值观,建立一系列充满生机、活力的知识创新体制。知识(不仅是指科学技术,而且包括全部知识总和)是第一生产力,知识生产力是衡量社会进步的第一标准。这正是我们在知识经济条件下应当树立的基本价值观念。

知识经济不仅改变了知识的含义,而且改变了知识主体——知识分子的含义。有人认为,在知识经济条件下,资本雇佣劳动体制将会变成劳动(知识劳动)雇佣资本体制。因此,知识对于财富和强权的依附性关系将会改变。知识将会成为第一财产、第一权力。与之相关,知识人格——知识分子将会从对于财阀和权贵的人身依附性关系中解放出来,形成真正独立人格。所谓"皮毛"之论("皮之不存,毛将焉附")可以休矣!但是,知识分子内部将会出现分化:"知识资本家"(人们将实物资本家称为"有限制资本家",相反,将知识资本家称为"无限制资本家")和"知识劳动者"("知识工人")同时出现。在知识经济条件下,知识分子是工人阶级的一部分将会变成工人阶级是知识分子的一部分。"知识(技术)官僚"和"平民知识分子"同时出现。总之,知识革命将会引发社会革命,带来知识社会。

第五章　物质文明与富强中国

对于知识社会前景,除悲观论外,在乐观论中有两种观点:一方面,有人认为,知识经济可以最终挽救资本主义危机。它可以使资本主义从"有限制资本主义"发展到"无限制资本主义"。另一方面,也有人认为,知识经济可以真正实现共产主义理想。它可以使社会主义、共产主义从建立在"实物公有制"基础上的社会主义发展到建立在"知识公有制"基础上的知识共产主义。以往所有制形式是指"实物所有制",实物在交换中分享,必然出现"减值"趋势,人和物成反比关系:分享的人越多,每个人获得的价值越少;分享的人越少,每个人获得的价值越多,因而趋向"实物私有";而今所有制形式包括"知识所有制",知识在交往中共享,必然出现"增值"趋势,人和物成正比关系:共享的人越多,每个人获得的价值越多;共享的人越少,每个人获得的价值越少,因而趋向"知识公有"。这两种观点都值得商榷。这里涉及这样一些问题:应当注意划分知识本身与知识物化(物态)形式的界限。在知识经济条件下,知识产权所有和知识产品共享之间的矛盾应当如何解决?其实,知识(经济)价值作为知识物化形态,具有双重属性:其知识价值应当共享,而其经济价值却应当有所归属。因此,在现有条件下,这两种观点均属于"知识乌托邦"。

知识价值中的"知识"不是指感性知识,而是指理性知识;不是指应用知识,而是指理论知识;知识价值中的"价值"首先并且主要是指知识的理性形式具有普遍性和必然性。这一普遍和必然的理性形式独立于经验而又应用于经验。知识价值不仅在科学技术知识中,而且在社会、人文知识中存在。只有超越对立的或多样的阶级性和民族性等等的知识立场,才能形成统一的人类性的知识立场。这样一种观念,构成知识价值理念。

知识文明同样是正在发育和成长的新文明,它同样意味着新的生产方式、交往方式、生活方式,新的感觉方式、思维方式、价值观念等等。而观念的更新则同样正在带来一个全新的世界和全新的未来。

三、"科学技术第一"与"知识分子第一"

当孙中山制订《建国方略》时,他尚未明确科学技术、知识分子在《实业计划(物质建设)》中的关键地位和关键作用。① 无论马克思、恩格斯,还是列宁、斯大林、毛泽东都没有也不可能把科学技术当作最先进的生产力,把知识分子当作最先进的阶级或者阶层。马克思、恩格斯生活于以蒸汽机为主导的第一次产业(工业)革命时代的比较先进的西欧资本主义社会,列宁、斯大林、毛泽东虽然生活于以电气化为主导的第二次产业(工业)革命时代,但是列宁、斯大林生活在比较落后的俄国资本主义社会,毛泽东生活在更加落后的中国半殖民地半封建社会。当时最先进的生产力是机器大工业,与此相应,最先进的阶级是产业工人(工业无产阶级)。他们把知识分子当作是附属于资产阶级或者小资产阶级的阶层,认为只有通过思想改造才能转变阶级立场是符合当时事实的。在革命战争年代,列宁、斯大林、毛泽东在把知识分子与工人甚至农民相比较后,发现知识分子的二重性(既具有革命性,又具有软弱性和动摇性)也是正常的。在社会主义建设时期,他们也注意到了科学技术、知识分子的重要地位和作用,但是具有一定的历史局限性。斯大林曾提出过两个著名口号:"技术决定一切"、"干部决定一切"②;毛泽东、周恩来也提出了"四个现代化"包括"科学技术现代化"和"科学技术现代化"是"四个现代化"的关键③的重要思想。1950—1960 年代,周恩来已经得出了我国知识分子的绝大多数是"属于劳动人民的知识分子"④的结论,明确主张为知识分

---

① 参见《孙中山选集》上,北京:人民出版社,2011,第 221—384 页。
② 《斯大林选集》下卷,中共中央编译局编,北京:人民出版社,1979,第 275、371 页。
③ 参见《周恩来选集》下卷,北京:人民出版社,1984,第 412 页。
④ 参见《周恩来选集》下卷,北京:人民出版社,1984,第 353 页题注。

子"脱帽加冕",即脱掉资产阶级或者小资产阶级的知识分子的帽子,加上劳动人民的知识分子的冠冕。"文化大革命"时期,毛泽东针对把知识分子诬蔑为"臭老九",明确提出"老九不能走!"[①]这些思想无疑是非常宝贵的,但却没有提到基本理论高度,没有始终贯彻于实践中。例如,毛泽东有重自然科学,轻人文社会科学;重应用科学(工程技术),轻基础科学的倾向,并且始终没有摆脱"皮毛"之论(所谓"皮之不存,毛将焉附?"即认为知识分子是一个依附性的阶层,有一个转变阶级立场的思想改造问题)等等。因此,如何认识科学技术、知识分子在社会主义建设中的重要地位和作用,这个问题在邓小平之前的马克思主义经典作家那里都没有也不可能得到真正的解决。

邓小平时代是以信息化为主导的第三次产业(科学技术)革命时代,一系列高新技术—产业群(如信息技术—产业、生物技术—产业等)的出现充分表现了科学技术和脑力(智力)劳动者在生产力中的主导性地位和作用。邓小平时代是以和平与发展为主题的时代,世界各国之间的竞争表现为以经济力、科技力为主导的综合国力的竞争。正是在这一时代背景下,邓小平不仅提出了"科学技术是生产力"与"知识分子是工人阶级的一部分",而且提出了"科学技术是第一生产力"与"要把知识分子提到第一"。邓小平对于马克思主义的重大理论创新不在前面两个论断(这是原来有的),而在后面两个论断(这是原来没有的)。邓小平关于两个"第一"的论断指出科学技术和脑力(智力)劳动者是生产力的主要构成要素,在生产力中居支配地位,起决定作用。这就丰富了马克思主义历史唯物主义的生产力理论。不仅如此,由于邓小平把生产力标准作为"三个有利于"标准的最基本标准,把"解放生产力、发展生产力"作为社会主义本质的最基本规定,因此,邓小平关于两个"第一"的论断同时是邓小平理论体系的基本组成部分。

---

① 《建国以来毛泽东文稿》第 13 册,北京:中央文献出版社,1998,第 431 页。

众所周知，邓小平关于科学技术的思想和关于知识分子的思想是贯穿于邓小平理论体系中的两个密切相关的重要思想。邓小平最后一次复出不久，就提出了为"'文化大革命'时的'老九'"平反、恢复名誉，为"又红又专"正名的问题，并提出了"尊重知识，尊重人才"①的口号。1978年3月18日，邓小平《在全国科学大会开幕式上的讲话》指出："科学技术是生产力，这是马克思主义历来的观点。"在谈到知识分子时指出："总的说来，他们的绝大多数已经是工人阶级和劳动人民自己的知识分子，因此也可以说，已经是工人阶级自己的一部分。"②这就是"科学技术是生产力"和"知识分子是工人阶级的一部分"两个密切相关的著名论断。1988年9月5日、12日，邓小平在两次谈话中对于这两个观点作了进一步思考："马克思说过，科学技术是生产力，事实证明这话讲得很对。依我看，科学技术是第一生产力。""马克思讲过科学技术是生产力，这是非常正确的，现在看来这样说可能不够，恐怕是第一生产力。""要把'文化大革命'时的'老九'提到第一，科学技术是第一生产力嘛，知识分子是工人阶级一部分嘛。"③谁都知道，"'文化大革命'时的'老九'"指的正是知识分子。因此，邓小平在这里实质上同时发展了两个观点：一是把"科学技术是生产力"发展为"科学技术是第一生产力"；二是把"知识分子是工人阶级的一部分"发展为"要把知识分子提到第一"。1992年1月18日至2月21日，邓小平在"南方谈话"中重申了这两个观点。但是，关于第一个观点，明确强调"科学技术是第一生产力"，而关于第二个观点，则仅仅强调"知识分子是工人阶级的一部分"。④

这里就提出了一个问题：如果说"科学技术是第一生产力"是邓小平的一个成熟观点的话，那么，"要把知识分子提到第一"是不是邓小平的

---

① 《邓小平文选》第2卷，北京：人民出版社，1994，第41页。
② 《邓小平文选》第2卷，北京：人民出版社，1994，第87、89页。
③ 《邓小平文选》第3卷，北京：人民出版社，1993，第274、275页。
④ 《邓小平文选》第3卷，北京：人民出版社，1993，第377、378页。

又一个成熟观点？如果说我们在前者能达成一个共识的话，那么,我们在后者能不能达成又一个共识？

首先,这篇题为《科学技术是第一生产力》,包括"要把知识分子提到第一"的观点的谈话最终收入《邓小平文选》第三卷是经过作者审定的,因此,这一观点是作者深思熟虑的成果。至于作者在"南方谈话"最后文本中没有重申这一观点也许是受到当时情况的影响,不便提及这一尚未经过充分论证的、而又可能引起无谓争论的观点,并不表明作者放弃这一观点,否则作者在文稿审定时将会予以订正。其次,从逻辑证明的角度讲,正如"知识分子是工人阶级的一部分"是"科学技术是生产力"的合乎逻辑的推导一样,"要把知识分子提到第一"是"科学技术是第一生产力"的合乎逻辑的推导,二者之间密切相关。最后,从实践检验的角度讲,我们已经进入知识经济时代,随着科学技术从普通生产力转化为第一生产力,知识分子亦即脑力(智力)劳动者也将从工人阶级的最普通部分转化为工人阶级的最先进部分。

目前的情况是:我们在"科学技术是第一生产力"问题上早已形成共识,而在是否"要把知识分子提到第一"问题上却依然意见分歧。至今有许多人依然坚持产业工人是工人阶级的最先进部分的传统观点,不能充分认识知识分子的重要地位和作用,甚至有人依然指责知识分子是工人阶级的最先进部分的观点是资产阶级自由化。这不是解放思想、实事求是、与时俱进的态度,既妨碍了我们对于邓小平理论创新的认识,也妨碍了我们对于现时代崭新特征的认识。

"要把知识分子提到第一"与"科学技术是第一生产力"同样是邓小平对于马克思主义的重大理论创新,意思是指:第一,两个观点都坚持了马克思主义的基本立场、观点和方法,因而都继承了马克思主义;第二,两个观点都突破了马克思主义经典作家以往在同一问题上的具体结论,因而都发展了马克思主义。

众所周知,马克思主义尤其历史唯物主义的基本立场、观点和方法是强调生产力对于社会历史发展的决定作用。劳动者作为生产力中的人的要素、活的劳动,他们的主观愿望反映了生产力发展的客观要求。人民群众是社会历史的创造者。劳动人民作为人民群众的主体和稳定部分,他们创造社会历史的作用反映了生产力推动社会历史的作用。而最先进的阶级及其所反映的最先进的生产力则代表了社会历史发展的方向。

根据邓小平关于"科学技术是(第一)生产力"、"知识分子是工人阶级的一部分(要把知识分子提到第一)"的主张,我国在实现经济体制的根本性转变亦即从计划经济体制转变到市场经济体制并且改革国有企业的同时,实现经济增长方式的根本性转变亦即适应知识经济,把经济增长方式转变到依靠科学技术进步和提高劳动者素质上来,从粗放型转变到集约型。这实质上是邓小平关于两个"第一"的论断的实践。

但是,由于种种原因,我们记住了邓小平关于"科学技术是第一生产力"的论断,但却忘记了邓小平关于"要把知识分子提到第一"的论断。这在理论上和实践上都是不完全的和不彻底的。在这两个密切相关的论断中,大家知道,"科学技术是第一生产力"包含两层意思:第一,"科学技术是生产力"是指科学技术本身作为潜在的生产力,通过附着、渗透于生产力其他要素(如生产资料包括劳动对象、劳动资料和劳动者以及管理等)中,转化为现实的生产力。第二,"科学技术是第一生产力"不是泛指一切社会和一切科学技术,而是特指现代社会和现代科学技术。在传统社会,生产发展带动技术进步和科学进步;在现代社会,科学进步和技术进步带动生产发展,因此,正是在现代社会,现代科学技术成为第一生产力。与之相应,"要把知识分子提到第一"同样包含两层意思:第一,"知识分子是工人阶级的一部分",一是说知识分子历来是脑力(智力)劳动者,工人阶级其他部分是体力劳动者;二是说知识分子历来属于统治阶级,工人阶级是我国的领导阶级,因此同样不是在泛指意义上,而是在特指意义上,承认我国知识分子是我国工人阶级的一部分。这第一层意思仍然属于传统观点,仍然把知识分子当作是依附性的阶层。第二,"知识分子是工人阶级的最先进部分"同样不是泛指所有社会和所有知识分子,而是特指现代社会和现代知识分子。在现代社会,随着知识产业成为最先进的产业,知识劳动者也就成为最先进的劳动者,也就是说,现代知识工人成为现代工人阶级的最先进部分。因此,"要把知识分子提到第一"。这第二层意思成为理论创新,在于把知识分子当作是独立性的阶层。

应当指出的是:"要把知识分子提到第一",其中"知识分子"既不是通常所谓"知识分子",也不是时下所谓"知识精英"或者"知识资本家",而是知识产业中的"知识劳动者"或者"知识工人",他们以智力输出为主要劳动方式,并且以脑力劳动收入为主要生活来源。知识经济时代,科学技术已经从"小科学"形成"大科学"。"大科学"比较"小科学"而言,不仅是指科学研究逐步超越科学共同体界限,分工协作朝着国家化甚至国际化方向发展,反映了科学工作一体化的趋向;而且是指科学知识逐步打破学科门类界限,各种边缘学科、综合学科纷纷出现,反映了科学知识一体化的趋向。因此,知识亦即科学技术既包括自然科学知识,也包括人文社会科学知识;既包括应用科学(工程技术)知识,也包括基础科学知识。与之相应,知识分子也就既包括自然科学工作者,也包括人文社会科学工作者;既包括工程技术人员,也包括科学研究人员。他们直接地或者间接地与当今时代最先进的知识产业相联系,因而成为最先进的阶层或者阶级(这个新型知识分子群体正在逐步从阶层转变为阶级)。比较体力劳动,脑力(智力)劳动亦即知识劳动能够创造高附加值甚至超附加值。正像在工业革命中,农业最终以工业为基础产业一样,在科学技术革命中,第一产业(农业)、第二产业(工业)以及其他第三产业最终都要以知识产业为基础产业。与之相应,正像在工业革命中,农民最终成为农业工人一样,在科学技术革命中,农民、工人以及其他劳动者最终都要成为知识农民、知识工人以及知识劳动者。总之,当今时代,这个新型知识分子群体是最先进,最具有独立性、创造性,最有前途、希望,最具有生命力的阶层或者阶级。这就是"第一"的含义。

"要把知识分子提到第一"并不意味着我们在主观上要抬高谁,要贬低谁,而是当今时代的客观要求。承认新型知识分子"第一"的地位和作用,对于我们解决许多迫切的理论和现实问题具有重要意义。在这一意义上,重提邓小平关于"要把知识分子提到第一"的论断是非常重要的。

第六章　社会文明与和谐中国

所谓和谐,概括地说,就是确立多元一体格局。"一体"就是拒斥无序状态,确立有序状态,以便控制冲突,将冲突最小化在可控制并且软控制区间内,以免整个社会在激烈冲突、尖锐对抗中受到破坏,遭到毁灭。"多元"就是拒斥劣序状态,确立良序状态,将合作最大化,推动整个社会在充满生机和活力的状态中持续发展。这就要求我们在多元文化背景下确立公共政治领域。

社会治理是政治治理的前提和基础。社会治理在于社会组织,社会组织在于身份确认,包括认同和承认。二者都是关于确认与归属的行为。认同强调自我、同一性,承认强调他者、差异性。这是一个历史进步过程:独白式的认同是现代性的表征,而对话式的承认则是后现代的表征。认同转向承认,是从现代性到后现代的转向。同时,社会从被组织到自组织,也就是从"看得见的手"到"看不见的手",亦即从被政府组织到通过市场经济、市民(公民)社会实现社会自组织。这同样是一个历史进步过程。只有实现这一转向,才能建设社会文明,建设和谐中国。

一、和谐：冲突、合作与控制

我们提倡"和谐社会"、"和谐世界"、"和谐文化",等等,起码具有三个方面意义：

首先,和谐哲学扬弃斗争哲学,成为主流政治哲学,是中国化马克思主义的一个重大发展,是中国特色社会主义理论体系的一个重大突破。

众所周知,马列主义曾经与斗争哲学相关联,这是战争和革命时代的历史背景所决定的。马克思的"自白"是："斗争就是幸福。"[①]甚至认为"斗争就是存在。"[②]马克思是这样自我评述的："至于讲到我,无论是发现现代社会中有阶级存在或发现各阶级间的斗争,都不是我的功劳。在我以前很久,资产阶级历史编纂学家就已经叙述过阶级斗争的历史发展,资产阶级经济学家也已经对各个阶级作过经济上的分析。我所加上的新内容就是证明了下列几点：(1)阶级的存在仅仅同生产发展的一定历史阶段相联系；(2)阶级斗争必然导致无产阶级专政；(3)这个专政不过是达到消灭一切阶级和进入无阶级社会的过渡。"[③]因此,斗争是马克思的个人性格、生存哲学和历史哲学。马克思正是在阶级斗争学说的基础上提出了无产阶级革命和无产阶级专政的理论,尤其提出了暴力革命的原则：

[①] 马克思在他的大女儿燕妮提出的问卷中是这样填写的："您对幸福的理解"——"斗争"；"您对不幸的理解"——"屈服"。(《马克思恩格斯全集》第31卷,中共中央编译局编译,北京：人民出版社,1972,第588页)

[②] 约翰·斯温顿在《太阳报》上发表的卡尔·马克思访问记。(参见《马克思恩格斯全集》第25卷,中共中央编译局编译,北京：人民出版社,2001,第687—688页)

[③] 《马克思恩格斯选集》第4卷,中共中央编译局编译,北京：人民出版社,2012,第425—426页。"资产阶级历史编纂学家"是指法国复辟时期的历史学家基佐、米涅、梯也里；"资产阶级经济学家"是指英国古典政治经济学家斯密、李嘉图。

"革命是历史的火车头。""暴力是每一个孕育着新社会的旧社会的助产婆。"①列宁强调:"革命是被压迫者和被剥削者的盛大节日。"②马克思的阶级斗争学说、无产阶级革命和无产阶级专政理论被列宁继承和发展,形成马列主义正统,俄国革命和中国革命正是在马列主义正统意识形态指导下进行的。毛泽东说:"阶级斗争,一些阶级胜利了,一些阶级消灭了。这就是历史,这就是几千年的文明史。拿这个观点解释历史的就叫做历史的唯物主义,站在这个观点的反面的是历史的唯心主义。"③甚至认为:"共产党的哲学就是斗争哲学。"④毛泽东强调:"革命不是请客吃饭,不是做文章,不是绘画绣花,不能那样雅致,那样从容不迫,文质彬彬,那样温良恭俭让。革命是暴动,是一个阶级推翻一个阶级的暴烈的行动。""马克思主义的道理千条万绪,归根结底,就是一句话:造反有理,……根据这个道理,于是就反抗,就斗争,就干社会主义。"⑤他主张"将革命进行到底","不断革命"。毛泽东的无产阶级专政下继续革命的理论和无产阶级"文化大革命"的实践甚至一度被认为是马克思列宁主义的又一继承和发展。

列宁和毛泽东都批判了修正主义(从伯恩施坦到赫鲁晓夫)。他们认为,修正主义背叛马克思主义的要害是否认阶级斗争、无产阶级革命和无产阶级专政,主张阶级调和。他们认为,从资本主义到社会主义,虽然在策略上可以争取和平改良,但暴力革命却是不可避免的一般规律。但是,战争与革命的时代被和平与发展的时代取代了。核武器使得第三次

---

① 《马克思恩格斯选集》第1卷,中共中央编译局编译,北京:人民出版社,2012,第527页;《马克思恩格斯选集》第2卷,中共中央编译局编译,北京:人民出版社,2012,第296页。
② 《列宁选集》第1卷,中共中央编译局编译,北京:人民出版社,2012,第616页。
③ 《毛泽东选集》第4卷,北京:人民出版社,1991,第1487页。
④ 《建国以来毛泽东文稿》第8册,北京:中央文献出版社,1993,第451页。
⑤ 《毛泽东选集》第1卷,北京:人民出版社,1991,第17页;引自《"文化大革命"研究资料》上册,中国人民解放军国防大学党史党建政工教研室编,北京,1988,第64页。

世界大战一旦爆发,人类末日就会降临!戈尔巴乔夫对此笃信不疑。他认为:在全球危机中,资本主义和社会主义之间,无论意识形态的还是政治的斗争都是无谓的。他由此提出所谓改革"新思维",即:一是和平主义,认为全球或全人类的利益高于一切;二是民主社会主义,认为社会主义应当成为各国或各民族人民的自由选择。① 戈尔巴乔夫领导的激进式改革或休克式疗法造成苏共下台和苏联解体的历史结局。相反,邓小平领导了一场渐进式改革,放弃"阶级斗争为纲",转向"以经济建设为中心",强调"稳定压倒一切"和"发展才是硬道理"。② 其继任者在"解放思想、实事求是、与时俱进"旗号下继续推进中国特色社会主义建设和马克思主义中国化的历史进程。和谐哲学也就是在这一历史背景下取代斗争哲学的。

其次,在和谐概念中,中国传统思想资源重新得到发现。

无疑,和谐思想在印度、希腊以及其他文化传统中都有表现,但是在中国文化传统中表现更加显著。"和",这是中国传统的一个核心思想概念。中国传统文化的理想是"和而不同"。人们经常引用的相关文献有两处:一是《国语》记载的春秋郑国史伯的话,二是《左传》记载的春秋齐国晏子的话。史伯认为:"夫和实生物,同则不继。以他平他谓之和,故能丰长而物归之。若以同裨同,乃尽弃矣。故先王以土与金木水火杂,以成百物。是以和五味以调口,刚四支以卫体,和六律以聪耳,正七体以役心,平八索以成人,建九纪以立纯德,合十数以训百体,出千品,具万方,计亿事,材兆物,收经入,行姟极。故王者居九畡之田,收经入以食兆民。周训而能用之,和乐如一。夫如是,和之至也。于是乎先王聘后于异姓,求财于有方,择臣取谏工,而讲以多物,务和同也。声一无听,物一无文,味一无果,物一不讲。"(《国语·郑语》)晏子认为"和与同异":"和如羹焉,

---

① 参见[苏]米·谢·戈尔巴乔夫:《改革与新思维》,苏群译,新华出版社,1987。
② 《邓小平文选》第3卷,北京:人民出版社,1993,第284、377页。

水火醯醢盐梅,以烹鱼肉,燀之以薪。宰夫和之,齐之以味,济其不及,以泄其过。君子食之,以平其心。君臣亦然。君所谓可而有否焉,臣献其否以成其可。君所谓否而有可焉,臣献其可以去其否。是以政平而不干,民无争心。故《诗》曰:'亦有和羹,既戒既平,鬷嘏无言,时靡有争。'先王之济五味,和五声也,以平其心,成其政也。声亦如味,一气,二体,三类,四物,五声,六律,七音,八风,九歌,以相成也。清浊,小大,短长,疾徐,哀乐,刚柔,迟速,高下,出入,周疏,以相济也。君子听之,以平其心,心平德和。故《诗》曰:'德音不瑕。'……若以水济水,谁能食之?若琴瑟之专壹,谁能听之?同之不可也如是。"(《春秋左传·昭公二十年》《晏子春秋·外篇第五》)中国哲学家们早就意识到了"和与同异":"和"是多元、多极化、多样性,"同"是一元、单极化、单一性,双方是生与死、成与败、治与乱的对立,是真与假、善与恶、美与丑的对立。这一普遍必然规律既适用于自然世界,更适用于政治社会。正是在这一意义上,孔子的结论是:"君子和而不同,小人同而不和。"(《论语·子路》)孔子的弟子有子说:"礼之用,和为贵。"(《论语·学而》)

最后,和谐理念反映了全球化时代的现时代精神。

其实,和谐世界诉求早已形成风气。和谐世界理念与当今世界全球化基本趋向以及单极化与多极化的基本矛盾密切相关,反映在文化价值领域内,表现为多元价值的并存、冲突与融合,以及普世价值的诉求。1993年世界宗教议会大会通过的《走向全球伦理宣言》试图补充1948年联合国大会通过的《世界人权宣言》——以义务(责任)伦理来补充人权政治,2001年联合国教科文组织大会通过的《世界文化多样性宣言》——强调文化多样性和多元化,是这一和谐世界诉求的典型写照。和谐世界理念在伦理道德、政治法律、宗教、哲学层面上都有显著反映:如"世界人权"、"全球伦理"(孔汉思等),"金规则"或"黄金法则"("己所不欲,勿施于人"),罗尔斯的"正义论"、"政治自由主义"和"万民法",哈贝马斯的"商谈伦理"和"商议民主"等。当今世界全球化基本趋向以及单极化与多极化的基本矛盾表明:历史并未终结,而文明冲突则愈益显著。如何将文明冲突的可能最小化,将人类合作的可能最大化,创建和谐世界,就集中反映在和谐世界诉求上了。提出、分析、解决这一问题,对于确立正确的、有效的社会、经济、政治、文化发展战略,无疑具有重要意义。

"和谐"是一个多义的概念。譬如,按照系统论的说法,由于系统内部结构所具有的加总功能,整体等于部分之和是最为罕见的。系统内部结构的劣化趋向使整体小于部分之和;而系统内部结构的优化趋向则使整体大于部分之和。这里,"和"便是指系统内部结构优化中的加总功能。又如,按照博弈论的说法,零和博弈是一方之所得为另一方之所失,负和博弈是双输,而正和博弈则是双赢。这里,"和"便是指博弈游戏中的双赢结局。

这里,我们不去探讨"和谐"在各个领域中的含义,诸如身心和谐、人与自然界的和谐、人与人的和谐等等问题,而来探讨作为一种特定状态的和谐问题,这种特定状态不是自然世界的,而是政治社会的。当然,"和谐社会"、"和谐世界"这些提法并不表明和谐已经成为现实,而是作为理想,表明人们试图避免我们的社会、我们的世界在种种冲突中陷于毁灭。因而,"和谐"的意义只有从提出它的意图,亦即它的负面状态中才能得到理解、解释。由此,我们试图从"冲突—合作—控制"模型中定义"和谐"。

控制亦即治理。治理的目的就是实现冲突的最小化和合作的最大化。如图6.1所示,$x(0<x<1)$表示合作系数,$y(0<y<1)$表示冲突系数,$x+y=1$,x与y呈反向关系,$y=f(x)$,当$y>x(y/x\to\infty)$时,治理趋向失败;当$y<x(y/x\to 0)$时,治理趋向成功。任何社会都不可能是完全的冲突与完全的合作。即使在乱世,也会存在最低限度的合作;即使在治世,也会存在最小限度的冲突。所以函数两端只是无限接近于0,而并不等于0。当一种治理无法维持、趋于瓦解时就是冲突的最大化和合作的最小化。

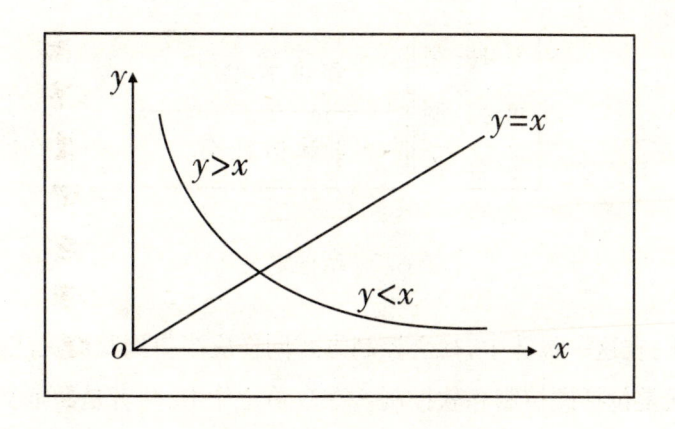

[图6.1] 冲突—合作模型

但是,这种分析只是实证的视角,并非价值的视角。从价值角度看,治理不仅要实现社会冲突的最小化、社会合作的最大化,而且要实现社会隔阂的最小化、社会信任的最大化。冲突的最小化、合作的最大化有可能是人们从现实功利的角度出发选择的结果,避免冲突、维持合作并不能说明治理的成效。当统治只是取决于力,而非取决于理时,往往造成人们对治理的离心力——社会隔阂。相反,社会信任说明人们对治理的向心力。有的社会规范、社会制度在冲突最小化、合作最大化方面成效显著,但在社会隔阂最小化、社会信任最大化方面却能力不足,于是导致分裂、混乱、新的隔阂和新的冲突,处于一种治乱循环的状态。

为了描述和谐状态,我们将冲突最小化等同于合作最大化,反之亦然,以便简化所分析的问题,从而由"冲突—合作"模型过渡到"冲突—合作—控制"模型。

我们将和谐描述为某种趋于冲突最小化社会状态;同时把这种冲突最小化描述为一个区间:它的上限是零冲突社会状态,而下限则是可控制社会状态。

零 冲 突 可 控 制 零 合 作	和 谐 社 会
	非 和 谐 社 会

[图6.2] 和谐定义 I

当然,在这一描述中,社会控制方式同样应当得到我们关注。社会控制方式通常包括硬控制和软控制。在政治运作中,两者是经常交叉、重叠在一起的。在不同社会—文化约束条件下,它们之间结合比例不同。一般地说,冲突越小,软控制越起主导作用;冲突越大,硬控制越占支配地位。显然,和谐不是指硬控制主导型,而是指软控制主导型。软控制比硬控制更具有某种弹性或者兼容性能。以第二种解释来修正第一种解释,我们得出这样一个定义:和谐是指某种趋于冲突最小化社会状态,这种冲突最小化处于一个区间:从零冲突社会状态到冲突较小的软控制社会状态。这是它的正值区间。而从冲突较大的硬控制社会状态到零合作社会状态则是它的负值区间。

零 冲 突 软 控 制 硬 控 制 零 合 作	和 谐 社 会
	非 和 谐 社 会

[图6.3] 和谐定义 II

当然,和谐社会、和谐世界不是静态的,而是动态的。因而,最大限度减少社会冲突,在社会控制中,最大限度减少硬控制,实现软控制,始终必须以社会发展为前提,努力实现社会持续发展。由此我们得出这样一个补充定义:和谐是指某种趋于冲突最小化社会状态,这种冲突最小化并不阻碍社会发展,甚至推动社会持续发展。前者是底线要求,后者是高线要求。零发展不是和谐,可发展且可持续才是和谐。统筹兼顾,在平衡中发展,在经济、环境、人口、资源和社会各个方面的平衡中发展,这样才是全面、协调、持续发展。

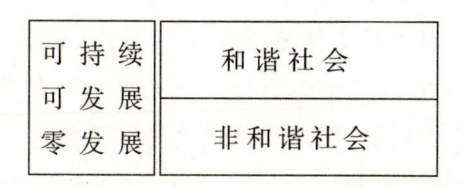

可持续	和谐社会
可发展	
零发展	非和谐社会

[图6.4] 和谐定义Ⅲ

硬控制是指政治强力以至政治暴力控制形式,而软控制则是指文化意识以至文化心理控制形式。因此,在我们关于"和谐"这一定义中,内在地包含了和谐文化元素。换句话说,一方面,建设和谐文化是建设和谐社会、和谐世界的必然结果;另一方面,和谐文化建设又是和谐社会、和谐世界建设的必要条件。

我们所提出的问题不是和谐的必要性问题,而是和谐的可能性问题。和谐社会何以可能?和谐世界何以可能?我们的回答是:所谓和谐社会、和谐世界,即是冲突最小化,亦是合作最大化世界,内在地包含了和谐文化元素。通过这样一种概念界定,我们将和谐社会、和谐世界的问题与和谐文化的问题融为一体。如果和谐社会、和谐世界是人们构造的可能世界,那么和谐文化正是构造这一可能世界的全部意义、价值、信念、理想等等的总和,就是减少社会隔阂和增加社会信任的文化。

二、认同与承认

"认同"(identity)亦称"身份","身份"指某一个体或群体依据某些明确的、具有显著特征的标准或尺度在特定社会中所获得的地位或类别;

而"认同"则指某一个体或群体试图辨识、确认自己的身份定位与归属的行为和过程。泰勒认为:"我的认同是由提供框架或视界的承诺和身份规定的,在这种框架和视界内我能够尝试在不同的情况下决定什么是好的或有价值的,或者什么应当做,或者我应赞同或反对什么,换句话说,这是我能够在其中采取一种立场的视界。"[①]吉登斯重点关注"自我认同",他将"自我认同"定义为:"个体依据个人的经历所反思性地理解到的自我。"[②]"承认"(recognition)即是关于确认与归属的行为。"认同"是自我对"我"的身份和"人"的本质的理解,是自我确认和寻求归属的统一;而"承认"则表明:自我认同部分地通过自我确认,部分地通过他人承认构成;如果拒绝承认,或者扭曲承认,不仅影响认同,而且造成伤害。在这个意义上,社会不是建立在个人独白上,而是建立在对话关系上,如果一个社会不能公正地承认不同群体和个体,就失去了正义的本性,也构成了压迫的形式。

按照泰勒观点,"认同的政治"(politics of identity)转向"承认的政治"(politics of recognition),是从现代性政治到后现代政治的转向。"承认的政治"和"认同的政治"的差别在于:"认同"强调的是自我同一性,只有与自我相同一的他人才是认同的对象。而"承认"则不仅强调自我、同一性,而且强调他者、差异性,不仅与自我相同一的他人,甚至与自我有差异的他者,都是承认的对象。因此,认同导致一种独白式的效果,承认导致一种对话式的局面。"认同"着力于"同"和"一",着力于人与人之间的共同点。"认同的政治"要求捍卫每一个人的平等尊严,因为他们都是人,具有人的普遍性与共同性。"承认"着力于"异"和"多",着力于人与人之间的不同点。"承认的政治"要求维护每一个人的差异,因为他们虽然都是人,但却具有人的特殊性与差异性。

---

① [加拿大]查尔斯·泰勒:《自我的根源——现代认同的形成》,韩震、王成兵、乔春霞、李伟、彭立群译,南京,译林出版社,2012,第37页。
② [英]安东尼·吉登斯:《现代性与自我认同——现代晚期的自我与社会》,赵旭东、方文译,北京:生活·读书·新知三联书店,1998,第275页。

哈贝马斯在提到泰勒时指出:"一种是尊重文化差异的政治,另一种则是普及个体权利的政治,前者应当抵偿后一种求同的普遍主义政治所要付出的代价。"[①]"认同的政治"是"平等尊严的政治",而"承认的政治"则是"差异的政治"。"认同的政治"或"平等尊严的政治"是同质性的,以表现为单一性的现代性社会和文化为背景;"承认的政治"或"差异的政治"是异质性的,以表现为多样性的后现代社会和文化为背景。从"认同的政治"到"承认的政治"、从"平等尊严的政治"到"差异的政治",是全球化时代之政治的基本转向。当今世界各种冲突在性别、种族、族群和文化方面充分证明了黑格尔、霍耐特"为承认而斗争"的观念。从认同男女平等尊严的女权主义到承认男女差异的女性主义,从认同东西文化平等尊严的西方中心主义到承认东西文化差异的东方主义,还有"为争取承认而斗争"的社会弱势群体、文化边缘群体和少数族群,甚至生态主义,都是其中表现。问题在于:对差异的承认有无限度?无限度是不可能的,可能的限度是以人的本质认同来衡量差异。因此,承认建立在认同基础上,并且以之为自身的前提。

认同与承认是主体间的行为,构成共同体的纽带,一种主体间的认同和承认的形式决定一种共同体的形式。我们将认同与承认区分为文化的与政治的两个方面。这种区分只是为了研究方便。在现实生活中,它们不是截然区分,而是相互交错。认同与承认是社会组织的前提和基础。

首先,广义的文化认同的基本形式包括族群认同和狭义的文化认同。

族群认同包括血缘认同和地缘认同两方面。基于血缘的认同是自我认同的延伸。而基于地缘的认同则是血缘认同的延伸。最基本的血缘认同便是血亲认同。族群认同是在血亲认同的基础上发展而来。最原始的国家认同便是族群认同,族群认同主要适用于传统农业社会、熟人社会,而现代工业社会、知识社会则是一个生人社会。基于血缘与地缘的承认

---

① [德]尤根·哈贝马斯:《民主法治国家的承认斗争》,曹卫东译,载《文化与公共性》,汪晖、陈燕谷主编,北京:生活·读书·新知三联书店,2005,第341页。

只适用于传统礼治,不适用于现代法治。

在人类社会历史上,族群主要包括氏族、家庭、民族三个基本类型。首先,氏族,又名"氏族公社",是由原始人群发展而来,是基于血缘认同的族群,以血缘关系为纽带,主要经历了由母权制氏族到父权制氏族的演变。"母权制"是类比"父权制"的说法,但是,在历史上,妇女从未享有类似男子所享有的性别特权。母权制就是母系制,在"只知其母、不知其父"的婚姻和家庭形式中,按照母亲计算世系,正如父权制也是父系制,按照父亲计算世系一样。只是父权制比母权制附加了性别压迫的制度。几个具有血亲关系的氏族联合构成部落,几个具有血亲关系的部落联合构成部落联盟。其次,家庭是由杂乱的性关系发展而来,是基于婚姻认同、血缘认同、收养认同的族群,以婚姻关系、血缘关系、收养关系为纽带,经历了由血缘家庭、普那路亚(伙伴)家庭、对偶制家庭,在私有制和父权制的推动下,到专偶(一夫一妻)制家庭的演变,而又从片面的一夫一妻制家庭发展到全面的一夫一妻制家庭,两性关系最终完全建立在性爱(爱情)基础上。① 在前现代社会,几个具有血亲和姻亲关系的家庭联合成为家族;在现代社会,家族解构,核心家庭成为普遍形式,但家庭形式的多元化和多样性却是后现代社会的基本特征。最后,民族是基于语言认同、地缘认同、利益认同、文化—心理认同、血缘认同的族群,以语言、地域、经济、文化—心理、血缘为纽带。民族和纯粹基于血缘认同的种族、和纯粹基于语言认同的语族是不同的,尽管它们在现实生活中相互交错,然而"种族"是生理学概念,"语族"是语言学概念,而"民族"则是社会学概念。民族主要经历了由古代民族(部族)到现代民族的演变。演变的标志便是民族国家的建立。所谓民族主义也就是一种民族认同、族际情感和身份共识。

文化认同的基础是语言、文化传统等。语言是区分各种文化群体的

---

① 参见[美]路易斯·亨利·摩尔根:《古代社会》上下册,杨东莼、马雍、马巨译,北京:商务印书馆,1977;另见恩格斯:《家庭、私有制和国家的起源》,载《马克思恩格斯选集》第4卷,中共中央编译局编译,北京:人民出版社,2012。

标准之一。语言在某种意义上是地缘的映射。在同一语言的不同地区存在着多种方言,在交通、通讯、传媒落后和封闭的条件下,方言的范围与地域的范围相关,方言越接近,距离也就越接近。但是语言并非最重要的文化认同基础。在一个多民族国家里,往往存在着多种语言,甚至在单一民族内,也存在着多种方言。在识字率普及之前,语言作为文化载体的作用并不是很大;在识字率普及之后,统治阶级可以通过国家权力推行统一的语言文字。语言文字的统一是政治的产物,而不是单纯文化的产物,因而官方语言在本质上超越了地方性。一般族群认同是文化认同的弱形式,包括情感依赖、民族意识都是文化—心理认同。而国家认同除了政治认同形式之外,则是文化认同的强形式,意识形态认同是在一般文化—心理形式上升为意识形态之后形成的。

一般地说,在人类社会历史上,氏族认同采取了习俗认同的形式,家庭认同采取了伦理认同的形式,而民族认同则大多采取了宗教认同的形式。习俗认同是潜在的和自发的形式;显在的和自觉的形式是伦理认同、宗教认同。伦理认同通过规范和舆论的力量维系;宗教认同通过礼仪和制度的力量维系,综合了组织认同与文化认同。宗教的产生和发展是一种文化现象,但是与社会政治组织相联系。在政教合一的国家,宗教构成了根本的和重要的认同基础。宗教还超越了国家的范围,成为人们认同的基础。在政教分离的国家,宗教还依赖于社会组织,成为一种社会力量。

中国古代的民族认同和国家认同是从家族认同延伸而来,但是超越了简单的族群认同,而是以文化认同为基础,是以文化认同来构建国家认同的典型。古代中国虽然强调家族在社会治理中的作用,"国"是由"家"扩展而来,但是中国传统的国家认同主要不是以"族群"为基础,而是以"文化"为基础,强调的是一种家国观念。所谓民族是一个比较模糊的概念。古代中国有传统意义上的"天下"概念,但却无现代意义上的"国家"概念。

中国古代国家认同是以"德政"为核心的文化认同。这包括两方面:

一个是对内的"为政以德"(《论语·为政》),一个是对外的"怀远以德"(《春秋左传·僖公七年》)。国家德性在内政上表现为"为政以德",在外交上表现为"怀远以德"。首先,关于"为政以德"。西方古典政治哲学早就强调了国家的德性,柏拉图和亚里士多德对城邦国家的探讨涉及的一个重要问题就是"正义"("公正")。但是西方古典政治哲学并未把国家德性作为国家承认的基础。然而在中国传统儒家政治哲学中,国家德性是国家承认的唯一重要基础。孔子把"仁"的概念引入社会伦理学说,"仁"字构造就表明了一种主体间的相互承认关系,也表明了一种共同体的基本伦理道德规范。其核心内容是"忠恕之道";其基本原则有两个方面:一为"忠",就自我对自我言,中心为"忠",亦即尽职尽责、对得起自己;二为"恕",就自我对他者言,如心为"恕",亦即将心比心、对得起他人;"礼"是"仁"的主要表现形式;其基本方法是"能近取譬",亦即"由近及远"。(《论语·里仁、颜渊、雍也、卫灵公、公冶长》)孟子把"仁"的概念引入国家政治学说,发展成"仁政",把君主政治发展为"王道",(《孟子·公孙丑上、梁惠王上、滕文公上》)从而丰富了"以德治国"的内涵。其次,关于"怀远以德"。孔子说:"夷狄之有君,不如诸夏之亡也。"(《论语·八佾》)孟子说:"吾闻用夏变夷者,未闻变于夷者也。"(《孟子·滕文公上》)"《春秋》内其国而外诸夏,内诸夏而外夷狄。"(《春秋公羊传·成公十五年》)此谓"夷夏之辨"。所谓"夷夏"并非以血缘和地缘区分,而是以野蛮和文明划界。若无道德礼义,我们就可以把它看作是"夷狄";若有道德礼义,我们就可以把它看作是"诸夏"。没有道德礼义的地方即使有君王,反倒不如有道德礼义的地方没有君王。所谓"怀远以德",也就是说,当一个国家具备德性时,就会"四方来朝",以"中原"为核心,形成一个"朝贡体系"。当时中国没有"国家"观念,只有"天下"观念,对世界的认识主要局限在以中国为中心和周边国家的范围内。直到中国遭遇了与我们文化不同的西方列强,这个时候我们才真正激发出基于民族认同的国家观念。

近代以来民族国家的特征主要是中央集权、官僚体制、民众认同。起码前两个特征在中国古代社会就形成了,秦统一确立了中央集权,古代中国通过科举制度完善了官僚体制。但是古代中国面临的一个难题是"合久必分、分久必合",这一循环逻辑揭示了中国古代国家观念无法避免国家分裂的危险。统一的主权被视作近代以来的国家不可或缺的因素,分裂的倾向构成了对主权的威胁。但中国的分裂却始终没有动摇中华民族的观念,在短期的分裂后,往往走向长期的统一。在中国历史上,总的来说分少合多,这是因为在世俗的政权上,还有一个文化的"中国"概念。中国在历史上曾有过两次少数民族统治中原的情况(蒙元、满清),但却被中原文化所同化,这说明了古代中国文化认同巨大的亲和性和包容力。

其次,广义的政治认同的基本形式包括组织认同和狭义的政治认同。

族群认同强调人的自然属性,而组织认同则强调人的社会属性。人不能独立生存,要与人交往,期待承认融入了人类交往的结构之中。最基本的人类联合是合伙与婚姻。人们很难单枪匹马度过一生,必须与人合作。合伙组成社会最基本的物质资料生产和再生产的基本单位;而婚姻则构成社会最基本的人类自身生产和再生产的基本单位——家庭。

市场交易是一种常见的合作形式,其基础是互利。资本主义就是在这种交易的诚信基础上发展起来的。市场经济需要在交易中建立一定水平的信用和公平,这反过来又需要法律和制度予以保证。社会契约是分工和交换的产物。契约的基本精神在于自治。契约关系的出现,是一种法律化和制度化的承认(组织认同)形式。这也就是市民社会(公民社会)。

阶级认同是一种特殊的组织认同形式。阶级的划分标准是经济标准,主要是生产资料所有制,也就是说,阶级是根据生产和分配的关系划分的。职业、收入状况只能作为参考,血统、政治思想不能作为划分标准。在阶级社会里,一般具有两个基本阶级和若干非基本阶级。基本阶级是经济利益根本对立的阶级,如奴隶社会的奴隶主阶级和奴隶阶级、封建社会的封建主(地主)阶级和农奴(农民)阶级、资本主义社会的资产阶级和无产阶级等。非基本阶级是介于基本阶级之间、经济利益与它们并不根本对立的阶级,如平民阶级、小生产者阶级等。阶级认同的弱形式体现为等级认同、阶层认同等。阶级是一个经济范畴，而等级则是一个政治法律范畴，阶层是按照职业、收入状况划分的。同一阶级可能属于不同等级、同一等级可能具有不同阶级；同样，同一阶层可能属于不同阶级，同一阶级可能具有不同阶层。按照马克思主义的观点，资本主义社会已经消灭等级，实现"法律面前人人平等"的形式平等；而社会主义社会则在于消灭阶级，实现"经济面前人人平等"的事实平等；至于共产主义社会，随着社会分工被消灭，按劳分配为按需分配所取代，社会阶层也就被消灭。而阶级认同的强形式则体现为团体认同、政党认同、国家认同等。它们是三种普遍的组织认同形式。

团体认同是政治认同的较低形式，人们在技术的、经济的、政治的、精神的层面上分工合作，形成了各种各样的社会团体；政党认同是阶级认同的集中表现，每一政党都有各自的政见或意识形态，代表了不同阶级或同一阶级不同集团的利益和意志；国家认同是迄今为止政治认同的最高形式。国家是由氏族组织发展而来，除了氏族组织所具有的公共权力性之外，国家还有阶级性；其对内职能包括政治统治和社会管理两个方面，对外职能包括国家安全（国防）和国际交往两个方面。国家之间构成国际关系，而跨国组织则形成了超越国家的组织认同，从国际化到世界化是处于正在进行时的全球化的历史性转折。

前现代社会的大多数国家一般是君主作为最高统治者的统治，人们普遍认可这种统治状态，君主统治的合法性和正当性主要源于所谓"神授"，亦即"君权神授"。近代启蒙以来，随着人们对这种统治合法性和正当性的质疑，社会契约论应运而生。以霍布斯、洛克和卢梭为代表的社会契约论假定，在自然状态中，每一个人都享有天赋自然权利，为了共同的政治生活，每一个人都许诺放弃使用暴力，共同缔结一个和平的社会契约，由此产生了社会和国家。根据社会契约形成国家，这种承认相较基于血缘和地缘的承认，从族性（ethnicity）转变到民族性、国民性（nationhood）。从自然状态到社会状态，人们失去的是自然自由，获得的是社会自由、公民自由（civil liberty）。现代民族国家愈益超越传统的"族性"，建立在社会契约的基础上。

政治国家的基础不仅是领土,更根本和重要的是国民对国家的政治认同。"公民身份"(citizenship)是一个伟大的发明,它使个人联合形成公民联合,从而使政治国家成为可能。公民身份表明公民主体之间作为政治共同体所具有的权利、义务和责任。公民身份是西方政治文化理念和实践最为古老而源远流长的制度之一,可以追溯到古希腊,此后经历了古罗马、中世纪、启蒙运动和近代革命。

从族群认同到组织认同,从文化认同到政治认同,反映了认同的不同层次和发展阶段。但这些层次和阶段却不是相互取代的,而是相互交错、同时存在的。对于构建国家的承认基础而言,显然文化认同和政治认同更加重要。在前现代社会,国家的承认基础以非政治认同为主;而在现代国家,国家的认同基础则以政治认同为主。政治认同是具有包容性和凝聚力的承认基础。而其他几种认同基础则具有排斥性和离散力,例如在以族群认同为基础的国家,同时存在着较为严重的族群歧视。而政治认同则适应现代社会的多元化和多样性,超越单一族群和同质文化的狭隘,解决多民族国家、异质文化的问题。

与中国古代以文化认同为基础,以文化认同来构建国家承认相比较。欧洲现代以政治认同为基础,以政治认同来构建国家承认。

欧洲早期现代的核心问题就是民族国家的生成。在欧洲的国家建构过程中,首先处理的问题就是民族国家与封建制度之间的关系。在民族国家形成的历史进程中,君主的作用得到强化,马基雅维利、博丹等人的思想与理论体现了这一历史进程,并且为新型国家理念提供了系统论证。绝对的君主借助不断强大的民族主义,把原本分散的政治认同统一起来,形成了现代国家意识和现代民族意识。王权之所以是绝对的,是对比过去的封建权力分散而言的,并不意味着它专横暴政。与封建制相对应的是等级制,社会的阶层像梯子一样,一级一级、互相隶属,国王是总领主,总领主下面有大领主,大领主下面有小领主,直至佃农,每一层从上一层那里领有土地,对上一层负有义务。而现代民族国家的形成则打破了封建藩篱，使国家主权直接建立在国民个人的基础上。

"民族国家"(nation – state)的说法主要强调了国与国之间关系区分的视角，忽视了国家内部的构建问题。但"民族国家"的说法也在一定程度上反映了近代西方国家的形成，近代西方国家的形成的一个重要方面就是与罗马教会重新界定关系。现代国家的构建是一个构建国民身份和国民意识的过程。在国民心目中，不仅有封地观念，而且有国家观念。现代国家由国民组成，而国家主权则由国民权利集合而成。民族国家超越了"族群认同"，是一种政治认同。

应该注意"民族"概念、"国民"概念背后的历史性。早期现代欧洲各国主要处于王权制度之下，由于政治认同基础比较薄弱，统治阶级倾向于诉诸"民族"概念来加强国家认同。这一时期，主要是国家意识相对于封建制度的形成。随着社会经济环境的变化，民族意识愈益与民主意识联系在一起，"国民"概念凸显出来。

就受压迫民族而言，民族运动更是与民主运动直接联系在一起。在美国独立战争与法国大革命时代，民族问题与民主问题紧密相关。世界各国之间的战争对于民族国家的观念而言是一柄"双刃剑"，一方面，它激发了种族意识的觉醒，从而产生了推动种族观念取代国民观念，进而走向国家主义的危险；另一方面，它又促使种族问题与民主运动紧密结合在一起。

然而，在全球化历史进程中，以前被限定在民族—国家范围内的国民概念已经难以适应奔走于全球各地的人，政治认同需要突破民族—国家边界，具有更大的普适性和包容性，这也就是公民身份。

中国古代国家是建立在文化认同的基础上，而现代国家则是建立在政治认同的基础上。虽然中国古代国家在形式上与现代民族国家具有相似性，但并不等同于现代民族国家。现代民族国家强调政治构建，立国还要立宪。中国古代国家不是现代民族国家，它面临着现代性的困惑。欧洲王权制的统治者诉诸政治认同来型塑国家的凝聚力，而中国古代中央集权制的统治者则诉诸文化认同来型塑国家的凝聚力。

中国为什么要建立民族国家？民族国家是一个国民身份形成的过程，国家的现代性需要国民认同，而少数民族政权则无法获得普遍国民认同。现代民族国家的形成或发展大多以单一民族为基础，或以多数民族为基础。纵观世界历史，民族国家的形成大多依赖于多数族裔。后来随着宪政政府的发展，少数族裔不仅可以获得平等的社会和经济地位，而且可以获得平等的政治地位。

现代民族国家以国民认同为基础，国家主权是直接建立在国民个人基础上的。但是，中国古代国家以家族为基础，家国一体，形成了以儒家为代表的伦理—政治文化。无论哪个民族，只要认同中原文化，就能统治其他民族。因此，在中国古代历史上，不仅汉族建立了王朝，甚至连少数民族（如蒙古人、满洲人等）也建立了王朝（如元朝、清朝等）。

西方国民身份的形成与脱离封建制度相关联，而中国国民身份的形成则与脱离家族关系相关联。随着个人脱离家庭获得真正独立，国家被视为由个人而非家庭组成。社会是个人的组织。当孙中山制订《建国方略》时，他甚至设计了集会、结社的基本程序，以为《民权初步（社会建设）》，[1]这也就是社会组织，以便整合中国传统社会"一盘散沙"局面。但是由于公共领域尚未形成，在相当一段历史时期内，中国并未形成真正的以公民身份为基础的政治认同。于是，在中国民族国家的形成和发展过程中，就出现了阶级认同、政党认同等等替补形式。

阶级认同是以身份区分为基础的。阶级认同首先打破了中国传统社会形成的以血缘和地缘为基础的文化认同。到了民国时期，虽然现代民族国家形式上已经成立，但是实质上并未完成民族国家的构建过程，主要表现为国家与社会的隔离，国民并未真正成为作为政治实体的国家的成员。在广大农村，封闭的自然经济在一定程度上阻碍了国家对社会的渗透，与之相适应的是保守的宗法治理结构。在中国传统社会，县级以上是

---

[1] 参见《孙中山选集》上，北京：人民出版社，2011。

政府治理,县级以下是非政府治理。①

虽然中国并未面临西方近代民族国家形成过程中面临的封建割据问题,但是中国古代国家依然是割裂的,中国现代国家依然需要构建出统一的国民身份。毕竟现代国民不是以血缘和地缘为基础统一起来的。于是,在现代民族国家尚未形成情况下,作为一种替补形式,除了阶级认同之外,又出现了政党认同。在北洋政府时期,两大意识形态政党——中国共产党、中国国民党先后出现。两党之间的区别是:中国国民党以三民主义为意识形态,以国民认同来构建政党认同;而中国共产党则以马列主义为意识形态,明确以阶级认同来构建政党认同。这种政党形态已经具备国家雏形,意味着政党对城市,特别是农村进行国家化改造。在南京国民政府时期,中国国民党着力于控制城市,而中国共产党则着力于控制农村,建立党组织最大的阻力是族长和家族势力的存在。中国国民党在农村依靠士绅阶级,维护传统宗法社会秩序;而中国共产党则领导农民阶级,发动阶级斗争,这种斗争所采取的主要手段就是用阶级认同来割断家族纽带。②

在中国传统社会,家族营造了一种和合的氛围,在一定程度上消融了阶级意识与阶级差别。梁漱溟认为,中国古代社会并非一个阶级对立的社会。③ 而革命则需要阶级对立,需要矛盾,需要冲突,对城市,特别是农村进行国家化改造必须强化阶级意识与阶级差别。在城市,党代表工人利益反对资产阶级;在农村,党代表农民利益反对地主阶级,从而瓦解以族长为代表的家族势力和宗法制度。只有这样,国家介入农村才会顺理成章。

然而,基层党组织建设虽然以地缘为基础,在广大农村,这种地缘只能是血缘的反映。农村被国家化改造的过程始终存在着两个方面,一是

---

① 参见黄仁宇:《中国大历史》,北京:生活·读书·新知三联书店,2008。
② 参见金观涛、刘青峰:《开放中的变迁——再论中国社会超稳定结构》,北京:法律出版社,2010。
③ 参见梁漱溟:《乡村建设理论》,上海:上海人民出版社,2006。

阶级斗争撕去了家族的温情面纱,一是亲族邻里延续了人情关系的存在。同时,这种国家对农民的直接介入使得人民直接面对国家,并未充分形成一个市民阶级。这些问题在而后中国发展的不同历史阶段上得以不同程度地凸显。

到了人民共和国时期,与阶级区分相呼应的人民的构建和发展成为国家政治生活的主题之一,其主要体现为阶级斗争和群众运动的形式。人民以阶级认同为划分标准,将"阶级异己分子"拒斥于人民之外,成为"阶级敌人"。在这种情况下,只有国家和人民群众,没有一个处于中间状态的市民社会。"文革"期间,这种情况达到了登峰造极的地步。

到了改革时期,适应经济社会发展,构建公民社会逐步成为改革方向之一。改革之前,城乡之间、工农之间、脑力劳动与体力劳动之间的差别称为"三大差别"。改革之后,虽然阶级观念逐渐淡化,但是身份区别依然存在,表现在户籍制度上有农业户和非农业户的身份区别,在档案制度上有劳动部门、人事部门和组织部门分级分类管理职工、企事业职员和干部的身份区别。"城乡二元结构"造成农业、农村、农民"三农问题",官民矛盾、贫富矛盾愈演愈烈。迄今为止,中国并未形成一种基于公民身份的政治认同,无论在教育、就业等方面,还是在医疗、养老等方面,国民无法作为公民享受同等的待遇,主体间的公民身份是割裂的,并非真正的政治共同体。

当今中国一方面面临着全球化的世界环境,另一方面则面临着现代民族国家的转型问题。现代民族国家需要构建以公民身份为基础的法权认同,而国家认同又无法完全脱离凝聚国民意识的文化根基。借鉴中国传统的文化认同模式,我们应该形成一种公民文化的认同基础。

中国传统的民族承认和国家承认的现代转化是德政观念转向宪政观念。中国古代文化认同中的"文化"概念不同于我们通常文化研究中的具有地方性特色的"文化"概念。地方性的文化在很大程度上等同于传统,以此种文化认同为基础的承认就是族群认同的延伸。而中国文化认同的核心则是"德政"的观念。也就是说,只要国家实行德政,就会得到人们认同。"德"的概念是普适的,并未预定地说哪一个人、哪一家族是"德"的代表和化身。由此看来,以"德政"观念为核心的文化认同与以公民身份为基础的政治认同具有相似性。"为政以德"强调的是统治阶级要有德性,这与现代宪政强调对国家权力的制约具有相通之处。之所以把中国古代国家认同主要归结为文化认同,而非政治认同,是因为中国传统"德政"并未形成制度效力,主要依靠意识形态。德政观念的一个问题是,在德政的世界中必须有一个中心,这个中心由于施行德政,使得"四方来朝"。这就叫做"怀远以德"。"德政"不是为了"德"本身的目的,而是为了"政"的目的——统治。在这种情况下,被统治者承认统治者的权威,而统治者则未必承认被统治者的主体地位。这也就是拒绝承认或者扭曲承认。而现代以公民身份为基础的政治认同必须建立在公民主体的基础上,没有公民主体,统治也就不复存在。这也就是相互承认。公民身份所具有的对差异和多元的普适性和包容性,使其能够在这个日益全球化的世界中,既能包涵社会关系的全球化,又能容纳社会体系的不断分化。

三、"看得见的手"与"看不见的手"

治理具有不同层级,中国传统所谓"大学之道"就提出了这一问题。"大学之道,在明明德,在亲民,在止于至善。……古之欲明明德于天下者,先治其国;欲治其国者,先齐其家;欲齐其家者,先修其身;欲修其身者,先正其心;欲正其心者,先诚其意;欲诚其意者,先致其知;致知在格物。物格而后知至,知至而后意诚,意诚而后心正,心正而后身修,身修而后家齐,家齐而后国治,国治而后天下平。自天子以至于庶人,壹是皆以修身为本。"(《礼记·大学》)按照本义,"家"指士大夫,"国"指诸侯国,"天下"指周王朝。我们按照转义理解。此即所谓"三纲领"("明明德、亲民、止于至善")、"八条目"("格物、致知、诚意、正心、修身、齐家、治国、平天下")。"三纲"是治理的目标,"八目"是治理的途径。这里既有所谓上行路线,也有所谓下行路线。"修身"之前是自我(个人)治理,"修身"之后依次是家庭治理、国家治理、天下治理。中国传统治理的要害是公私不分、家国一体、德治为体、礼法并用。如果将私人领域和公共领域划分开来,我们就会发现,不同层级适用不同治理。例如,德治适用于自我(个人)治理,礼治适用于以家庭为核心的基层治理,法治适用于国家治理,至于天下治理,亦即全球治理,迄今为止,我们仍然在理论上探索,在实践中摸索。因为我们讨论的是社会政治治理,所以有关自我(个人)治理问题不在讨论之列。

这里可以溯及一种古老的治理理念和治理实践,与儒家的礼治、法家的法治根本不同,道家(老子)的"道治"("无为而治")是一种以"小国寡民"为前提的社会政治治理。"小国寡民,使有什伯之器而不用,使民重死而不远徙。虽有舟舆,无所乘之;虽有甲兵,无所陈之。使人复结绳而用之。甘其食,美其服,安其居,乐其俗。邻国相望,鸡犬之声相闻,民至老死不相往来。"只有在这样一个自然社会基础上,才能"为无为,则无不治"。(《老子》第八十、三章)毫无疑问,这样一种素朴治理模式与文明社会的存在和发展相矛盾,在大多情况下并不适用。因此,中国传统社会基层治理的主要模式是礼治,在宗法社会的差序格局的基础上确立礼治秩序。而地方治理、国家治理的主要模式则是德治为体、礼法并用。

西方传统社会也有类似的治理理念和治理实践。梭罗认为,"最好的政府掌管最少"甚至"最好的政府一无所掌"。[①] 这不是通常所谓无政府主义,而是实现非政府治理亦即社会自组织的职能。

斯密提出了"看不见的手"的理论。所谓"看不见的手"是一种对从利己出发的活动进行调节,从而使私利与公益相协调的力量。这是市场竞争机制。斯密指出:"一只看不见的手引导他们(指'经济人'——引者)对生活必需品作出几乎同土地在平均分配给全体居民的情况下所能

---

① 何怀宏编著:《西方公民不服从的传统》,长春:吉林人民出版社,2001,第16页。

作出的一样的分配,从而不知不觉地增进了社会利益,并为不断增多的人口提供生活资料。""在这场合,像在其他许多场合一样,他(指'经济人'——引者)受着一只看不见的手的指导,去尽力达到一个并非他本意想要达到的目的。也并不因为事非出于本意,就对社会有害。他追求自己的利益,往往使他能比在真正出于本意的情况下更有效地促进社会的利益。"① 按照斯密,政府是"看得见的手",市场是"看不见的手"。"第一只手"是政府治理,"第二只手"是非政府治理。此外还有"第三只手",同样是非政府治理,就是公民社会(市民社会)。②

所谓"公民社会",亦称"市民社会"(civil society),就是以市场经济为基础,以契约关系为中心,以尊重和保护社会成员的基本人身和财产权利为前提的社会。这种基于市场经济的契约关系,以及因此形成的社会自组织性,是市民社会概念的核心内涵。③ 黑格尔说:"市民社会,这是各个成员作为独立的单个人的联合,因而也就是在形式普遍性中的联合,这种联合是通过成员的需要,通过保障人身和财产的法律制度,和通过维护他们特殊利益和公共利益的外部秩序而建立起来的。"④ 泰勒说:"'市民社会'……即一个自治的社团网络,它独立于国家之外,在共同关心的事物中将市民联合起来,并通过他们的存在本身或行动,能对公共政策发生

---

① [英]亚当·斯密:《道德情操论》,蒋自强、钦北愚、朱仲棣、沈凯璋译,北京:商务印书馆,1997,第230页;[英]亚当·斯密:《国民财富的性质和原因的研究》下卷,郭大力、王亚南译,北京:商务印书馆,1974,第27页。

② 参见[美]埃莉诺·奥斯特罗姆:《公共事物的治理之道——集体行动制度的演进》,余逊达、陈旭东译,上海:上海三联书店,2000。

③ 这一概念来自亚里士多德。希腊文 Koinónia politiké 系指一种"城邦"。经过西塞罗,转译成为拉丁文 societas civilis,不仅意指单一国家,而且意指达到出现城市的文明社会的生活状况。到了近代,市民社会是指与自然状态相对应的政治社会或国家。进而,洛克提出"市民社会先于或外于国家",黑格尔提出"国家高于市民社会"。市民社会成为与政治社会或国家相分离的社会自组织的状态。

④ [德]黑格尔:《法哲学原理或自然法和国家学纲要》,范阳、张企泰译,北京:商务印书馆,1961,第174页。

第六章　社会文明与和谐中国

影响。"①总起来说,市民社会是指社会成员按照契约性规则,以自愿为前提和以自治为基础进行经济活动、社会活动的私域,以及进行议政和参政活动的非官方公域,是由独立自主的个人和集团构成的,不包括履行政府职能的组织和个人(公职人员、军人和警察)。企业家与知识人是中坚力量。市民社会、公民社会之间既相互联系,又相互区别。市民社会与公民社会的区分基于市民与公民的区分。霍耐特指出:"'市民'(Bourgeois)和'公民'(Citoyen)这两个概念。它们承担着两种不同的功能,只要政治共同体是建立在法律关系的基础上,人们就必须充当这样的角色。在第一种功能中,人们在法律调节的市场交换框架内以'个体为目的'追求私人利益。而在第二种功能中,人们以'普遍性自身为目的'积极参与政治意志的形成。"②因此,市民和市民社会倾向于"经济人"和"私人领域"的涵义;而公民和公民社会则倾向于"政治人"和"公共领域"的涵义。然而它们二分而又合一。公民社会(市民社会)为非政府治理提供了经济、社会的前提和基础。

罗西瑙等人提出了"没有政府的治理"的概念。"治理与政府统治并非同义词。尽管两者都涉及目的性行为、目标导向的活动和规则体系的含义,但是政府统治意味着由正式权力和警察力量支持的活动,以保证其适时制定的政策能够得到执行。治理则是由共同的目标所支持的,这个目标未必出自合法的以及正式规定的职责,而且它也不一定需要依靠强制力量克服挑战而使别人服从。换句话说,与统治相比,治理是一种内涵更为丰富的现象。它既包括政府机制,同时也包含非正式、非政府的机制,随着治理范围的扩大,各色人等和各类组织得以借助这些机制满足各自的需要、并实现各自的愿望。"③因此,治理包括政府治理(我们称之为

---

① [加]查尔斯·泰勒:《吁求市民社会》,宋伟杰译,载《文化与公共性》,汪晖、陈燕谷主编,北京:生活·读书·新知三联书店,2005,第171页。
② [德]阿克赛尔·霍耐特:《为承认而斗争》,胡继华译,上海:上海人民出版社,2005,第66页。
③ [美]詹姆斯·N·罗西瑙主编:《没有政府的治理》,张胜军、罗小林等译,南昌:江西人民出版社,2001,第4—5页。

"统治")和非政府治理(我们称之为"管理")两种基本形态。

从时间或空间维度来考察,非政府治理均表现为治理中的两端。也就是说,在时间维度上,在政府治理前和在政府治理后都存在着非政府治理;在空间维度上,基层治理和全球治理都趋向于非政府治理。在整个人类社会发展历程中,从非政府治理到政府治理是社会治理的异化,而由政府治理复归于非政府治理,则是社会治理异化的扬弃。我们应该懂得一个基本道理:并非社会为政府而存在,而是政府为社会而存在。

施米特将国家划分为四种类型,除了"立法型国家"、"司法型国家"和"政府型国家"之外,还有"管理型国家"。[①] 福柯将国家划分为三种类型,除了"司法国家"、"行政国家"之外,还有"治理国家"("国家的治理化")。[②] 施米特的"管理型国家"与福柯的"治理国家"("国家的治理化")有类似关系。它们大致是指治理的一种未来走向和理想状态,也就是某种非政府治理。

政府治理不仅遭遇未来非政府治理趋向的挑战,而且遭遇全球非政府治理趋向的挑战。全球化意味着国际秩序或世界秩序的重建。新秩序正在取代旧秩序。

秩序是行为的有序结构亦即行为依照某种模式相互关联,这种相互关联并非纯粹特殊的和偶然的,而是具有某种可以辨识的规范。规范是因应社会所面临的问题而形成的社会行为的惯例。而具体规范集合的方式则是制度,是为人们所广泛理解和接受的在特定领域里的社会行为的组织方法。换句话说,这种有序结构是反复出现的行为模式和可以预期的重复态势。全球秩序是两种既相互联系又相互区别的秩序:一是国际秩序,亦即民族国家体系;二是世界秩序,亦即人类社会体系。两者既有重叠交叉的部分,也有分离独立的部分。旧秩序首先并且主要是指以民

---

① 参见[德]卡尔·施米特:《政治的概念》,刘宗坤等译,上海:上海人民出版社,2004,第193页。
② 参见[法]米歇尔·福柯:《安全、领土与人口》,钱翰、陈晓径译,上海:上海人民出版社,2010,第93页。

族国家为主体的国际政治、经济秩序;而新秩序则转向包括民族国家、国际组织、跨国集团等等众多主体的世界政治、经济秩序。"可以认为,维持全球秩序的众多模式是在三种基本层次上展开的:(1)观念的主观的层次,……(2)行为的或客观的层次,……(3)集团的或政治的层次,……第一层次包括精神状态、信仰体系、共同价值,以及任何其他就是否做出反应而预先过滤各种世界政治事件的态度或认知模式。""维持任何全球秩序的第二层次的活动不是行为者的所思所想,而是有规律、模式化的行为,行为者通过这些行为来表达他们对于观念的理解。""第三层次的活动涉及主流秩序中更为正式和组织化的内容。它们是体系中各行为体创立的制度与规则,……作为体现观念和行为倾向的操作方式,它们显然是推动全球政治向前发展的核心要素。"[1]

传统国际体系通常是指威斯特伐利亚体系(1648 年威斯特伐利亚和约签定)。传统威斯特伐利亚体系具有两个核心特征,一是用法律来维持秩序,即国家有彼此尊重主权的义务;二是行为方式,即国家在内政和外交事务上享有高度自治权。传统国际体系是依照两个基本原则之一构成的:一是等级体制,就是通过霸权(强权)或者权力均势实现国际治理。霸权(强权)是指一个大国或国家集团在政治、经济,尤其军事上占据绝对优势,单独支配世界;权力均势是指两个或者两个以上大国或国家集团政治、经济,尤其军事势力相对均衡,共同支配世界。二是无政府体制。每个国家有政府,整个国际体系无政府。国际无政府状态表明,政府治理为国家边界所局限。经历了两次世界大战以及无数战争的磨难,从国际

---

[1] "可以明显区分的秩序至少有三种不同的形式。""从根本上讲,世界秩序可概括为紧密结合在一起的观念(或世界观)体系,该体系为人们(包括跨国性社群)所共享或于主观上接受。这种紧密联系的观念和价值规范包括政治和经济体系的思想、宗教观(及其角色)、本体论和认识论假设、对世界的使命意识、行动的合法性以及创造、演绎和遗忘历史的方式。""第二种形式的秩序是作为某一给定时间一定程度的跨国趋同的结果而出现的。""最后,第三种形式在某种程度上是为一定目的服务或'被治理的秩序'。"([美]詹姆斯·N·罗西瑙主编:《没有政府的治理》,张胜军、罗小林等译,南昌:江西人民出版社,2001,第 14—15、118—119 页)

联盟到联合国,迄今为止,世界政府并未降临人间。全球治理正是在这一历史背景下出现了非政府治理的趋向。

但是,国家治理、政府治理依然是社会治理的核心。也就是说,我们现在仍然处于社会治理异化阶段,国家权力是社会权力的异化,政府治理是社会治理的异化,扬弃这种异化,复归非政府治理,是一个漫长的历史过程和尚未实现的历史理想。现实的社会情况是:不仅地方治理、尤其国家治理作为社会治理核心环节,首先并且主要采取政府治理形式,而且,无论对于基层治理而言,还是对于全球治理而言,政府治理仍然是主导的形式,而非政府治理则是辅助的形式。

第七章　政治文明与民主中国

　　任何一个政治社会都是通过各种各样的行为及行为的规范化和制度化,将无序状态转化为有序状态,这种变无序为有序的政治行为也就是治理。但是,并非任何一种治理行为在任何一个时间、地点、条件下都具有合法性和正当性,因为我们既可以通过平和的方式,也可以通过强制的方式完成治理这一政治行为,正是在这一意义上,有序通常区分为良序和劣序,治理通常区分为善治(好的治理)和恶治(坏的治理)。

　　所谓良序就是自由与秩序的统一,而自由与秩序的对立则是劣序。治理是资源的配置,是权力的运作。我们不仅应当考虑治理的技术和艺术(治道),而且应当考虑治理的合法性和正当性(政道)。它究竟只是为了治理者自身的利益,还是为了被治理者的利益或整体的利益?——这同样是区分恶治(坏的治理)和善治(好的治理)的一个根本而又重要的标志。根据治理的主体和客体(对象)区别治理的各种不同体制,根据治理的方式和方法(技艺)区别治理的各种不同模式。治理包括政府统治和非政府管理,不同层级适用不同治理。国家治理是治理的首要方面。国体和政体是国家治理和政府治理的政治体制。

一、治理：资源、权力与秩序

治理具有某些约束条件，概括起来，就是资源与人性的中等状况。首先，资源处于中等状态。这决定了治理的必要性与可能性。假如资源绝对匮乏，就没有治理的可能性了，人们将会回到"自然状态"，按照"丛林法则"，生存竞争，乃至适者生存，优胜劣汰；假如资源无限丰富，就没有治理的必要性了，人们将会进入"黄金时代"，各尽所能，各取所需，取之不尽，用之不竭。其次，人性处于中等状态。因为人性就是人的需要—能力结构，所以这有两个方面：一是人的需要处于中等状态，既不是无欲无求，也不是贪得无厌。前者几乎没有必要治理，后者几乎没有可能治理。二是人的能力处于中等状态，既不是无知无能，也不是全知全能。前者视人如物，后者视人如神，治理对于他们都不适合。

作为一种权力行为，治理具有三个层面，首先是人们的利益也就是物质资源的分配和再分配；其次是人们的能力也就是人力资源的组织和再组织；最后，治理行为无论执行物质资源分配和再分配的职能，还是执行人力资源组织和再组织的职能，都需要确立合法性和正当性，这个合法性和正当性论证构成某种意识形态，任何意识形态都基于某种人性假设。假设越切近事实，合法性和正当性论证越充分。治理这一权力运作是在这样一个合法性和正当性论证支持下进行的资源配置。

治理是将无序状态转化为有序状态的政治行为。怎样转化？这也就是按照某一公认的原则和方法将具有各种用途的物（物质资源）和人（人力资源）配置给具有各类需求的人。这就叫做"资源配置"。

在古代中国，荀子将这种资源配置称之为"分"。"人之所以为人者何已也？曰：以其有辨也。……故人道莫不有辨，辨莫大于分，分莫大于礼，礼莫大于圣王。"按照我们现在说法，"辨"是一种差序结构，"分"是一种资源配置，"礼"是这种资源配置所依据的行为规范，这种行为规范是

"圣王"制作用来实现社会结合亦即社会治理的。"人何以能群？曰：分。分何以能行？曰：义。故义以分则和，和则一，一则多力，多力则彊，彊则能物；故宫室可得而居也。故序四时，裁万物，兼利天下，无它故焉，得之分义也。""义"与"分"的关系就是要求资源配置遵循公平正义的原则和方法。这也就是"明分使群"：只有通过资源配置，才能实现社会结合。"人之生不能无群，群而无分则争，争则乱，乱则穷矣。故无分者，人之大害也。有分者，天下之本利也。而人君者，所以管分之枢要也。"（《荀子·非相、王制、富国》）"人君"是"管分"的"枢要"。这就是说，通过资源配置实现社会治理。

休谟曾讽刺过作为与政治社会相对应的"自然状态"的"虚构"和"黄金时代"的"臆造"。政治社会的基本原则是"正义"，他说："正义只是起源于人的自私和有限的慷慨、以及自然为满足人类需要所准备的稀少的供应。"假如"生产或者极端丰足或者极端必需，植根于人类胸怀中的或者是完全的温良和人道，或者是完全的贪婪和恶毒"，正义（政治社会）就变成完全无用了。"社会的通常的境况是居于所有这些极端之间的中间状态。"[1]这也就是政治社会的资源约束和人性假设问题。当罗尔斯设计"原初状态"时，他援引了休谟的这一说法，认为这个原初状态是由一系列限制条件构成的，其中包括："客观环境中的中等匮乏条件"、"主观环境中的相互冷淡或对别人利益的不感兴趣的条件"等等；同时认为："相互冷淡＋无知之幕"的假设优于"仁爱＋知识"的假设。[2] 这就是说，资源的中等状况、人性的中等状况是治理的先决条件。

所谓资源，包括物质资源（物力）、人力资源（人力）及其货币表现（财力）三个方面。物质资源包括生活资料、生产资料以及环境（自然环境、人文环境、社会环境）；人力资源包括体力（体能）、脑力（智能）以及人与

---

[1] ［英］休谟：《人性论》下册，关文运译，北京：商务印书馆，1980，第536（534）页；［英］休谟：《道德原则研究》，曾晓平译，北京：商务印书馆，2001，第39、40（35—44）页。
[2] 参见［美］约翰·罗尔斯：《正义论》，何怀宏、何包钢、廖申白译，北京：中国社会科学出版社，1988。

人的结合力——群力(社会力)。所有资源具备两个基本属性：一是有用性，二是稀缺性。前者构成使用价值，后者构成交换价值。资源是任何具有使用价值和交换价值的物质系统和人力系统。

所谓中等资源状况，不是任何资源种类总是处于中等状况，相反，在相当一段历史时期内，有一些种类资源，例如粮食，经常接近绝对匮乏状态；而另一些种类资源，例如空气、阳光、水、土壤，则通常接近无限丰富状态。但是，总的资源约束条件处于中等状态。也许，今天我们摆脱了粮食资源的危机，但却面临着空气、阳光、水、土壤资源的危机。整个物质资源系统处于中等状况，是人类生存和发展的先决条件。

早在中国古代，荀子就提出了人类的本质特征在于制造—使用工具的伟大哲学命题："君子性非异也，善假于物也。"(《荀子·劝学》)同时，荀子指出了社会分工与合作的历史意义："水火有气而无生，草木有生而无知，禽兽有知而无义；人有气，有生，有知亦且有义，故最为天下贵也。力不若牛，走不若马，而牛马为用，何也？曰：人能群，彼不能群也。"(《荀子·王制》)这就说明，一方面，人力资源是物质资源的前提，人若不能利用物，物便是死的；人若能利用物，物便是活的。从手工工具到蒸汽机、发电机等等机器是人手的延长和体能的放大，计算机、电脑等等智能机器是人脑的延长和智能的放大，而机器人则二者兼备。换句话说，物质之所以成为资源，是因为能为人力所利用。另一方面，人力不仅仅是个人的力量，更重要和更根本的是社会结合的力量。因此，人得以利用物的技术(手段、方法)以及人们之间进行社会结合的纽带(规范、制度)也就可以概括在人力资源中。进而，上述两个方面所依据的知识系统(科学技术知识、人文社会知识)也就同样可以概括在人力资源中。

人力资源系统正像物质资源系统一样，总的资源约束条件处于中等状态。即使全部人类知识总和尤其科学技术知识总和绝对趋向无限发展态势(当代科学表明，人体在自然进化意义上已经特化，但仍可以人为进化；人脑已经自然开发的能量相对有限，至于人为开发的前景异常广阔)，但是，科学技术知识由于具有造福于人类和遗祸于人类的双重特性,其应用必须受到限制,以有利于而非有害于整个生态系统和人类社会系统为原则,这也就是人文社会知识的意义和价值所在。整个人力资源系统处于中等状况,是人类生存和发展的又一先决条件。

在人的需要—能力结构中,我们将人的能力方面归属于人力资源问题,将人的需要方面归属于人性问题。正如我们假设物质资源、人力资源亦即资源约束处于中等状况,我们同样假设人性处于中等状况,认为资源约束和人性处于中等状况是治理的前提和条件。资源过于丰富和人性过于美好,治理无必要;资源过于匮乏和人性过于丑恶,治理不可能。

治理是通过资源配置手段,达到化无序为有序的政治行为。若秩序为劣序,则治理为恶治(坏的治理);若秩序为良序,则治理为善治(好的治理)。"善恶、好坏、优劣",这些不是事实判断,而是价值判断。这就要求我们在治理的政治哲学与通常所谓统治术和治理术之间划清界限。

中国古代法家思想分为三派:商鞅讲"法",申不害讲"术",慎到讲"势"。最后,韩非子集法家思想之大成。他提出了"刑德二柄"、"形名参同"等等的统治方术:"明主之所导制其臣者,二柄而已矣。二柄者,刑德也。何谓刑德?曰:杀戮之谓刑,庆赏之谓德。为人臣者,畏诛罚而利庆赏。故人主自用其刑德,则群臣畏其威而归其利矣。""君操其名,臣效其形。形名参同,上下和调也。"(《韩非子·二柄、扬权》)韩非子"法术势"三合一,确立了专制君王的统治方术,就是君主利用人性的趋利避害的特点,恩威并施,宰制臣下。在《君主论》中,马基雅维里露骨地宣称,君主应当将"狮子的凶猛"和"狐狸的狡猾"结合起来。[1] 列宁曾经一针见血地指出,一切统治阶级都有两副面孔:一副是"刽子手"的面孔,一副是"牧师"的面孔;都有两手,一手拿着"大棒",一手拿着"胡萝卜"。[2] 这些也就是所谓统治术。

---

[1] 参见[意]尼科洛·马基雅维里:《君主论》,潘汉典译,北京:商务印书馆,1985,第83—84页。

[2] 参见《列宁选集》第2卷,中共中央编译局编译,北京:人民出版社,2012,第478页。

福柯曾系统研究过治理和治理术。根据他的说法,严格意义上的治理和治理术产生于16世纪西欧。福柯认为治理艺术的任务是"同时在向上和向下两个方向标明其连续性"。"向上的连续性指的是想把国家治理好的人,首先要学会如何治理自己,然后在更高层次上学会如何治理自己的财产,如何治理家业,如何治理自己的领地,最后,他才能成功地治理国家。……反过来,也有一种向下的连续性:当一个国家运转良好的时候,家长就知道如何照料家人,如何照料他的财产和他的家业,依此类推,个人也将按照他所应该做的那样行事。这条下行线把国家的良好治理遵循的同一原则传递到个人的行为和家庭的治理中,这就是人们开始称为'公共管理'(police)的东西。对君主的教育保证了各种治理形式向上的连续性,而公共管理则保证了治理形式向下的连续性。"福柯描述了"治理术"的知识谱系,从"家政学"到"政治经济学";"统计学"的出现,由此导致"人口",等等。他说:"实际上有一个统治权——规训——治理的三角,其首要目标是人口,其核心机制是安全配置(dispositifs de sécurité)。……应当注意:治理、人口、政治经济这三个运动,自从18世纪开始构成一个坚实的系列,这个系列直到今天仍然连为一体。"福柯这样给"治理术"下定义:"'治理术(gouvernementalité)'一词有三个意思:(1)由制度、程序、分析、反思、计算和策略所构成的总体,使得这种特殊然而复杂的权力形式得以实施,这种权力形式的目标是人口,其主要知识形式是政治经济学,其根本的技术工具是安全配置。(2)很久以来,整个西方都存在一种趋势和战线,它不断使这种可被称为'治理'的权力形式日益占据了突出地位,使它比其他所有权力形式(主权、规训等)更重要,这种趋势,一方面形成了一系列治理特有的装置(appareils),另一方面则导致了一整套知识(savoirs)的发展。(3)'治理术'这个词还意味着一个过程,或者说是这个过程的结果,在这一过程中,中世纪的司法国家(état de justice),在15世纪和16世纪转变为行政国家(état administratif),逐渐'治理化'了。""牧领、新的外交——军事技术,以及公共管理:我认为,这是国家的治理化得以产生的基石,而国家的治理化是西方历史上的基本现象。"①

治理的政治哲学不等同于统治术和治理术。政治哲学关注于统治、治理的合法性和正当性,权利与权力的法理。而统治术、治理术则关注于治理的可行性和实利性。没有政治哲学关于合法性、正当性的论证和辩护,一切都是权谋机变。

孙中山说:"政治两字的意思,浅而言之,政就是众人的事,治就是管理,管理众人的事便是政治。"②毛泽东说:"谁是我们的敌人?谁是我们的朋友?这个问题是革命的首要问题。"③无独有偶,外国人和中国人的思维是类似的。韦伯说:"何谓政治?'政治'是一个涵盖极为广泛的概念,每一种自主的领导(leitende)活动,都算是政治。""政治追求权力(Macht)的分享、追求对权力的分配有所影响——不论是在国家之间或者是在同一个国家内的各团体之间。"④施米特说:"所有政治活动和政治动机所能归结成的具体政治性划分便是朋友与敌人的划分。"⑤按照孙中山和韦伯的观点,政治就是权力运作;按照毛泽东和施米特的观点,政治就是敌我关系。由于革命和战争的影响,这些观点支配了我们的政治观念。

但是,政治除了党派性的职能之外,还有公共性的职能;除了权力运作之外,还有资源配置;更为根本和更为重要的,政治是政道、治道二者的统一。所谓治道,就是统治术、治理术;所谓政道,就是统治、治理的合法

---

① [法]米歇尔·福柯:《安全、领土与人口》,钱翰、陈晓径译,上海:上海人民出版社,2010,第74—75、79—80、91、93页。police,或译"治安";discipline,或译"纪律"。
② 《孙中山选集》下,北京:人民出版社,2011,第719页。
③ 《毛泽东选集》第1卷,北京:人民出版社,1991,第3页。
④ [德]韦伯:《学术与政治(韦伯作品集Ⅰ)》,钱永祥、林振贤、罗久蓉、简惠美、梁其姿、顾忠华译,桂林:广西师范大学出版社,2004,第195、197页。
⑤ [德]卡尔·施米特:《政治的概念》,刘宗坤等译,上海:上海人民出版社,2004,第106页。

性和正当性。牟宗三在《政道与治道》中提出:"政道是相应政权而言,治道是相应治权而言。……吏治相应治道而言,政治相应政道而言。"①蒋庆更进一步指出:"依中国的政治术语,合法性是'政道'问题,制度建构是'治道'问题。'政道'是体,'治道'是'用';'政道'规定'治道'的功能属性,'治道'为'政道'的价值目的服务。""所谓'政道',就是'政治权力的合法性',而'治道'则是合法的政治权力具体落实与运作的制度性安排,以及运用合法权力的方法与艺术。因此,'政道'高于并先于'治道','政道'是'治道'实现的目的和存在的基础,即'政治权力的合法性'是一切政治制度、方法、程序和艺术的目的和基础,离开了'政治权力的合法性',一切政治制度、政治方法、政治程序和政治艺术都失去了存在的意义与价值。"②

治理的合法性和正当性在于社会秩序与个人自由的统一。这就是说,个人自由的有无和多少是我们判断社会秩序优劣、社会治理善恶的根本标准。

关于自由,哈耶克说:"社会中他人的强制被尽可能地减到最小限度。这种状态我们称之为'自由'(freedom or liberty)的状态。""自由历来指人们按照自己的决定和计划去行动的可能性,与此相反的一种状况是某人不得不屈从于他人的意志,在他人专断的强制下被迫以特定方式去行动或放弃行动。因此,对自由的传统解释是:'不受他人武断意志的支配。'""自由的前提应该是:个人具有自己有保障的私人空间,在这一空间内,有许多事情是无法干预的。"③他特别强调将"个人自由"与"力量意义上的自由、政治自由和内在自由"区别开来。对于我们来说,由于缺乏自由传统以及我们对于自由固有的成见和偏见,我们总是将自由等同于

---

① 牟宗三:《政道与治道》,台北:台湾学生书局,2010,第1页。
② 蒋庆:《再论政治儒学》,上海:华东师范大学出版社,2011,第4、10页。
③ [英]弗里德里希·奥古斯特·冯·哈耶克:《自由宪章》,杨玉生、冯兴元、陈茅等译,北京:中国社会科学出版社,1999,第27、30、31页。

某种强制。譬如,孔夫子说:"七十而从心所欲,不逾矩。"(《论语·为政》)人们经常用这一句话来解释自由,将"自由"等同于对"规矩"的心理适应,这是"内在自由"("主观自由"、"心灵自由");孙中山说:"个人不可太过自由,国家要得完全自由。"①这是"政治自由";恩格斯说:"自由就在于根据对自然界的必然性的认识来支配我们自己和外部自然。"②毛泽东说:"自由是必然的认识和世界的改造。"③将"自由"等同于对"必然"的认识以及对世界的改造,这是"力量意义上的自由"。对于自由与纪律、自由与法律,我们也是类似的理解和解释。但是,规矩、必然、纪律、法律等等虽然有它们存在的理由,但我们却不能将个人自由还原于它们中的任意一项。个人自由是人们在私人领域里不受强制的状态。自由是人们的根本利益所在,除非人们的基本生存、安全和尊严受到严重威胁,自由是不可剥夺的。在公共领域里,自由除了受到自由本身限制之外,不受其他任何限制。通常,维护人的自由是最好的治理,但是,在人的自由具有必要和充分的理由(如重大自然灾害,战争、祸乱诸如此类重大社会灾难等紧急或者非常状态)被限制甚至被剥夺时,如果它不是为了治理者自身的利益,而是为了被治理者的利益或整体的利益,那么仍然是次好的治理,否则它便是权力的滥用。

关于秩序,首先,我们必须将政治社会的秩序与自然世界的秩序区别开来,譬如用熵增(正熵流)原理来解释无序,用熵减(负熵流)原理来解释有序,均与社会秩序无甚关联;其次,就自由和秩序的关系说,自由关涉的是私人领域,秩序关涉的是公共领域,二者在总体上可以分立;再次,在私域和公域交叉和重叠的部分,既有二者一致的时候和地方,也有二者矛盾的时候和地方;最后,在自由和秩序发生矛盾的时候和地方,表面上是

---

① 《孙中山选集》下,北京:人民出版社,2011,第750页。
② 《马克思恩格斯选集》第3卷,中共中央编译局编译,北京:人民出版社,2012,第492页。
③ 《毛泽东著作选读》下册,北京:人民出版社,1986,第485页。

自由受到秩序的限制,实质上仍然是自由受到自由的限制。总之,社会秩序不过是所有个人自由的整合而已。外在于个人自由的秩序,或者以个别人、少数人和多数人的个人自由来冒充的社会秩序,都是不正当的。以这种社会秩序来限制任何个人自由,都是非法的。

国家治理、政府治理涉及国体、政体及其相互关系问题。一般地说,国体是指国家性质,涉及主权和所有权问题;政体是指国家政权组织形式,涉及治权和领导权问题。在历史上,同样的国体可以有不同的政体,不同的国体也可以有相同的政体。换句话说,国体不变,政体可以变化;国体变化,政体也可以不变。改良就是改变政体,革命就是改造国体。

二、大众民主与协商民主

迄今为止,中国政治制度大致经历四个阶段、三次革命:第一阶段,从黄帝到尧、舜,所谓禅让制的传说折射某种原始氏族民主制的史实;第二阶段,世袭制取代禅让制,是中国历史上第一次政治制度的革命。从禹、汤到文、武、周公,即夏、商、周三代,以封建制(亦即地方分权和小割据)为典型特征,类似贵族制;第三阶段,郡县制取代封建制,是中国历史上第二次政治制度的革命。从秦、汉,历经隋、唐、宋到元、明、清,以郡县制(亦即中央集权和大一统)为典型特征,属于君主制。中国历史的主线是分合治乱,"合久必分,分久必合",分合循环就意味着治乱循环,分常常意味着乱,合往往意味着治。第四阶段,民国取代帝国、共和制取代君主制,是中国历史上第三次政治制度的革命。其间虽经历了许多曲折和反复,但民主与共和的历史潮流浩浩荡荡,不可阻挡。

但是,中国缺乏民主与共和的传统,只有君主与贵族的开明专制传统。譬如,孟子所谓"民为贵,社稷次之,君为轻",主张仁政、王道,与暴政、霸道相对应,但又极力维护社会分工、等级、阶级制度,将"君子"、"大人"与"野人"、"小人"对立起来:"无君子莫治野人,无野人莫养君子。""有大人之事,有小人之事。……故曰:或劳心,或劳力。劳心者治人,劳力者治于人。治于人者食人,治人者食于人。天下之通义也"。(《孟子·尽心下、滕文公上》)荀子也有类似观点,一方面强调"君者,善群也"。另一方面则强调"少事长,贱事贵,不肖事贤,是天下之通义也"。(《荀子·王制、仲尼》)这就是说,所谓民主,在中国传统政治中,不是由民做主,而是为民做主,其实是指一种贤良政治——人治(德治),既适用于君主制,也适用于贵族制,与现代民主与现代共和无甚关联。所谓共和,在中国传统政治中,曾有"周召共和"传说,是指在君王缺位情况下,两个大臣共同统治,这是一个特例,不具有普遍性和必然性。

古代希腊是各种政制或政体实验的时代和地域。君主、贵族、民主、共和的制度和理念早在希腊的城邦制度以及智者派、柏拉图和亚里士多德的政治思想和政治哲学中就出现了。比较而言,柏拉图更倾向于贵族制,最倾向于君主制。而亚里士多德则系统阐述共和制的精神:狭义的共和制与民主(平民)制均属众(多数)人之治,共和制是正常政制,是照顾公共利益的政体;民主(平民)制是变态政制,是照顾统治者们自身利益的政体。"西方 democracy 一词源于希腊文 demokratia,它是由 demos(人民)和 kratos(权力、统治)两个词连缀而成,意为人民支配或统治。而'共和'来自于拉丁文 respublica,其原初的意思是公共事情(物),17 世纪之前常用来指涉国家(state or commonwealth);此后其含义是指有别于世袭君主制的政治制度。共和政治或共和主义(respublicanism)意味着国家事务从君主的家庭私事中分解出来,成为公共事务。换言之,'民主'主张人民作主或大众支配,'共和'则强调参政者的道德,主张私领域和公共领域的分离。"[①]

[①] 金观涛、刘青峰:《观念史研究——中国现代重要政治术语的形成》,北京:法律出版社,2010,第 18 页。

[表7.1] 治理体制

正常政制	变态政制	涵义	适用领域
君主制	僭主制	一人之治	行政权
贵族制	寡头制	少数人之治	司法权
民主制	平民制	众(多数)人之治	立法权
共和制	无	1. 众人或多数人之治 2. 公民政治 3. 法治 4. 以中庸(适度)为德政 5. 中产阶级统治 6. 混合宪制 7. 实行权力制衡 8. 代议制或代表制民主 9. 以多元社会文化为背景的公共政治领域 10. 世界共和国亦即将共和制应用于世界体系	均适用

当代中国政治体制包括这样几个基本方面:一是党的领导,二是人民当家作主(通过人民代表大会制度、人民政治协商制度体现),三是依法治国。

首先,党的领导。

中国古代就有"党"这个词,在古代汉语里,"党"这个词有褒有贬,习惯与"朋"连用,叫做"朋党"。北宋欧阳修在《朋党论》中指出:"臣闻朋党之说,自古有之,惟幸人君辨其君子小人而已。大凡君子与君子以同道为朋,小人与小人以同利为朋,此自然之理也。"所谓"君子与君子以同道为朋",就是"立党为公";所谓"小人与小人以同利为朋",就是"结党营私"。朋党还不是政党,并没有明确的政治见解和组织形式。在希腊城邦里,也有一些党派分子。柏拉图晚年把公民与党派分子对立起来,党派分子是为个人与集团谋利益的,而公民则为了整个共同体的利益而服从城邦法律。在《法治篇》中,晚年柏拉图认为民主制、寡头制、独裁制,"这些制度实际上是'非政制'。它们中间没有一个是真正的政制,它们的恰当名称是'党派的支配地位'。"①

现代政党包括两种类型,一是政见型政党,二是意识形态型政党。资产阶级政党绝大多数是政见型政党。无产阶级政党同样多半是政见型政党,比如委托马克思和恩格斯撰写《共产党宣言》的共产主义者同盟。马克思和恩格斯意识形态色彩并不鲜明,只是一般强调无产阶级的"联合"。马克思在《国际工人协会共同章程》中指出:"工人阶级的解放应该由工人阶级自己去争取。"②因此,第一国际和第二国际时期的各国工人阶级政党,并未形成意识形态型政党,还是政见型政党。然而,列宁为了将经济斗争提升为政治斗争,反对自发性,强调自觉性,在《怎么办》中提出了著名的"灌输论":"我们说,工人本来也不可能有社会民主主义的意识。这种意识只能从外面灌输进去。""阶级政治意识只能从外面灌输给工人,即只能从经济斗争外面,从工人同厂主的关系范围外面灌输给工人。"③这种"灌输论"已经显露了马克思主义意识形态的端倪。列宁主义是马克思主义意识形态化的典型,列宁特别强调无产阶级政党的"组织",强调建立"职业革命家团体",建立"先锋队"。意识形态型政党最典型的范例是列宁创立的,这种意识形态型政党通常叫做"列宁党"("布尔什维克党")。列宁布尔什维克党不仅在俄国取得了十月革命的胜利,而且通过第三国际(共产国际),在其他国家(尤其中国)发扬光大。金观涛、刘青峰指出:"列宁主义政党在组织结构上和西方议会政党的基本差

---

① 《柏拉图全集》第3卷,王晓朝译,北京:人民出版社,2003,第591页。
② 《马克思恩格斯选集》第3卷,中共中央编译局编译,北京:人民出版社,2012,第171页。
③ 《列宁选集》第1卷,中共中央编译局编译,北京:人民出版社,2012,第317、363页。

别在于：它有着笼罩每一个党员的基层组织。"①所谓列宁党（布尔什维克党）是意识形态型政党，就是这个政党建立在马克思主义意识形态的基础上，形成了一个有机的组织，通常叫做"战斗堡垒"。在革命年代和战争年代，列宁党（布尔什维克党）的优越性就表现出来了，因为它是一个有机组织（战斗堡垒），其他党是一些自由联合。胜利必然是属于列宁党（布尔什维克党）的。

所谓意识形态和政见的区别，在于政见是具有宽容性或包容性的政治见解，而意识形态则是具有专一性和排他性的政治意识。因此，政见型政党亦是议会选举型政党，如民初宋教仁组建的国民党（1912）、梁启超组建的进步党（1913）。意识形态型政党亦是政社一体化政党，如同样在苏俄（共产国际）帮助下，陈独秀和李大钊成立的中国共产党（1921）、孙中山改组的中国国民党（1924）等。比较而言，中国共产党是以马列主义为意识形态的强意识形态型政党，而中国国民党则是以三民主义为意识形态的弱意识形态型政党。金观涛、刘青峰指出："列宁主义政党（包括国共两党）的三大功能：保持党员的意识形态认同；将党员转化为军人和各级干部；组织群众运动在基层确立新意识形态权威。这三项功能恰好是实现中国重新整合的必要条件。"②国共两党既有社会组织职能，又有政治领导职能，而中国共产党则比中国国民党更能够有效发挥自身职能。

当革命党变成执政党时，政党意识形态就会转为国家意识形态，从而形成党国体制。党国体制是孙中山从他的民权主义思想中发挥出来的。大家知道，孙中山既有一个革命方略，又有一个建国方略，大致是说革命建国分成三个时期：第一个时期是军政时期，第二个时期是训政时期，第三个时期是宪政时期。但是，孙中山的训政理论包含两个约束条件：一是真正的训政要实行自治，要训练人民政治能力；二是真正的训政有一个期

---

① 金观涛、刘青峰：《开放中的变迁——再论中国社会超稳定结构》，北京：法律出版社，2010，第242页。

② 金观涛、刘青峰：《开放中的变迁——再论中国社会超稳定结构》，北京：法律出版社，2010，第257页。

限。军政也好,训政也好,是暂时的,是过渡性质的,最后的目的是实行宪政。① 晚年,孙中山主张"以党治国",②通过改组国民党的手段,达到改造国家的目的。孙中山晚年思想转向,提出"以党治国",经过蒋介石,南京国民政府最终建立党国体制。民国变成党国,三民主义政党意识形态变成国家意识形态。

中国共产党曾经批评中国国民党的一党专政或党国体制,自己在历次党章和宪法中都没有以党治国或党国体制的明文规定,但是始终强调党的领导。究竟党的领导和党国体制是什么关系?首先,在中国国民党那里,人民主权是国体,以党治国是政体。在中国共产党这里,党的领导、人民主权是在国体和政体的双重意义上规定的。然后,以党治国和党的领导的合法性和限度。孙中山提出训政的理由是在承认民权前提下,通过"权能分别"假设,主张"万能政府",而又认为人民政治能力不足,需要"以党治国",但是附加两个限制条件:一是期限(六年),二是以训练人民自治为还政于民准备。而列宁则认为,工人阶级只有自发性,只能进行经济斗争,只有通过"先锋队"或"职业革命家团体"(即共产党)"灌输"马克思主义意识形态,才能提高自觉性,进行政治斗争。由于马克思主义强调从无产阶级革命到共产主义实现,整个社会主义过渡时期实行无产阶级专政,而列宁则强调无产阶级必须经过共产党领导,那么,党的领导就贯穿了整个社会主义过渡时期,至于工人自治一套主张不是列宁主义,而是民主社会主义或社会民主主义的主张。由此可见,党的领导比党国体制更突出党的政治地位,同时,人民主权在国体和政体意义上的双重规定克服了"权能分别"的局限。

金观涛、刘青峰认为,中国传统社会是通过儒士整合社会,建构儒家意识形态一体化结构。这一结构在中国现代社会转型中解构。从而出现两个替补型结构,一是通过中国国民党整合社会,建构三民主义意识形态

---

① 参见《孙中山选集》上,北京:人民出版社,2011,第82—83页,《孙中山选集》下,北京:人民出版社,2011,第624页。
② 《孙中山选集》下,北京:人民出版社,2011,第544—545页。

一体化结构;二是通过中国共产党整合社会,建构马列主义意识形态一体化结构。而中国共产党则比中国国民党具有更加强大的意识形态和组织功能。在中国历史上,始终没有宗教和教会的强大整合力量,在儒家意识形态和儒士的整合失效后,国共两党对于中国现代社会转型是具有重大历史作用的。这就是两大意识形态型(政社一体化)政党形成和发展的历史根源。直到公民(市民)社会出现,宪政实现,政见型(议会选举型)政党才会登上历史舞台。①

其次,人民主权。

人民主权,换句话说,就是主权在民、人民当家做主、一切权力属于人民。这一观念颠覆了中国政治"普天之下,莫非王土;率土之滨,莫非王臣"(《诗经·小雅·谷风·北山》)的历史传统。中国没有民主传统,只有民本传统,譬如孟子所谓"民为贵,社稷次之,君为轻"(《孟子·尽心下》),不是由民做主的民主主义,而是为民做主的民本主义。

民主的制度和理念早在希腊的城邦制度以及智者派、柏拉图和亚里士多德的政治思想和政治哲学中就出现了。城邦是与"领土国家"相对应的"城市国家"。在希腊各个城邦中,并不是每个城邦都采用民主制度,它只是其中的一种类型,最著名的是雅典的城邦民主制度。由于城邦疆域很小,经济上自给,政治上自治,便于实行主权在民与直接民主的制度。所谓城邦,就是一个公民团体。由于城邦人口很少,排斥妇女、奴隶议政参政,所以公民人数是很少的。这个公民集团,按照亚里士多德的说法"轮番为治",每个公民既有被统治的义务也有统治的权利。但是,除了智者派拥护民主制度之外,柏拉图和亚里士多德并不赞同民主制度,民主制度是他们所划分的政治体制的一种类型,是所有坏的政制中最不坏的,但也是所有好的政制中最不好的。他们不仅不倡导,甚至还批评民主原则。尤其柏拉图反对民主制,认为民主制将"'最优者的统治权'让位

---

① 参见金观涛、刘青峰:《开放中的变迁——再论中国社会超稳定结构》,北京:法律出版社,2010。

给了一种邪恶的'听众的统治权'"①。在《理想国》中，柏拉图除集中探讨他的理想的政治制度(王治)外，还探讨了四种现实的政治制度：斯巴达克里特政制、寡头政制、民主政制、僭主政制。亚里士多德不探讨理想的政体，只讨论现实的政体。在《伦理学》中，亚里士多德讨论了三种政体：君主制、贵族制、资产制或共和制，三者由最好到最不好排序；每种政体都有一种变体：僭主制、寡头制、民主制，三者由最坏到最不坏排序。在《政治学》中，亚里士多德分析了三种统治：主人对奴仆的统治、家长对家属的统治、城邦宪政统治。在探讨城邦宪政统治时，亚里士多德将各种政体划分为两类：正当或正宗的政体、错误的政体或正宗政体的变态(偏离)。亚里士多德说："依绝对公正的原则来评断，凡照顾到公共利益的各种政体就都是正当或正宗的政体；而那些只照顾统治者们的利益的政体就都是错误的政体或正宗政体的变态(偏离)。这类变态政体都是专制的[他们以主人管理其奴仆那种方式施行统治]，而城邦却正是自由人所组成的团体。"②正宗政体有三类：王制(君主政体)、贵族(贤能)政体、共和政体。而变态政体也有三类：僭主政体、寡头政体、平民政体。变态政体就是专制政体，在这种政体中，人与人的关系就是主奴关系，或者君臣关系；正宗政体就是城邦公民政治，在这种政体中，人与人的关系就是自由人之间的关系。

到了神权政治时代，"君权神授"和"朕即国家"的观念彻底埋葬了古典时代的民主观念。

现代人民主权观念依据于自然权利论和社会契约论。其中分为两派：一派是英国的霍布斯和法国的卢梭，主张集权论；另一派则是英国的洛克和法国的孟德斯鸠，主张分权论。这也就是"专政"和"宪政"的区分。集权导致专政，分权导致宪政。前者就是政府代表人民，将人民主权转化为政府治权。后者就是宪法之治，是法治的最高典范；也是通过限制

---

① 《柏拉图全集》第3卷，王晓朝译，北京：人民出版社，2003，第458页。
② [古希腊]亚里士多德：《政治学》，吴寿彭译，北京：商务印书馆，1965，第135页。

政府治权,以便实现人民主权。

霍布斯将"自然状态"等同于"战争状态",认为人人具有"自然权利":一是"寻求和平,信守和平",二是"保卫我们自己"。①但是,每个人都行使自卫这一天赋自然权利就会导致普遍战争状态。在这种情况下,每个人都同意将一切基本权利转让给主权者,主权者至高无上。洛克将"自然状态"与"战争状态"区别开来:自然状态是自然的自由状态和平等状态。人类的自由和理性推动了人类从自然状态,经过战争状态,最后到公民社会的历史进程。洛克认为个人基本权利不可转让,为了捍卫个人基本自由,主张政府的目的是保护私有财产。洛克指出:"必须说明,我所谓财产,在这里和在其他地方,都是指人们在他们的身心和物质方面的财产而言。"②这就是说,洛克所谓私有财产,不是狭义的、专指人们的物质方面的财产,而是广义的、泛指人们的身心和物质方面的财产,其实是指包括私有财产在内的私人领域。洛克认为最好的政府形式是议会具有最高主权,立法和行政的两权分立制度。洛克提出"三权"——立法权、执行权和对外权,但是只提出立法和行政(包括执行、对外)的"两权分立",未提出"三权分立"。立法、行政和司法的"三权分立"是孟德斯鸠提出的。

卢梭将"自然状态"与"战争状态"区别开来。他以家庭为自然状态的典型,分析了政治社会(国家)的起源和基础。从人的利己本性中,卢梭进而探讨社会契约问题。卢梭特别区分了"公意"与"众意":"众意与公意之间经常总是有很大的差别;公意只着眼于公共的利益,而众意则着眼于私人的利益,众意只是个别意志的总和。但是,除掉这些个别意志间正负相抵消的部分而外,则剩下的总和仍然是公意。"③卢梭主张自然权利论,即人人生而自由平等;主张人民主权论,即主权在民,个人将一切基

---

① 参见[英]霍布斯:《利维坦》,黎思复、黎廷弼译,北京:商务印书馆,1985,第98页。
② [英]洛克:《政府论——论政府的真正起源、范围和目的》下篇,叶启芳、瞿菊农译,北京:商务印书馆,1964,第106页。
③ [法]卢梭:《社会契约论》,何兆武译,北京:商务印书馆,2003,第35页。

本权利转让给主权者——人民,政府是人民自由意志的产物,所以人民有权废除一个违反自己意愿的、剥夺自己自由的政府。因此,与霍布斯、洛克、孟德斯鸠等人相比较,卢梭是人民主权思想的主要代表。人民主权就是人民意志,就是公意,不可转让、不可分割、不可摧毁。

人民如何行使主权?在通常情况下,人民不能直接行使主权,只能间接行使主权,这就从直接民主转变为间接民主,也就是代议制民主。密尔指出:"显然能够充分满足社会所有要求的唯一政府是全体人民参加的政府;任何参加,即使是参加最小的公共职务也是有益的;这种参加的范围大小应到处和社会一般进步程度所允许的范围一样;只有容许所有的人在国家主权中都有一份才是终究可以想望的。但是既然在面积和人口超过一个小市镇的社会里除公共事务的某些极次要的部分外所有的人亲自参加公共事务是不可能的,从而就可得出结论说,一个完善政府的理想类型一定是代议制政府了。""代议制政体就是,全体人民或一大部分人民通过由他们定期选出的代表行使最后的控制权,这种权力在每一种政体都必定存在于某个地方。"[①]代议制民主也就是现代西方议会制度。

我们可以说代议制就是代表制,但却不能说代表制就是代议制。因为有两种代表制,它们之间的共同点就是它们都是间接民主,不是直接民主,直接民主应该在一个面积很小和人口很少的基层范围内实行,今天你当家,明天我做主,轮番为治。但是,虽然都是间接民主,两种代表制仍然有根本差别。它们的不同点涉及分权和集权的差异。作为代议制的代表制坚持分权原则,议行分离,人民代表只议不行;而另外一种代表制则坚持集权原则,议行合一,人民代表既议又行。马克思在总结1871年巴黎公社的经验时指出:"公社是一个实干的而不是议会式的机构,它既是行政机关,同时也是立法机关。""普选权不是为了每三年或六年决定一次由统治阶级中什么人在议会里当人民的假代表,而是为了服务于组织在公社里的人民,正如个人选择权服务于任何一个为自己企业招雇工人和

[①] [英]J. S. 密尔:《代议制政府》,汪瑄译,北京:商务印书馆,1982,第55、68页。

管理人员的雇主一样。"①列宁说得更加明确："每隔几年决定一次究竟由统治阶级中什么人在议会里镇压人民、压迫人民，——这就是资产阶级议会制的真正本质，不仅在议会制的立宪君主国内是这样，而且在最民主的共和国内也是这样。""摆脱议会制的出路，当然不在于取消代表机构和选举制，而在于把代表机构由清谈馆变为'实干的'机构。"②这就是无产阶级民主和资产阶级民主的对立，也就是社会主义国家代表制（如苏维埃、人民代表大会等）和资本主义国家代议制的区别。

民国时期，人民主权观念主要反映在孙中山的民权主义中。孙中山在提出民权主义时，他的思想主要受到了卢梭的影响，但是他主要赞成瑞士（卢梭也是赞成瑞士）和美国的民主制度，他认为这是直接民权。孙中山并不赞成间接民权，既不认同西方的"代议政体"（议会政治），也不了解俄国的"人民独裁"，他自己主张所谓"全民政治"。孙中山认为人民行使主权包括四种，这是学习瑞士和美国民主制度的结论：两种是对于官制而言的，就是选举权和罢免权；两种是对于法制而言的，就是创制权和复决权。四种民权，就是四种政权；还有五种政府权，就是五种治权。孙中山提出一个原则，叫做"权能分别"，这是一个关键。所谓权能分别，就是说权属于人民，但是能属于政府；或者说人民有权但无能，政府无权但有能。孙中山认为政府行使权力包括五种：行政权、立法权、司法权、考试权、监察权。西方的政治制度是三权分立，孙中山设计了五权分立，他认为西方有行政权、立法权、司法权三权分立，而中国传统则有君权、考试权、监察权三权分立，两者综合，于是他把西方和中国传统结合起来，体现中国国情、中国特色，提出了"五权分立"。③后来国民党就搞了五权宪法，还搞了五院制度，就是这样一个根据。总之，孙中山的民权主义最核心的一条，在处理人民的政权（主权）和政府的治权的关系时，最关键的原则就是权能分别。结果，人民的主权虚置，政府的权力万能，人民的主

---

① 《马克思恩格斯选集》第3卷,中共中央编译局编译,人民出版社,2012,第98、100页。
② 《列宁选集》第3卷,中共中央编译局编译,人民出版社,2012,第150、151页。
③ 参见《孙中山选集》下,北京:人民出版社,2011,第503—516、769—832页。

权通过这个原则就全部转化为政府的权力,政府全权代表人民。这就是权能分别的把戏。

人民主权问题涉及国体和政体的关系。当年立宪派和革命派争论的要害就在这里。革命派着力于改造国体,推翻帝制,建立民国,认为国体一旦改造,政体随之改变;立宪派着力于改变政体,推翻专制,建立宪政,认为君主、民主,只要专制都是坏的,只要立宪都是好的。立宪派认为,革命派改造国体代价高昂,而改变政体则代价低廉,因此反对革命,坚持立宪。一般地说,改良就是改变政体,革命就是改造国体。还在延安时期,毛泽东就用马克思主义阶级斗争学说重新界定了"国体"和"政体",在《新民主主义论》中指出:"国体""其实,它只是指的一个问题,就是社会各阶级在国家中的地位。""政体""那是指的政权构成的形式问题,指的一定的社会阶级取何种形式去组织那反对敌人保护自己的政权机关。""国体——各革命阶级联合专政。政体——民主集中制。"[①]

"人民"这个概念在民国时期和在人民共和国时期,含义发生了很大的变化。民国时期,"人民"和"国民"、"公民"是相等的概念。人民共和国时期,"人民"概念经过重新界定。马克思主义唯物史观和群众史观认为,人民是分为阶级的,是推动历史前进的人们。这就是说,并不是所有的阶级都属于人民,剥削阶级、压迫阶级、反动阶级不属于人民,劳动阶级、进步阶级、革命阶级属于人民。建国前夕,在《论人民民主专政》中,毛泽东指出:"人民是什么?在中国,在现阶段,是工人阶级,农民阶级,城市小资产阶级和民族资产阶级。"[②]随着社会主义改造基本完成,从经济标准来划分阶级就失去了效力,反右、"文革"时期,进而用政治思想标准去划分阶级,甚至用血统标准去划分阶级。这样一来,任一个人,一旦被宣布为阶级敌人,就只有义务,没有权利了。这样,就为一切践踏人权的丑恶行径提供了法理依据。不仅如此,"人民"作为集合名词,时刻存

---

① 《毛泽东选集》第2卷,北京:人民出版社,1991,第676、677页。
② 《毛泽东选集》第4卷,北京:人民出版社,1991,第1475页。

在着被抽象化的危险。因此,必须将"人民"重新还原为"国民"、"公民"。国民和公民,他们享受的权利、遵守的义务,是由宪法和法律来规定的。这样,"人民"这个概念就不会被抽象化,它仅仅是国民或公民的集合。

现行国体就是人民民主专政。在《论人民民主专政》中,毛泽东将"人民民主专政"等同于"人民民主独裁",指出:"这两方面,对人民内部的民主方面和对反动派的专政方面,互相结合起来,就是人民民主专政。""总结我们的经验,集中到一点,就是工人阶级(经过共产党)领导的以工农联盟为基础的人民民主专政。这个专政必须和国际革命力量团结一致。"①现行政体就是人民代表大会制度,实行民主集中制。在《论联合政府》中,毛泽东解释"民主集中制",指出:"它是民主的,又是集中的,就是说,在民主基础上的集中,在集中指导下的民主。"②对于有一些人来说,人民民主专政、民主集中制,好像"圆的方、方的圆"一样不好理解,但是我们经过辩证法训练,习惯于把两个对立面糅合为一个统一体。有人认为,民主是一个好东西,专政(独裁)、集中是一些坏东西,因此应该只叫"民主",不叫"专政(独裁)"、"集中"。但是关键在于根本政治制度通过政治体制改革予以健全、完善。

最根本和最重要的问题就是如何处理集权和分权的关系。我国人民代表大会制度不是西方议会制度。议会制度是分权制度,议行分离,议员不能参加政府,议会议政,政府行政,两者是分离的。人民代表大会制度是集权制度,议行合一,人民代表大会首先并且主要包含各级领导干部,议政、行政,两者是合一的。西方批评我们权力没有制衡;我们批评西方行政没有效率。这里涉及集权和分权的关系。一般的规律是:只有通过分权,才能达到集权。关键在于集权到哪个级别上。上一级的集权往往要求下一级的分权,反过来说,下一级的分权才能保证上一级的集权。民

---

① 《毛泽东选集》第4卷,北京:人民出版社,1991,第1475、1480页。
② 《毛泽东选集》第3卷,北京:人民出版社,1991,第1057页。

主,就是人民具有最高权力。人民要集权,就决定了政府应分权。当然,分权未必都是立法、行政、司法三权分立,还有其他分权模式。现行政治制度具有自己分权模式,党政分权是这一分权模式的核心,通常党权涉及意识形态(宣传)、干部人事(组织)以及军权。这种分权模式应当得到认真研究。

其实,民主就是一个委托代理关系(委托代理模型)。人民应该是委托人,政府应该是代理人。政府代理人民的委托的权限应该由宪法和法律来规定,代理人不能逾越委托人所规定的权限。必须确立一个有法律保障的委托代理关系,这样才能实现人民主权,才能使得人民的主权和政府的治权之间的关系不至于被异化。人民和政府的关系应该是委托代理的关系,这个委托代理关系是由宪法和整个法律体系来规定的,这应该被理解为"依宪治国,依宪执政"的一个具体表述。这种委托代理关系具有这样两个基本特点:第一,委托人转让给代理人的只是部分权力,不是全部权力。必须划分私人领域和公共领域的界限,私人领域不受公共权力侵犯。第二,在公共领域内,按照层级原则,越低层级越小范围,权力可转让性越少;越高层级越大范围,权力可转让性越多。这就是一个从直接民主到间接民主的层级序列:基层(例如村乡县级)实行直接民主,中层(省级)高层(中央)实行间接民主,但是,委托人对于代理人具有终极权力。

最后,政治协商。

民国时期,与人民主权、以党治国相比较,政治协商几乎没有任何现成思想资源可资利用,它几乎是纯粹的理论创新和制度创新,包括"旧政协"(1946)、"新政协"(1949)。

两个或者多个政见型政党可以在议会制下并存(多党制与议会制并行)。但是,两个或者多个意识形态型政党除了要么合作抗敌,要么你死我活之外,可否和平共处?政治协商是解决这一问题的制度尝试。但是,这样一种协商政治的理念和实践,对于当时的中国国民党、中国共产党和第三党来说,都过于超前了。

旧政协之所以最终破产,是因为这个政协制度是两大意识形态政党之间（通过第三党居间调和）利益博弈的结果、实力均衡的结果，是讨价还价的政治谈判。双方都要把自己利益最大化，把对方利益最小化，结果必须找到一个均衡点，这个均衡点由双方实力来较量，在双方实力大致均衡时就会开始谈判，只要均衡一旦打破，这个谈判就会结束，武力解决问题。之所以边打边谈，谈谈打打，是因为谈判不是对话，不是协商，谈判没有通过对话，达成协商。而新政协则是中国共产党和民主党派之间的政治协商机制，民主党派承认中国共产党领导，中国共产党是执政党，民主党派是参政党，这与西方执政党与反对党的关系全然不同。

但是，政治协商应该是不同意识形态政党超越意识形态达成的一种公共政治行为，是在不同意识形态集团中建立的一种共识机制。双方或者各方只要具备最小共识，就有了对话、协商的基础。在对话中，通过求同存异，逐步缩小异见，扩大共识，从程序共识，经过原则共识，到具体共识，而协商则是对话、共识的落实。当今时代，无论国内政治（例如台海两岸），还是国际政治，超越意识形态，在各种不同意识形态集团中达成和解的可能性越来越大，武力解决问题的可能性越来越小，也就是说，对话、协商，追求共识，这可能就是协商政治的一个最根本和最主要的含义。

政治参与有两种模式：公职人员的选举与公共意见的表达。在公职人员的选举上，可以承认并接受代议制或者代表制，实行"大众民主"；但是在公共意见的表达上，公众是不能被替代、被代表的，必须通过公共领域的自由讨论，实行"协商民主"。

协商民主具有下列三个特点：其一，协商民主具有反精英的特点。协商民主的基本假设是个人的局限性。虽然在协商过程中，专家的权威必不可免，但是协商民主更加强调所有公民的平等参与。其二，协商民主并非多数表决，协商民主的计算单位是意见而非个人。多数人并不一定产生好结果，"多数人暴政"的说法便反映了人们对于多数人的一种担忧。其三，协商民主并非直接民主。协商是一个经过讨论，求同存异，达成共识的过程。协商的过程起到了一种过滤机制的作用，即过滤掉人们的激情和欲望，呈现出人们的理性和知识。

协商民主不是协商，但是以协商为前提。协商可以推动民主实现两个目标：一是群体或组织有效获取个人持有的分散信息；二是使众人或多数人的结果优于一人或少数人。

由协商到协商民主，必须具有一些制度环境。一是人人平等的原则。现代社会平等原则是通过公民身份实现的。二是言论自由的环境。只有尊重言论自由才能鼓励人们发表意见。三是参与者具有多元性。参与者的多元性可以纠正极端的倾向。四是激励机制。人们通过发表自己的意见能够有所收益而不致亏本。

三、礼治与法治

我们可以将治理的基本模式划分为人治、德治、礼治和法治四种。其中，前两种属于人格化治理模式，后两种属于制度化治理模式。除此之外，还有其他一些治理模式，或可对应于其中之一，如武治、文治对应于人治、德治；或可附属于其中之一，如乐治附属于礼治，术治、势治附属于法治，或属于理想治理模式，如道治等。

四种治理模式不仅是四种治道，而且是四种政道。韦伯指出："在原则上，支配的心理根据——也就是说支配的正当性根据——有三。第一、'永恒的昨日'的权威：也就是权威因为'古已如此'的威信和去尊信的习惯，而变成神圣的习俗（Sitte）。这是……'传统型'支配。其次，权威可以来自个人身上超凡的恩典之赐（Gnadengabe）——即所谓的卡里斯玛（Charisma）。这种权威，来自受支配者对某一个个人身上显示出来的启示、英雄性的气质或事迹或其他的领袖特质，所发的人格上的皈依和信赖；这是'卡里斯玛'型的支配。……最后，还有一型支配，靠的是人对法规成文条款之妥当性的信任、对于按照合理性方式制定的规则所界定的事务性（sachliche）'职权'的妥当性有其信任。这也就是说，对于合于法规的职责的执行，人们会去服从。……无论如何，如果去诘问这些服从的

'正当性'根据,则答案不出于这三种'纯粹'类型:传统型的、卡里斯玛型的和法制型的。"①这一划分虽然未必穷尽所有政道——治理的合法性和正当性类型,但是,如果我们用这一划分来概括四种治理模式,大致可以将人治、德治归结为"卡里斯玛型"的,礼治归结为"传统型",而法治则归结为"法制型"。

[表7.2]治理模式

模式	类型	特点	适用领域
人治	人格化	人的任性统治	均不适用
德治	人格化	1. 以身作则 2. 道德教化	自我(个人)治理 私人领域
礼治	制度化	1. 等级差异 2. 和而不同	基层治理 公共领域——熟人社会
法治	制度化	1. 低级法与高级法的统一 2. 形式法治与实质法治的统一 3. 公共领域(公共道德)与宪政的统一	国家治理 公共领域——生人社会

人治、德治、礼治、法治四种治理模式大致穷尽了所有可能的治理模式。其他分类方式可以与之类比。施米特划分了四类国家:"立法型国家"(Gesetzgebungsstaat)、"司法型国家"(Jurisdiktionsstaaten)、"政府型国家"和"管理型国家"(Regierungs – odre Verwaltungsstaaten)。②"立法型国家"、"司法型国家"是"法治国家"的两种不同形式;而"政府型国家"则是"人治(德治)国家";至于"管理型国家",是治理的一种理想状态。

---

① [德]韦伯:《学术与政治(韦伯作品集Ⅰ)》,钱永祥、林振贤、罗久蓉、简惠美、梁其姿、顾忠华译,桂林:广西师范大学出版社,2004,第198—200页。

② 参见[德]卡尔·施米特:《政治的概念》,刘宗坤等译,上海:上海人民出版社,2004,第192、192—193页。

福柯亦有类似划分。① 但是只有"司法(型)国家",没有"立法(型)国家","行政国家"就是"政府型国家","治理国家"就是"管理型国家"。

人们通常认为,中国的传统是人治,西方的传统是法治。这个比较虽然大而化之,但却揭示了中西传统治理模式的根本特点。

在中国政治哲学传统中,人治似乎是唯一的治理模式。这里,人治就是德治。以德治为中心,礼治、法治并用,就是将礼治、法治当作辅助工具(手段)运用,附属于德治,而礼治又高于法治。"子曰:'道之以政,齐之以刑,民免而无耻;道之以德,齐之以礼,有耻且格。'"在孔子思想体系中,"礼"是"仁"(即"德")的表现形式,而"复礼"又在"正名"上得到表现。"礼"是礼仪,"名"是名分。孔子主张"君君、臣臣、父父、子子"。提出"必也正名乎"。认为:"名不正则言不顺,言不顺则事不成,事不成则礼乐不兴,礼乐不兴则刑罚不中,刑罚不中则民无所措手足。"(《论语·为政、颜渊、子路》)这就是德治、礼治、法治三种治理模式的序列。这里包含三种关系:

首先,德治与礼治的关系,就是"内圣"与"外王"的关系。孟子言"性善",主"内圣",就是主张启发人的善端,实现"仁政"和"王道"的理想;荀子言"性恶",主"外王",就是主张"隆礼重法",改善人的本性。儒家主张"内圣外王"之道,以"内圣"为本,以"外王"为末,这就是儒家的伦理政治结构,也就是儒家的德礼兼治模式。德治是强调道德的内容、内在化的道德修养,礼治是强调道德的形式、外在化的道德规范,前者是人格化的治理模式,后者是制度化的治理模式。

其次,德治与法治的关系,就是儒家与法家的关系。孟子认为:"徒善不足以为政,徒法不能以自行。"(《孟子·离娄上》)只有道德教化,或者只有法律规训,作为政治是不行的。这就要求统治者将德治和法治结合起来,将儒家和法家结合起来。所谓"外儒内法"("阳儒阴法")就是

---

① 参见[法]米歇尔·福柯:《安全、领土与人口》,钱翰、陈晓径译,上海:上海人民出版社,2010,第92—93页。

这样一种统治术。另外还有一种类似的统治术是"外道内法"("阳道阴法"),就是将道治和法治结合起来,将道家和法家结合起来,同样为统治者所运用。"道治",就是道家所主张的,根据"自然"之道,实行"无为"之治,是一种不治而治的理想治理模式。

最后,礼治与法治的关系,也是儒家与法家的关系。"礼不下庶人,刑不上大夫。"(《礼记·曲礼上》)这是说明礼治、法治分别所适用的对象,反映了宗法社会的等级秩序。这里,不是说士大夫不受法律约束,庶人没有伦理规范;而是说对于士大夫不应适用严刑峻法,之所以如此,主要是为了保持士大夫的尊严,而对于庶人则不必适用繁文缛礼。在实践中,法律规则对社会上层亦有约束作用,伦理规则对社会下层更有约束作用。"礼者,禁于将然之前;而法者,禁于已然之后。"([汉]戴德:《大戴礼记·礼察》)这是说明礼治、法治分别所具有的功能,礼有教化功能,防范于未萌;法有规训功能,惩戒于已发。只有礼法兼治才能获得完整治理效果。在中国传统礼法兼治模式中,礼治高于并且先于法治。例如所谓"引礼入法"、"引经释律"。最著名的制度表现便是"春秋决狱",又称"引经断狱",是以儒家思想为断狱的指导思想,要求司法官吏在审判案件时,以儒家经典,特别是《春秋》作为分析案情、认定犯罪的根据,解释和适用法律。汉朝时期形成的春秋决狱制度源于孔子的"原心定罪",就是通过诉诸伦理规范来解释和适用法律条文,是礼法结合的典范。

总之,中国传统社会的治理模式是这样一种综合治理模式,其中包括内圣外王(德礼兼治)、外儒内法、阳儒阴法(德法兼治、礼法兼治)等等,它们包括两个层面:一个是具体的规范制度的层面,一个是抽象的意识形态的层面。礼是德的外在形式,礼治包含德治。因此,礼法兼治是这种治理模式的总体框架。中国传统的礼治观念主要源于儒家。作为治理模式的礼治包括两个层面:一个是对上层,一个是对下层。对上层,礼治强调士大夫共同体强化内部认同以及约束,对统治阶层的这种约束,主要是通过抽象的意识形态,而不是通过具体的规范制度。对下层,礼治注重于庶民社会日常伦理规范的约束作用。中国传统的法治观念主要源于法家。

法家强调规则、赏罚分明、法律面前人人平等(君主例外)。就其形式特征而言,作为一种治理模式,中国传统(法家)的法治与西方的法治是一致的。然而,就其实质而言,法家之法是专制之法、人治之法,而不是法制之法、法治之法。与人治相反对,法治是现代社会的重要治理模式,主要是指以法律或规则作为治理的最终依据。

礼治秩序和法治秩序是建立在两种不同的社会和文化的基础上的。费孝通比较了两种社会的差异。他说:"在社会学中,我们常分出两种不同性质的社会,一种并没有具体目的,只是因为在一起生长而发生的社会,一种是为了要完成一件任务而结合的社会。用 Tönnies 的话说,前者是 Gemeinschaft,后者是 Gesellschaft,用 Durkheim 的话说,前者是'有机的团结',后者是'机械的团结'。用我们自己的话说,前者是礼俗社会,后者是法理社会。"同时,通过"感情定向",费孝通比较了两种文化的差异。他说:"Oswald Spengler 在'西方陆沉论'里曾说西洋曾有两种文化模式,一种他称作亚普罗式的,Apollonian,一种他称作浮士德式的,Faustian。亚普罗式的文化认定宇宙的安排有一个完善的秩序,这个秩序超于人力的创造,人不过是去接受它,安于其位,维持它;但是人连维持它的力量都没有,天堂遗失了,黄金时代过去了。这是西方古典的精神。现代的文化却是浮士德式的。他们把冲突看成存在的基础,生命是阻碍的克服;没有了阻碍,生命也就失去了意义。他们把前途看成无尽的创造过程,不断的变。""乡土社会是亚普罗式的,而现代社会是浮士德式的。"[①]由于社会和文化的转型,传统的礼治秩序已经解构,但现代的法治秩序却尚未建构。礼法结合的治理模式正是在转型社会和文化的背景下提出的。

各种治理模式具有各自所适用的领域。总起来说,作为人格化的治理模式,德治适用于自我(个人)治理的私人领域,自律律己、修身养性;

[①] 费孝通:《乡土中国》,北京:生活·读书·新知三联书店,1985,第 5、43 页。Tönnies 现译藤尼斯,Gemeinschaft 意为共同体、社区或团体,Gesellschaft 意为社会、社群和文化圈;Durkheim 现译涂尔干;Oswald Spengler 现译斯宾格勒,Apollonian 现译阿波罗,Faustia 仍译浮士德。

作为制度化的治理模式,礼治、法治适用于社会治理的公共领域,他律律人、统治管理;其中,礼治主要适用于"熟人社会",而法治则主要适用于"生人社会"。因此,在政治治理问题上,我们不必讨论德治问题,只要讨论礼治、法治以及礼法兼治问题。

人们对礼法结合模式的批评往往注重于对礼的内容和法的内容的批评,忽视了礼法结合作为一种治理模式的特征。仅仅从礼的内容和法的内容来看,两者是无法相容的。礼的前提是一套差序体系,而法的前提则是一个平等结构;礼从人性善出发,而法则从人性恶出发;等等。二者在内容上截然对立。但在治理模式上,二者却可以协调。

礼治与法治的根本区别在于它们各自所依据的常识理性和超越理性的对立。何谓常识理性?金观涛和刘青峰说:"所谓常识合理精神有两重含义:第一,不去追问自然现象常识背后的原因;第二,视感情方面的常识为天然合理,即把人人都具有的自然感情(或人之常情)当作合理性终极来源。""常识是指人们在日常生活中天天经历或感受到以至于熟视无睹的现象或经验。常识又可以分为自然现象常识和社会常识。在常识合理的支配下,对自然现象常识而言就是承认它是'独化'的,不必追溯这一存在或现象的原因,即视常识为本来如此,不需加以解释的东西。社会常识是那些和人的行为有关、人人知晓并遵行的行为模式,在中国,其合理性就是符合道德伦理。"①在某种程度上,常识理性就等同于柏克努力维护的传统,是一种多人智识的产物。根据柏克的观点,长时期存在的传统基于多人长时间的判断,相比个人理性更为可靠。② 关于常识理性,我

---

① 金观涛、刘青峰:《中国现代思想的起源——超稳定结构与中国政治文化的演变》第1卷,北京:法律出版社,2011,第93、94页。"常识理性"类似于"实用理性",正如超越理性类似于思辨理性。何谓实用理性?李泽厚说:"所谓'实践(用)理性,首先指的是一种理性精神或理性态度。""这种理性具有极端重视现实实用的特点。即它不在理论上去探求讨论、争辨难以解决的哲学课题,并认为不必要去进行这种纯思辨的抽象。……与此相当,不是去追求来世拯救、三生业报或灵魂不朽,而是把'不朽'、'拯救'都放在此生的世间功业文章中。"(李泽厚:《中国古代思想史论》,北京:人民出版社,1986,第29、30页)

② 参见[英]柏克:《法国革命论》,何兆武、许振洲、彭刚译,北京:商务印书馆,1998。

们应当划清这样几个界限:其一,常识理性不完全等同于常识。常识必须以理性精神为取舍,有些常识其实并不符合理性精神,属于陈规陋俗。其二,常识理性不完全等同于常理。常识理性包含地方性知识,但却不等同于地方性知识,常识理性是人们普遍接受的常理。其三,常识理性不完全等同于人情。人情具有个体性、特殊性,而常识理性则是具有总体性、普遍性的人之常情。其四,常识理性也不完全等同于民意。民意可能受到煽动和蛊惑,有些是非理性的。而常识理性则是经历史积淀、由多人智识形成的有理性的民意。其五,常识理性不等同于道德。常识理性一般是符合道德的,但并非所有道德都属于常识理性,有些道德领域可以接受的事情是非理性的。其六,常识理性也不等同于道德意识形态,道德意识形态往往导致伪善,而常识理性则强调在法律中考虑良心因素。常识理性以基本的是非观为基础。常识理性因时间、地点不同而有所不同。任何一种习俗只要不违背人性,就可以获得认可,而习俗的演变则应当尊重自然规律和历史传统。

礼属于常识理性,礼治是中国原创性的治理模式。中国传统治理模式——礼法兼治,就是以礼治为主,把常识理性融入法治之中。这是旧礼法结合模式。我们今天所倡导的新礼法结合模式,就是批判吸取中国传统治理模式中的合理因素,不是照搬照套古代礼与法的具体内容。新礼法结合中的礼,应该拒斥其意识形态层面,主要指被民情、民意所认同的规范制度层面,符合现代正义观念的道德律和习惯法,而不是陈规陋俗。新礼法结合中的法,不是中国传统(法家)人治之法,而是现代法治之法。在新礼法结合模式下,礼与法各有不同的适用范围,类似于英美法中的衡平法与普通法,法对应于具体规则,礼对应于常识理性。其中,常识理性是矫正法律教条,使其符合自身,而不是取代规则本身。总之,所谓新礼法结合,就是以法治为主,把常识理性融入法治之中,让民情和民意在日常政治和司法过程中正常地出场,构建一种有德性的法治。构建新礼法结合模式就是在法律之治的基础上构建良法之治。因此,构建新礼法结合模式不是权宜变通之计,而是长治久安之策。也就是说,不仅在中国法

治转型之中,即使在中国法治完备之后,依然需要常识理性。之所以如此,是因为下列三个理由:

第一,在西方法治发展历程中,如果人们对于实定法不满意或者实定法本身不正义,可以诉诸超验正义(自然法和神定法)。而二者在中国传统中都是缺失的,因而以常识理性来弥补实定法之不足是一个必要的选择。常识理性主要面向世俗世界,既不能替代超验正义,也不能取消制度理性。常识理性(礼治)与法治的结合更适合于中国的文化传统和社会环境。背离常识理性,法律之治不可能是良法之治。没有法律是万万不能的,但法律不是万能的。

第二,中国缺乏民主传统,立法、行政、司法过程没有民众参与,最高权力没有限制。一旦缺乏某种常识理性的制约,在缺乏其他制度制约的情况下,必然导致对法律规则的滥用。在中国传统社会政治生活中,常识理性就起到了对权力的制约作用。在中央层面上,体现为儒家意识形态对皇权的制约;在地方层面上,体现为儒家意识形态对官员行为的制约。在司法实践中,常识理性更是关键要素。

第三,法治强调正义(公正),常识理性(礼治)强调仁爱(仁慈)。根据休谟和斯密的观点,这是两种基本美德。正义(公正)属于消极美德,仁爱(仁慈)属于积极美德。消极美德是人们为之而不被赞扬和报答,不为之则受责备和惩罚的美德;反之,积极美德是人们为之而被赞扬和报答,不为之则不受责备和惩罚的美德。消极美德是社会存在的必要条件,积极美德是社会发展的充分条件。① 在消极美德的基础上,正是积极美德创造了社会和谐。由此可见礼治(常识理性)在德政上对法治的补充。

---

① 参见[英]休谟:《人性论》下册,关文运译,北京:商务印书馆,1980;[英]休谟:《道德原则研究》,曾晓平译,北京:商务印书馆,2001;[英]亚当·斯密:《道德情操论》,蒋自强、钦北愚、朱仲棣、沈凯璋译,北京:商务印书馆,1997。

第八章　精神文明与文明中国

中国文化具有两个描述维度：从时间维度来描述，它是走向现代化的传统文化，或是处于现代化历史进程中的传统文化，或是传统文化的现代化；从空间维度来描述，它是回应全球化的本土文化，或是处于全球化历史态势中的本土文化，或是本土文化的全球化。归根结底，这正是同一历史进程的两个不同方面，也可以说，由于现代化进入了全球化的阶段，中国文化在走向现代化历史进程中，出现了回应全球化的历史态势。前者是中国文化道路，是民族文化复兴的道路；后者是中国文化模式，是大国文化崛起的模式。

中国梦是中华民族复兴之梦和大国崛起之梦，是走向现代化的中国道路和回应全球化的中国模式的概括和总结。社会主义核心价值观反映了当代中国文化的根本特质，凝聚了当代中国文化的主要资源，为实现中国梦提供了永续的文化动力和保障。精神文明建设是生态文明建设、物质文明建设、社会文明建设、政治文明建设的必然要求，而文明中国则是美丽中国、富强中国、和谐中国、民主中国的必然结果。五个文明建设完成之日，便是中国梦实现之时。

一、走向现代化的中国传统文化

中国号称"中华"。"中"指中央,是国名,意谓居四方之中央;"华"指华夏,是族名,意谓光辉、文采、精粹,亦即文化发达。中国文化在世界文化中有着重要的地位和影响,在世界四大文化(中国文化、印度文化、阿拉伯文化和西方文化)中,中国文化别具特色。中国传统文化是中华民族(以汉族为主体)历史活动内化和积淀的产物和表现。与其他文化相比较,一方面,中国传统文化具有其顽固的封闭性和保守性的缺点;另一方面,它又具有其强大的同化力和繁衍力的优势。我们可以将中国传统文化规定为前后两个基本模式:一是原生态模式——儒道互补;二是再生态模式——儒释道合流。

中国传统文化首先并且主要是指儒家意识形态。[①] 这一意识形态早在周代开国时就确立了。为了总结殷所以亡和周所以兴的历史经验教训,周公(姬旦)制定了"敬德保民,以德配天,制礼作乐"的意识形态纲领。"敬德保民,以德配天"亦即"得民心得天下"之类伦理—政治纲领。由此在周与夏商间划分了一条意识形态的界限。此前是以"帝"的概念为核心的宗教观念,此后是以"天"的概念为核心的伦理—政治意识形态。

春秋战国时期,社会进一步发展。社会的急剧动荡和变革,导致"礼坏乐崩","百家争鸣"。由此,孔子强调"天命","以仁释礼",孟子"以义阐仁",进一步将"礼制"发展为"礼教"("仁义道德"),并提出了"仁政王

---

① 金观涛、刘青峰在《兴盛与危机》中提出:中国传统社会是儒家"意识形态与社会组织的一体化结构",即"宗法一体化结构(或传统一体化结构)",形成"超稳定系统",在"传统一体化解体、意识形态更替、新一体化建立"中循环往复,不断发展。这种"用周期性动荡来清除一体化结构在调节中释放出来的无组织力量,以保持这种组织方式的长期稳定的构制"就是"超稳定结构"。(参见金观涛、刘青峰:《兴盛与危机——论中国封建社会的超稳定结构》,北京:法律出版社,2010)

道",发展了周公的伦理—政治纲领。此后,荀子进一步将"礼教"发展为"礼法"。秦灭六国,以郡县制取代了封建制,确立了中央集权和大一统的社会秩序。秦始皇采纳了韩非的法家思想及李斯关于"以法为教、以吏为师"的意见和"焚书坑儒"的主张。秦重法家,二世而亡。汉初(汉高祖、文帝、景帝)重道(法)家(黄老之学),主张"休养生息、无为而治"。汉武帝采纳了董仲舒"罢黜百家,独尊儒术"的建议,"定于一尊",儒家从而成为中国传统意识形态。所谓儒家意识形态,其实不是儒家一家,而是兼容道家、法家等家,如"外儒内法"("阳儒阴法")、"外道内法"("阳道阴法")等,中国历朝历代的统治者以之为统治术。

先秦秦汉时期是中国传统文化的建构时期,形成了"儒道互补"的文化模式。儒家从血缘生殖这一人际自然关系中建构人际社会关系,形成伦理主义——社会(家族)本位。而道家则从人的自然本性中形成审美主义——自然本位。作为中国传统文化的原生态模式,所谓儒道互补,正是二者之间所形成的一种张力结构。

儒家思想的基本特点是重人事、轻鬼神;重人伦、轻物理。孔子提出:"务民之义,敬鬼神而远之。""未能事人,焉能事鬼?""未知生,焉知死?"(《论语·雍也、先进》)在中国传统文化语境中,"伦"指人际关系。儒家思想的基本特点是从人伦中划分出一个天伦来,并且以天伦为人伦之基础。如果我们将人伦理解为人际关系的话,那么,天伦即人际天然(自然)关系(亲属——血亲、姻亲关系)。人际自然关系是人际社会关系的基础。人伦(天伦)之理是儒学的研究对象。"理"指道理。但是,伦理之理并非等于物理、事理、天理之理。这个理是性理、情理、伦常日用之理——日常生活之理。与其他宗教相比较,在儒教教堂——家庭中,人们不是礼拜上帝,而是礼拜祖先;不是在来世的天国中寻找虚幻的幸福,而是在现世的尘世中享受世俗的欢乐。因此,儒教的基本特征是以人际关怀和历史关怀来代替终极关怀,以伦理的耻感和审美的乐感来代替宗教的罪感—爱感。① 在儒家内,同样以孔子为宗师,孟子被人们认为是"醇儒",而荀子则被人们认为是"杂儒"。由此引出"内圣"(孟子)、"外王"(荀子)两条基本路线,并以内圣(心性儒学)为本,而以外王(政治儒学)为末,这就是儒家的伦理—政治文化结构。"孔曰成仁,孟曰取义。"孔孟"仁义"精神以社会(以家族为基本单位)为本位,以伦理的态度来对待人与人(人与自我、与他人、与社会)之间的关系,可以称为"伦理的人本主义"(社会——家族本位主义)。

儒道两家相反相成。道家思想的基本特点是超脱人世,回归自然,复返于原人或原生状态:无知无识、无欲无求。因此,道家是以无限的"混沌"为有限的现世人生的本体。老庄"道德"精神以自然为本位,以审美的态度来对待人与自然界之间的关系,可以称为"审美的自然主义"(自然本位主义)。

儒道互补,作为中国传统文化模式,类似于"太极图"。儒家为阳刚一极,道家为阴柔一极。儒中有道,道中有儒。二者互补:"进则为儒,退则为道。"儒道互补是中国传统文化的基本结构。儒家的伦理主义——社会(家族)本位主义,强调个人对于社会(家族)的顺从,而道家的审美主义——自然本位主义,则强调人对于自然界的顺应。这就是中国传统文化的根本特征。其利处在于维持以家族为基本单位的社会(系统)与个人(要素)之间的亲善关系,保持社会(系统)与自然(环境)之间的和谐关系;其弊端在于压抑人们的主体性和个体性,拒斥任何一种宗教精神和科学精神。前者为它造成了强大的同化力和繁衍力的优势;后者给它带来了顽固的封闭性和保守性的缺点。

---

① 韦伯指出:"中国的语言里没有特别指'宗教'(Religion)的字眼。有的只是1.'教'(Lehre)——士人学派的(教);2.'礼'——在本质上并不分辨其为宗教性的或因袭性的(礼)。儒教(Konfuzianismus)的中国官方称呼即为'士人之教'(Lehre der Literaten)。"([德]韦伯:《中国的宗教;宗教与世界(韦伯作品集V)》,康乐、简惠美译,桂林:广西师范大学出版社,2004)儒教可称"文教"。

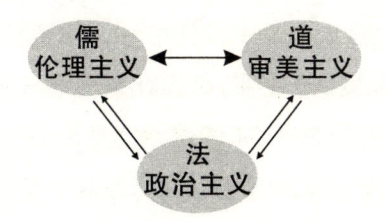

[图8.1]中国传统精神的原生态模式——儒道互补

但是,儒教是世俗的,道教是所谓粗陋的宗教,附会了许多庸俗的迷信观念。作为民族基本性格,儒道互补这一结构逐步失去原有张力,由此解构,导致了中国传统文化的危机。隋唐五代宋元明清时期是中国传统文化的补构时期。通过援引外来文化资源(佛教),补救本土文化资源(儒家、道家),最终形成了"儒释道合流"的文化模式。

佛教传入及其中国化之后,形成了中国传统文化的再生态模式——儒释道合流。一方面是儒家——理学、心学的伦理主义,另一方面则是佛教——禅宗、道家的审美主义,转换了以往的儒道互补结构,使其变得更加精深、博大。

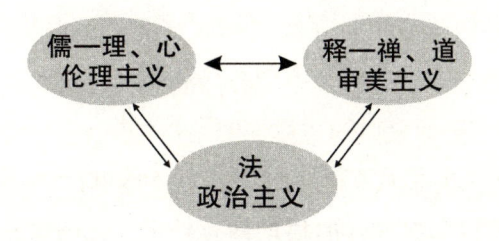

[图8.2]中国传统精神的再生态模式——儒释道合流

在历史上,中国传统文化经历了三次另类文化的挑战和状态各异的应战:第一次是所谓夷夏之辨。"夏"是华夏(亦即汉族),"夷"指四夷(所谓东夷南蛮西戎北狄亦即周边少数民族)。总起来说,华夏(汉族)文明比较先进,而四夷(少数民族)文明尤其势力比较大和威胁比较大的北方少数民族文明则大多比较落后。因此,在夷夏间,华夏(汉族)文明总是能够征服四夷(少数民族)文明,甚至出现这样一种情况:当汉族在政治上被少数民族征服时,少数民族依然在文化上被汉族征服(如蒙元、满清等王朝)。孟子所谓"吾闻用夏变夷者,未闻变于夷者也"(《孟子·滕文公上》)。正是这个意思。这就在中华民族心理上养成了中央大国的文化心态。第二次是所谓华梵之辨。"华"是中华,"梵"指印度。大约从南北朝开始,佛教传入中国。总起来说,中华文明、印度文明在同一层面上。但是佛教博大精深,非儒、道两家所可比。因此,佛学东渐构成了对于中国固有文化传统的冲击,中国固有文化传统作出了态度各异的回应。至隋唐,佛教开始中国化(禅宗)。至宋明,佛教完成中国化。中国固有文化传统(理学、心学)在批判地吸取了佛学因素后,恢复了原有的正统地位。第三次是所谓中西之辨或古今中西之辨。这一次来势之猛烈,变化之迅疾,去向之莫测,比第一、二次有过之而无不及。第一次是以强对弱,第二次是势均力敌,这一次是以弱对强。总起来说,中国传统文明比较落后,而西方近现代文明则比较先进。因此,西学东渐或新学东渐构成了对于中国固有文化传统更为迅猛的冲击,中国固有文化传统同样作出了态度各异的回应。(古今)中西之辨是夷夏之辨、华梵之辨在新的历史条件下的继续,反映了近现代中国的文化情结。

伴随西方列强政治、经济入侵的是西方文化入侵。从此之后,中国文化就主要不是从自身传统文化而是西方外来文化中寻求近代(现代)化的资源了。直至五四运动时期,借助西方外来文化的媒介,中国文化终于实现了从传统到近现代的变革。历史的事实是,中国近现代文化不是内生型、先发型,而是外生型、后发型。

鸦片战争以来,面对列强入侵、西学(新学)东渐,中国人逐渐形成了"师夷"—"制夷"(魏源的名言是"师夷之长技以制夷")的两难情结。"制夷"(抵制西方侵略)是目的,"师夷"(师法西方特长)是手段。中国人在"制夷"问题上,除极少、极个别的汉奸和卖国贼外,绝大多数人似乎没有什么分歧,而在"师夷"问题上则经历了一个漫长而又艰难的认识过程。主要的问题似乎有四个:一是为何学习?学习的目的是为了中国富强。在这个问题上几乎没有什么争论。二是向谁学习?先后学习的对象有日本、欧美、苏俄。学习日本是间接地学习西方,学习欧美是直接地学习西方。但是,所谓西方文化对于中国影响,就英美、欧陆两大西方文化传统说,在程度上是不等的。总起来说,西方文化对于中国影响,其中欧陆(法德)文化比较英美文化更甚。三民主义、马列主义分别作为中国国民党、中国共产党的指导思想,先后成为民国和人民共和国的意识形态,影响到了全体人民以及整个民族,而自由主义影响则始终没有超越知识分子圈子。三是学习什么?先后学习的内容是物质文化、制度文化、精神文化。在洋务运动时期,人们只是认识到近代(现代)化的物质层面。在这种观念中,"技"是近现代的,而"道"则仍然是传统的。从戊戌变法到辛亥革命时期,人们进一步认识到近代(现代)化的制度层面。维新、变法、改良是和平渐进的方式,革命是暴力激进的方式,但二者的目标都是实现制度变革。在这种观念中,制度近代(现代)化是物质近代(现代)化的前提条件。五四运动时期,人们进一步认识到近代(现代)化的精神层面。以新思想代替旧思想、以新文化代替旧文化,成为时代主题。在这种观念中,人的精神近代(现代)化是物质近代(现代)化与制度近代(现代)化的前提条件。四是怎样学习?先后提出的方案有"中体西用"或"本位文化"、"全盘西化"、"拿来主义"或"西体中用"、"古为今用、洋为中用"或"综合创新"等等。

总之,五四运动时期,中国人的文化反省、反思已经进入到了精神文化层面,从而开启了从旧思想到新思想、从旧文化到新文化的伟大历史转折过程。

五四文化是当代中国文化的第一个基本形态。它是当代中国文化三大资源——中国传统文化、西方外来文化和马克思主义文化的第一次汇合。它是启蒙、救亡、社会改造的三重交响,形成了"民主的、科学的"新文化。新文化运动首先真正产生重大社会历史影响的是白话文运动。语言是文化的载体。从胡适的"文学改良"到陈独秀的"文学革命",新文化运动中的白话文运动正是在这一意义上进行了一场文体的变革。从文言文到白话文的改良,结束了语文二分的局面,开启了语文合一的时代,推动上层文化朝向下层移动,这是从贵族文化到平民文化的革命。五四运动是中国文化从传统到近现代的变革时期:一方面是解构,是批判中国传统文化;另一方面则是建构,是创造中国近现代文化。作为中国近现代文化的原生态模式,五四文化是民主精神和科学精神。当然,五四时期人们对于"民主"和"科学"的理解是不同的。① 但是,虽然在理解上存在这样那样区别甚至对立,民主和科学的权威已经确立。二者相辅相成。民主精神和科学精神的有机统一构成中国近现代文化。因此,五四文化对于中国传统文化是一次创造性转换或转换性创造。中国近现代文化的实质是个人本位主义或社会本位主义。因此,批判传统家族主义,确立近现代个人主义和社会主义,是五四运动消解传统文化,确立近现代文化的关键。从五四运动起,中国文化近代化和现代化的历史进程就正式开始了。五四之后,右翼(中国国民党的三民主义意识形态)、左翼(中国共产党的马列主义意识形态)、中间道路(自由主义),构成了当代中国文化的三个主要分支。在左右两翼交战中,自由主义淡出,而左翼文化则以弱胜强,最终战胜右翼文化。

---

① 按照张灏的说法,就"民主"说,可以说胡适是"低调的民主观",而陈独秀则是"高调的民主观"。张灏认为,近代西方民主观念有两个基本类型:高调的民主观:"民主是为实现一种道德理想而产生的制度。"低调的民主观:"民主……是针对人性的有限而构想的一种制度。"(张灏:"中国近代转型时期的民主观念",原载香港《二十一世纪》1993年8月号,引自《二十世纪中国思想史论》上,许纪霖编,北京:东方出版中心,2000,第154、156页)按照郭颖颐的说法,就"科学"说,可以说胡适是"经验论的科学主义",而陈独秀则是"唯物论的科学主义"。郭颖颐认为,中国的科学主义,有两种形态:经验论的科学主义和唯物论的科学主义,前者主要是自由主义的,后者主要是马克思主义的。[参见郭颖颐:《中国现代思想中的唯科学主义(1900—1950)》,雷颐译,南京:江苏人民出版社,1989,引自同上书]

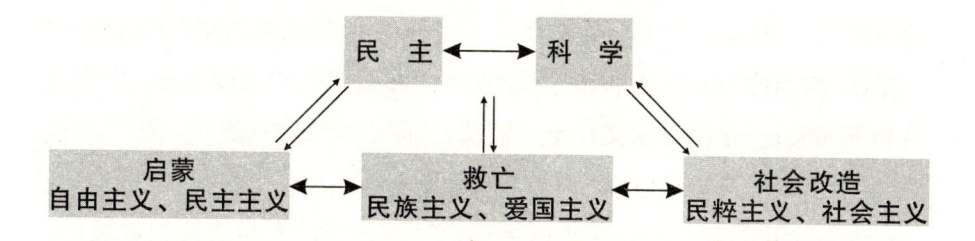

```
        民  主 ←——→ 科  学
          ↕         ↕         ↕
   启蒙            救亡           社会改造
 自由主义、民主主义 ←→ 民族主义、爱国主义 ←→ 民粹主义、社会主义
```

[图8.3]中国近现代精神的原生态模式——五四精神

延安文化是当代中国文化的第二个基本形态。当代中国文化第一次形成了以马克思主义文化为主导,汇合中国传统文化和西方外来文化的局面。经过延安整风运动,中国共产党的马列主义意识形态转变成为毛泽东思想,形成了新民主主义以及"民族的、科学的、大众的"新民主主义文化。作为中国近现代文化的再生态模式,延安文化是民族精神、科学精神和大众精神。三者相辅相成。延安文化的实质是人民本位主义和革命功利主义。在总体上,延安文化继续推动了五四文化开创的中国文化近代化和现代化的历史进程,而在这一历史进程中又充分开发了中国的民族民间文化资源。但是,正是在这种情况下,延安文化在一定程度上出现了五四文化回归传统文化的局面。正像传统文化所曾经历过的那样,从五四到延安,中国文化近代化和现代化的历史进程再度从"百家争鸣"的局面过渡到"定于一尊"的局面。开国之后,经过思想改造运动,在从新民主主义过渡到社会主义过程中,延安文化逐步压倒五四文化。

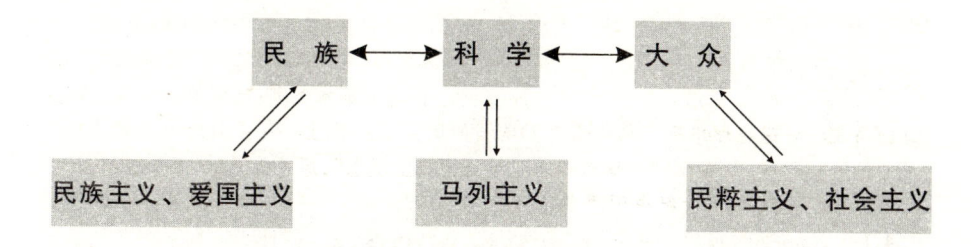

```
    民 族 ←——→ 科 学 ←——→ 大 众
      ↕          ↕          ↕
 民族主义、爱国主义   马列主义    民粹主义、社会主义
```

[图8.4]中国近现代精神的再生态模式——延安精神

"文革"文化是当代中国文化的第三个基本形态。历次反右运动推

动了极"左"思潮的发展。毛泽东以无产阶级专政下继续革命理论为理论基础和指导思想,发动和领导无产阶级"文化大革命"。"文革"文化是背离五四文化,推动延安文化走向极端,从而走向反面的表现。在中国历史,甚至世界历史上,"文革"堪称"史无前例"。

改革文化是当代中国文化的第四个基本形态。经过思想解放运动,中国共产党的马列主义、毛泽东思想意识形态更进一步转变成为邓小平理论,形成了中国特色社会主义以及中国特色社会主义文化。同时,通过再次启蒙,自由主义复兴,但却与正统意识形态相冲突,随即走向衰落。六四之后,除了马列主义、毛泽东思想、尤其邓小平理论继续居于主导地位并且起着主导作用之外,新自由主义、新保守主义和新左派,重新构成了当代中国文化的三个主要分支。这样,从五四文化,经过延安文化、"文革"文化,到改革文化,当代中国文化完成了一个否定之否定的圆圈式、螺旋式或波浪式的历史发展过程。

当代中国文化的历史流程是:首先,当代中国文化经历了五四的多元文化时期和延安的一元文化时期。我们把当代中国文化区分为原生态——五四文化、再生态——延安文化两个基本模式。然后,延安文化压倒五四文化,通过反右和"文革",一元文化形态发展到了极端和反面。中国传统文化和西方外来文化受到严重冲击,而马克思主义文化也遭到严重扭曲。最后,延安文化回归五四文化,形成了以马克思主义文化为主导,中国传统文化和西方外来文化并存的多元文化形态。在总结了以往的历史经验和教训,特别是"文化大革命"的历史经验和教训的基础上,以马克思主义为主导的当代中国文化逐步成熟。成熟的标志是形成了既适合中国国情,又体现当代特征的新文化。

二、回应全球化的中国本土文化

中国是一个历史悠久的文明古国,文化历来是国力的显著标志。在历史上,中华文化历经考验,从古代夷夏之辨、中世纪由佛学东渐而引发的华梵之辨到近现代因西学(新学)东渐而导致的(古今)中西之辨,中华文化显现了自己无比强大的同化力和繁衍力,甚至在几度面临亡国灭种危险(如蒙古人统治的元朝、满洲人统治的清朝)时,中华文化依然捍卫了本族的荣誉,征服了异族的精神。

而今,中国正在崛起,中华文化正在复兴,汉唐盛世几乎再度呈现。在这样一个时代背景下,持续了一个半世纪的中西体用之辨应该终结了。我们需要新的文化自觉和新的文化自信,这就是以增强中华文化生命力为核心战略,应对文化全球化态势。

在一个国家综合国力以及竞争力各项指标中,文化力是一项不可或缺的指标。所谓文化力,就是文化生命力所在。作为客体(对象)方式存在的文化是没有生命力的;只有作为主体方式存在的文化才有生命力。归根结底,文化是人们的生活方式,正是每时每地附着于、渗透于人们的日常生活之中的文化,充满了生命力。

中华文化生命力究竟何在?——这一问题当然不是一种,而是多种答案。但是我们可以排除若干回答方式:第一,这种生命力当然不存在于任何一种物质文化形态中,譬如衣食住行。虽然中国民族传统的饮食、服装和建筑自有特色,但是现代物质文明仍然是一个半世纪以来中国人追求的生活方式。任何企图在整体上抛弃现代物质文明,回到民族传统物质生活方式的想法、说法和做法,均属无谓,譬如拒绝利用现代交通、通讯、信息工具(手段),只会落下笑柄。第二,这种生命力同样不存在于任何一种制度文化形态中。一个半世纪以来,中国人在制度上不断变革、改进,中国特色的现代制度文明已经建立起来了,只能不断健全、完善,丝毫不能停滞、倒退。第三,因此,这种生命力只存在于精神文化领域内,但它却不存在于科学文化领域内,虽然中国民族传统中的某些科学(如中医等)应当保留、发扬,但在整体上却必须接受现代科学精神。以所谓"易学"为中国民族传统科学,是毫无根据的。第四,因此,这种生命力只存在于人文文化领域内,当然不是全部(我们同样在整体上必须接受现代人文精神），而是部分，但这一部分却构成了中华文化的精髓、精华。

中华文化的精髓、精华究竟是什么？有什么？换句话说，中华文化生命力究竟何在？这个问题我们从两个方面来回答：一是外在方面，二是内在方面。

从外在方面来考察，中华文化生命力在于它的汉语机体。

民族是由最为古老的、以血缘关系为纽带的人类社会共同体——氏族（公社），经过逐步扩大，由若干氏族合成部落，而又由若干部落合成部落联盟演化来的。除了共同血缘之外，民族是以共同语言、共同地域、共同经济生活、共同文化—心理素质为纽带的人类社会共同体。民族概念和种族概念、语族概念并不等同，虽然在实体上交叉、重叠，但"种族"是一个生物学的概念，仅仅以血缘关系来界定（汉人属于蒙古人种）；"语族"是一个语言学的概念，仅仅以语言关系来界定（汉语属于汉藏语系）；"民族"却是一个社会学的概念。以民族国家出现为标志，民族在历史上先后经历古代民族（部族）、现代民族两个基本历史发展阶段。

全球化对于现代民族和现代民族国家是一个严峻的挑战。血缘关系的混杂、地域的模糊、经济生活的齐一以及语言—文化的霸权，造成现代民族和现代民族国家的深重危机。但是，总起来说，语言—文化对于一个民族的意义和价值比以往任何时候和任何地方都更突出：首先，语言是文化的载体。文化是人们的生存环境，是人们的生活方式；其次，语言是思维的工具。相关研究表明，思维是首先按照母语程序进行的，然后依据翻译机制，转换成为外语；最后，语言是特殊的行为。正像某种行为也是语言一样，某类语言也是行为。随着信息化时代到来，语言—符号行为变得愈益突出。自动化就是人们通过语言—符号行为所进行的活动。因此，语言对于文化具有首要意义。汉语言文字对于汉文化具有首要意义，尤其汉字，在方言林立中，保证了中国历史发展的大一统格局。近现代以来，从白话文到普通话，从汉语拼音到汉字简化，尤其信息化时代所实现的汉字输入（包括语音输入）等等，无不表现了汉语言文字的世俗化和普世化趋向。在全球化的大浪潮和大趋势下，汉语言文字必须解决两个基本生存问题:一是在国内民族—地方语言体系中继续发挥领导作用;二是在国际民族—地方语言体系中,面对英语(美语)强权,继续保持独立地位,努力避免沦为世界方言。这一语言双重发展战略既依靠外在的经济、政治支持,也依靠内在的文化支持。某一语言的地位和作用与使用这一语言的民族的经济、文化状况和民族国家的政治状况相关联。远的不说,就说近的。例如,在国内民族—地方语言体系中,20世纪80年代广东话的时髦、90年代上海话的时尚,均与当时深圳和浦东的开发有关。普通话是依靠全国经济发展、中央政权和首都文化中心的支持维系领导权的。在国际民族—地方语言体系中,欧洲(西欧)大陆中心时代,最初时髦的是法语,后来转为英语乃至美式英语成为时尚,表明英国尤其美国中心时代后来居上。美国文化霸权在相当程度上建立在英语(美语)霸权上,正像美国经济强权在相当程度上建立在美元强权上一样。语言是文化领域的货币。语言活着,民族也就活着;语言死了,民族也就死了。因为语言的遗忘就意味着文化的遗忘。母语的遗忘就意味着传统的遗忘。当一个民族使用外语,这个民族母语成为考古对象时,自我就变成了他者,虽然继续活着,但这一民族及其文化传统却早已死了。我们民族及其文化传统屡次遭遇这一危险。西方人的汉学就是一个例子。一旦中国人的自我叙事演变成为他者叙事,就意味着以汉族为主体的中华民族及其文化传统的灭亡。好在,随着中国经济、政治、文化、社会发展,中华民族正在复兴,汉语正在复兴。初步迹象表明,正像中国人学外文一样,外国人学中文正在流行。

应该补充的是:语言包括自然语言(如日常语言等)、人工语言(如数理语言等)。后者主要适用于科学。大多自然科学(如理化生等)以及一部分社会科学(如经济学等)、思维科学(如逻辑学等)已经基本采用人工语言,另外部分社会科学(如政治学等)、思维科学(如心理学等)仍然基本采用自然语言。前者主要适用于人文。人文科学(如文史哲等)仍然基本采用自然语言,但艺术,除文学外,如音乐、舞蹈、绘画、雕塑等,则历来基本采用人工语言。二者比较,人工语言具有普遍性,所以"科学无国界",艺术(除文学外)同样无国界。自然语言具有特殊性,所以民族语言只有在自然语言中才有存在的必要和可能。因此,不是科学,而是人文,才能从民族文化传统这一高度来认识,从民族文化传统这一高度去实践。民族人文的发展,依赖于民族语言的发展,并推动了民族语言的发展。

从内在方面来考察,中华文化生命力在于它的和谐基因。

也许,哲学家冯友兰能够给我们以某种启迪。1990年,当代中国著名哲学家冯友兰逝世。生前,他写完了他的《中国哲学史新编》最后一册——第七册(在他死后改称《中国现代哲学史》并在香港出版)。正是在这部著作中,他意味深长地写下了最后一章——第十一章《〈中国哲学史新编〉总结》。如果这部著作可以称之为"冯友兰哲学遗作",那么这一章也就可以称之为"冯友兰哲学遗嘱"。

冯友兰的"总结分两部分。第一部分为从中国哲学史的传统看哲学的性质及其作用,第二部分为从中国哲学的传统看世界哲学的未来"。他在总结中提出了两个重要命题:一是"自同于大全"。在他的早期哲学著作《新原人》中,冯友兰就指出了人的四种可能精神境界:"自然境界"、"功利境界"、"道德境界"、"天地境界"。最高境界是天地境界——"自同于大全",而相反境界则是"自外于大全"。二是"仇必和而解"。冯友兰又引用了张载《正蒙·太和篇》四句话:"有像斯有对,对必反其为;有反斯有仇,仇必和而解",提出真正的辩证法是"仇必和而解",而相反的辩证法是"仇必仇到底"。他说:"显而易见,'仇必和而解'的思想,是要维持两个对立面所处的那个统一体。……'仇必仇到底'的思想,则是要破坏两个对立面所处的那个统一体。"后者是革命战争时期的辩证法,而前者则是和平建设时期的辩证法。冯友兰解释说:"在中国古典哲学中,'和'与'同'不一样。'同'不能容'异';'和'不但能容'异',而且必须有'异',才能称其为'和'。"他展望了从国际联盟到联合国这样一个历史进程——这一历史进程我们今天通常用"全球化"来描述——指出从"自外于大全"到"自同于大全",从"仇必仇到底"到"仇必和而解","这就是中国哲学的传统和世界哲学的未来"①。

在对于中国哲学精神或中国文化精神的理解上,冯友兰或许是最早地最好地把握了全球化时代中国哲学或中国文化的主要特质。对于我们来说,所谓"自同于大全",就是积极地主动地参与全球化历史进程;所谓"仇必和而解",就是反对单极化,争取多极化,摒弃冷战思维,学会和平共处。大全境界与和解精神,一方面是中国文化的传统,是中国传统文化的精髓、精华和生命力所在;另一方面也是世界文化的未来,是中国文化必须并且能够为世界未来文化做贡献所在。我们今天所谓和谐文化,也是这个意思。

在全球化时代背景下反思中国文化所面临的机遇和挑战,可以从两个角度去思考:

一是如何开发利用国际文化资源重塑中国文化问题。譬如"中体西用"(张之洞)、"全盘西化"(胡适)、"古为今用、洋为中用"(毛泽东)、"本位文化"(牟宗三)、"西体中用"(李泽厚)、"综合创新"(张岱年)等等,便是这样一些方案。

杜维明提出所谓的"文化中国(Culture China)",认为文化中国不仅包括中国大陆、港澳台、新加坡,而且包括全球各地华人社区甚至受到中华文化所影响的洋人社区,正是这样一个方案。他说:"文化中国可从三个象征世界(symbolic world)不断互动加以审视。第一个象征世界包括中国、中国台湾和香港地区、新加坡,这些社会居民的绝大多数在文化和种族上都属于华人(中国人)。第二个象征世界是由世界各地的华人社会所组成,包括在马来西亚人数不多(占35%)却颇具政治影响力的华人和在美国数目微不足道的华人。这些华人估计约有三千六百万,通常称之为'华侨'。然而近几年来,他们渐有自视为属于中国'离散族裔'(diaspora)的倾向。意指他们已在远离祖先故土、分散在各地的中国人群体中定居下来。在第一象征世界的4个地区里,汉族中国人占当地人口的

---

① 冯友兰:《中国现代哲学史》,香港:中华书局有限公司,1992,第244、258、260、261页。

绝大多数,但'离散华裔'——除了前面提到的马来西亚——极少超过居留国人口的3%。""第三个象征世界包括与日俱增的国际人士,……他们力求从思想上理解中国,并将这份理解带入各自不同语系的社会。""所谓'文化中国',包括了三个意义世界或者说象征世界。""这三个意义世界,第一是中国大陆、中国港澳台地区和新加坡,主要是由华人所组成的世界,不只是一个政治文化的观念,也是一个精神意义世界的观念。""第二个意义世界包括东亚、东南亚、南亚、太平洋地带乃至北美、欧洲、拉美、非洲等世界各地的华人社会。""特别注意的是第三个意义世界,包括所有在国际上从事中国研究以及关切中国文化的学人、知识分子、自由作家、媒体从业人员,乃至一般读者和听众。"①文化中国是在与政治中国、经济中国相对比中提出的。文化中国亦称"文化中华",某些学者或称"文化大中华"、"中华文化圈"。

文化中国,这是以文化为标准来重新定义"中国",对于我们重思—重构政治中国、经济中国,无疑具有一定启发意义。它意味着,在划分民族和民族国家的界限上,同文比同种、同地更重要。当然,文化认同是否一定可以消解政治冲突、经济摩擦?反过来说,文化差异是否一定妨碍政治交往、经济交易?在历史上,同一意识形态国家相互冲突,不同意识形态国家基于共同的经济和政治利益相互联合,屡见不鲜。汲取历史的经验和教训,文化中国或许只是一个想象?另外,文化中国具有双重意义:一方面,文化中国是文化世界的组成部分,只有在与其他文化的交互关系中才能发展;另一方面,文化中国又是按照"中心—边缘"模式构架出来的,反映了中央大国的传统心态。这里就蕴涵了两种趋向:由国际文化到中国文化;由中国文化到世界文化。

二是如何开发利用中国文化资源重塑世界文化问题。由国际文化资

---

① 《杜维明文集》第5卷,郭齐勇、郑文龙编,武汉:武汉出版社,2002,第389、409、409—410、410页。"英文中的diaspora一词的字面含义是'播撒的种子',最常用的意思是指巴比伦放逐后住在巴勒斯坦以外的犹太人,或住在非犹太区域的犹太人。"(同上书,第393页)

第八章　精神文明与文明中国

源来考虑中国文化问题、由中国文化资源去考虑世界文化问题,这样两个趋向几乎是同时发生的,不过因为现实迫切需要,前一问题比后一问题得到了更优先的考虑而已。但是,与大多数主流学者着重考虑前一问题不一样,例如梁漱溟等人就着重考虑了后一问题。

赵汀阳提出所谓的"天下体系",认为在建构当代世界制度时,应当充分开发利用天下体系这一中国传统制度文化资源。赵汀阳认为:中国政治问题的优先排序是"天下—国—家",而西方政治问题的优先排序则是"个体—共同体—国家"。"一般而言,'家'和'天下'这两个概念在中国思维中最具支配性地位,并且以此形成基本的解释框架,就是说,'家'和'天下'这两个概念被赋予比其他所有可能设想的思考单位以更大的解释能力或解释权力(作为比较,西方思想则以'个人'和'国家'作为解释框架)。""'家、国、天下'这个政治/文化单位体系从整体上说是'家'的隐喻,所以,家庭性(family-ship)就成为大多数中国人理解和解释政治/文化制度的原则。"①

赵汀阳认为:"关于整体世界的制度构筑,目前看起来有两种现成的可能模式:一是建构一个世界/帝国,另一个则是建构一个众多甚至全部国家的国际联盟。""天下理论的焦点落实在世界性(worldness)而不是国际性(internationality)上。"②天下体系是一个超越民族国家的世界体系的思路和构想,是一个替换帝国体系的世界体系的规划和设计。但是,天下体系首先是一个纯粹理想的社会乌托邦,主要不是通过历史考察,而是通过逻辑论证推演出来。其实,在历史上,所谓"天下"是周天子统治的区域。周王朝实行封建制,分封诸侯为"国",分封大夫为"家"。所谓"天下、国、家"原本就是这样一个封建制含义。春秋争霸,战国争雄,秦始皇大一统,废封建,置郡县,实行中央集权。秦王朝以后历代王朝,基本实行

---

① 赵汀阳:《天下体系——世界制度哲学导论》,南京:江苏教育出版社,2005,第63—64、64页。
② 赵汀阳:《天下体系——世界制度哲学导论》,南京:江苏教育出版社,2005,第111、113页。

郡县制。"天下"这一"王道"政治理想,过去在中国历史上从未实现,将来在世界历史上亦难实现。从过去到将来,从中国到世界,现实政治摆脱"霸道",殊为不易。这个纯粹理想的社会乌托邦几乎没有任何现实可操作性。并且,离开中国制度体系,谈论世界制度体系,不仅在现实中,而且在理论上,也是一个缺憾。让一步说,即使天下体系理想成为现实,根据历史的经验和教训,极有可能演变成为极权制度。以"家庭"为隐喻的天下体系,重情理和人治,轻法理和法治,混淆私领域和公领域的界限,既不是当代中国制度的合适选择,更不是当代世界制度的合适选择。

但是,理想并非只能悬置,对于现实也有构造的功能、范导的功能。从"文化中国"到"天下体系",这是一个从重思中国到重思世界的历史过程,也是一个从重构中国到重构世界的历史过程。当我们提出"和谐社会"、"和谐世界"、"和谐文化"时,同样应该指出:一方面,和谐是重塑中国的方案;另一方面,和谐也是重塑世界的方案。

这就是说:随着中国的崛起、中华文化的复兴,我们的文化战略应当从消极的"防御"型转变为积极的"进攻"型,从着重维护民族传统文化到着重参与世界未来文化,从"拿来"到"送去",应当着重考虑的问题不是在全球(国际)文化体系中,中国文化特色是否存在?而是在全球(世界)文化体系中,中国文化占有多少份额?毋庸置疑的是:在全球文化体系中,中国文化所占有的份额,必定是具有普世价值的元素,必定是在其他文化中得到普遍响应的元素。

文化不是抽象的,而是具体的存在——文化存在。它体现出一种连续不断的动态过程,涵盖了纵向及横向两个运动过程。纵向运动过程是同一文化共同体内部持续性生成而历时性演进过程;横向运动过程是不同文化共同体之间开放性对话而共时性交融过程。所谓跨文化也就是在这样两个过程中形成的。正像全球化(globalization)包括国际化(internationalization)与世界化(worldness)两方面一样,跨文化(acrossculture)同样包括互联文化(interculture)与贯通文化(transculture)两方面。两组概念之间形成一一对应关系:跨文化与全球化相对应,互联文化与国际化相对应,贯通文化与世界化相对应。换句话说,跨文化理念是文化全球化的观念表现。当我们将全球化理解为国际化,亦即民族国家之间的互动时,各种文化所构成的国际文化体系,就叫"互联文化(interculture)";当我们将全球化理解为世界化,亦即超越民族国家的整合时,各种文化所构成的世界文化体系,也叫"贯通文化(transculture)"。

当今,伴随着如文化人类学等人文学科跨文化研究领域的发展,国际学术界形成了两种类型的跨文化(acrossculture)概念,一是肇始于美国人类学界的interculture(互联文化)概念;二是发端于欧洲人类学界的transculture(贯通文化)概念。这两种概念应视为处于跨文化(acrossculture)概念——两个或更多的社会文化共同体间的互动这一个一级概念之下的二级概念。这两者间的区别是值得探究的。这两种跨文化概念在本质上都可视为在全球化背景下的不同文化共同体客观实在的交往关系在学理上的投射或理论抽象。换句话说,二者都能在现实生活中找到原型。

就interculture(互联文化)说,例如美国确实存在着大量的互联文化现象。众所周知,美国是一个多民族、多种族的移民国家,其文化体系往往被定义为一种"熔炉(a melting pot)"亦即一种由多元文化混合而成的文化共同体。但是,这种所谓熔炉文化并非某种真正意义上的多文化融合而成的普遍的共同文化,而是一种以资产阶级精英文化为主导的,亦即一种以韦伯所谓新教伦理精神为主导的多文化共生的共同体文化,就是一个大文化领导一群小文化。美国社会存在着多种类型的共同体文化,形成各种文化圈(circle of culture)和亚文化圈(subcircle of culture)的形式,如华人文化圈、拉美移民文化圈和中东移民文化圈等。尽管这些大大小小的文化圈和亚文化圈始终保持着相互之间的交流和联系,但是在美国历史上,始终都不存在某种真正意义上的普遍的共同文化。反之,各文化圈和亚文化圈要么保持着一贯以来的强势地位,要么在"适者生存"的多元文化竞争中惨遭灭绝的命运,如美国的印第安人保留地(Indian reservation)文化和摩门教(Mormons)文化等就是一个真实写照。

就transculture(贯通文化)说,最为明显的是奥林匹克精神,这一精神发轫于西方,通过奥运会形式在国际(世界)范围内得以推动。全世界各国家、地区参与其中,形成一种真正意义上的多民族、多文化的对话和交流。正是在这一过程中形成并体现了具有普遍性和共同性的文化精神,如互相理解、友谊、团结和公平比赛的奥林匹克精神等。这是各民族、各文化之间通过相互理解和共识达成的一个共同的理想和信念。

概略地说,interculture(互联文化)强调文化的特殊性,是一种基于所谓特殊主义的维护现有国际文化秩序的文化理念,包含文化多元主义、社群主义、身份政治等。这一文化理念蕴涵了相互矛盾的两个方面,一方面,它们努力在不同文化间寻求互动,达成共识;另一方面,则始终区分文化的"中心"和"外围",强调"中心"与"外围"的对立。欧洲文化尤其是欧盟的文化理念基础是前一方面的表现,美国文化特别是美国的文化霸权主义是后一方面的表现。

相反,transculture(贯通文化)强调文化的普遍性,是一种基于所谓普遍主义的超越现有国际文化秩序的文化理念。它反对西方知识体系的独断,希望各种文化在合作中共同创立新的普遍知识体系。

interculture(互联文化)与 transculture(贯通文化)之间的比较,可以用一个比喻来说明:前者好比西餐的"拼盘式"风格,各种文化组合起来,你还是你、我还是我,彼此拼凑到了一起,多元倒是多元,但却并未真正形成一体;后者好比中餐的"烹调式"风格,各种文化调和起来,你便是我、我便是你,彼此融会到了一起,真正形成了多元而又一体的局面。当然,必须指出的是:在当今全球格局中,interculture(互联文化)是一个比较现实主义的方案,而 transculture(贯通文化)则是一个纯粹理想主义的方案。前者好像英(美)语,虽然显示了语言(文化)霸权主义的特点,但作为全球流通语言却至今行之有效;后者好像世界语,虽然显示了语言(文化)平等理念的特点,但作为全球流通语言却至今束之高阁。

总之,interculture(互联文化)与 transculture(贯通文化),这是应对文化全球化(文化国际化和世界化)的两种基本文化战略。但是,长期以来,我们只知 interculture(互联文化),不知 transculture(贯通文化)。然而,后者对于前者所具有的纠偏补弊作用,是值得我们关注的。与 interculture(互联文化)相比较,transculture(贯通文化)是建立在不同文化共同体的互惠知识的基础上,通过不同文化共同体之间的双边乃至多边互动过程,既不丧失各个文化共同体的特殊性,又能形成具有普遍性的共同文化观。这一过程并不强调达到某种最终结果而是注重各文化间的交往程序与方法。假如我们着重考虑的问题不是在全球(国际)文化体系中,中国文化特色是否存在,而是在全球(世界)文化体系中,中国文化占有多少份额,那么,它的确是我们应对文化全球化的一种更合适的战略选择。何况,事情还在变化之中,今天是理想的,明天未必不是现实。

三、中国梦与社会主义核心价值观

习近平提出"中国梦",意味着在现代化历史进程中,我们比以往任何时候都更接近中华民族伟大复兴的目标;意味着在全球化历史态势中,我们比其他任何地方都更接近新兴大国和平崛起的目标。这一点,不仅中国人自己,甚至连外国人都已经承认。仅就 GDP 而言,2010 年中国已经超过日本,成为世界第二大经济体;按照目前增长速度,中国有望 2020 年前后超过美国,成为世界第一大经济体。尽管 GDP 未必是经济增长唯一指标或首要指标,尽管巨大人口基数使得 GDP 总量第一,不能改变人均 GDP 倒数位置,中国所取得的巨大成就仍然为世界所瞩目。

中国所取得的成就是巨大的,但也面临着严重的问题:首先,这一经济成就主要不是由科技创新带来的,而是由人口总量(巨大内需、廉价劳力)、资源消耗等等带来的。更为严重的是贫富两极分化、腐败。根据官方所公布的数据(中国国家统计局,2013),最近十年以来(2003—2012),中国基尼系数连续超过了联合国所规定的收入分配差距的"警戒线",收入差距悬殊。根据民间所公布的数据(北京大学中国社会科学调查中心,2014),2012 年我国家庭净财产的基尼系数达到 0.73,顶端 1% 的家庭占有全国三分之一以上的财产,底端25%的家庭拥有的财产总量仅在1%左右。这种收入差距背离了中国改革和建设的社会主义性质和方向,破坏了社会的公平和正义,危害着社会的稳定和安全,必须予以矫正。

中国梦是中国道路和中国模式的历史结晶。从中国道路和中国模式到中国梦,描述了中国近代以来革命和建设的历史进程。大致地说,毛泽东开辟了中国革命胜利的道路;邓小平开通了中国建设成功的道路。中国道路是用来描述从毛泽东时期到邓小平时期这一历史进程的。从江泽民时期到胡锦涛时期,中国道路的历史探索所积累的经验和智慧,形成了既有过渡性质,又有特殊价值,更有示范意义的中国模式。到了习近平时期,中国梦便标志着民族复兴和大国崛起的历史性转折点。

根据权威解释,中国梦的核心目标可概括为"两个一百年"的目标,也就是:到2021年中国共产党成立100周年和2049年中华人民共和国成立100周年之际,逐步并最终顺利实现中华民族的伟大复兴,实现新兴大国的和平崛起,具体表现是国家富强、民族振兴、人民幸福,实现途径是坚持中国特色社会主义道路、坚持中国特色社会主义理论体系、坚持中国特色社会主义根本制度,弘扬民族精神、凝聚中国力量,实施手段是政治、经济、文化、社会、生态文明五位一体。

什么是中国梦?一个是纵向比,一个是横向比。

纵向比,中国梦就是中华民族伟大复兴之梦。

任何一个民族都有她的梦想。在中国,"大同—小康"、"升平—太平"是中国人的两个基本梦想。

《礼记》认为社会先"大同",后"小康",由"大同"而"小康":"大道之行也,天下为公。选贤与能,讲信修睦。故人不独亲其亲,不独子其子。使老有所终,壮有所用,幼有所长,鳏寡孤独废疾者,皆有所养。男有分,女有归。货,恶其弃于地也,不必藏于已;力,恶其不出于身也,不必为已。是故谋闭而不兴,盗窃乱贼而不作。故外户而不闭,是谓大同。今大道既隐,天下为家。各亲其亲,各子其子。货力为已,大人世及以为礼,域郭沟池以为固,礼义以为纪。以正君臣,以笃父子,以睦兄弟,以和夫妇,以设制度,以立田里,以贤勇知,以功为己。故谋用是作,而兵由此起。禹、汤、文、武、成王、周公,由此其选也。此六君子者,未有不谨于礼者也。以著其义,以考其信。著有过,刑仁讲让,示民有常。如有不由此者,在执者去,众以为殃。是谓小康。"(《礼记·礼运》)

三世说源于《春秋公羊传》,经过董仲舒、何休进一步阐释,流行于世。所谓三世原本是指孔子著《春秋》,分别"所见"、"所闻"、"所传闻"三世,但在进一步阐释中,却以"据乱"、"升平"、"太平"三世闻名。"所见者,谓昭定哀,己与父时事也;所闻者,谓文宣成襄,王父时事也;所传闻者,谓隐桓庄闵僖,高祖曾祖时事也。……于所传闻之世,见治起于衰乱之中,用心尚粗觕,故内其国而外诸夏,……于所闻之世,见治升平,内诸夏而外夷狄,……至所见之世,著治太平,夷狄进至于爵,天下远近大小若一,……所以三世者,礼为父母三年,为祖父母期,为曾祖父母齐衰三月,立爱自亲始,故《春秋》据哀录隐,上治祖祢。"([汉]何休:《春秋公羊经传解诂·隐公元年》)

除了"大同—小康"、"升平—太平"两个基本梦想之外,在中国人心目中,最接近梦想的现实是汉唐盛世。国家统一、文化昌明、武功强盛、国威远播,是汉唐两朝的共同特点。汉朝有文景之治、汉武盛世等,唐朝有贞观之治、开元盛世等。人们常常认为中国在汉朝和唐朝时文治武功及国际声望比较强盛,故将它们两朝出现的盛世统称为"汉唐盛世"。

直到近世,康有为著《大同书》,孙中山标榜"天下为公","三民主义"中的"民生主义"类似社会主义,毛泽东将"大同"当做共产主义理想,而邓小平则将"小康"当做中国特色社会主义理想。中国梦也就是这样一些理想的继承和发展。

横向比,中国梦就是新兴大国和平崛起之梦。

在西方,"自然状态"、"黄金时代"是西方人的两个基本梦想。

自然状态理论首先并且主要是社会契约理论家们提出的。自然状态说通常是社会契约论的基本组成部分,其中说法并不一致,有的将其理解为历史的事实状态,有的将其理解为逻辑的虚构状态;有的将其描述为人类的悲惨遭遇,有的将其描述为人类的幸福境况。其中,最著名的是霍布斯。霍布斯将"自然状态"等同于"战争状态":"在没有一个共同权力使大家慑服的时候,人们便处在所谓的战争状态之下。""这种战争是每一个人对每一个人的战争。"①这就是霍布斯所谓"人对人像狼一样"的"丛林法则"。与霍布斯不同,洛克、卢梭将"自然状态"与"战争状态"区别开来。洛克认为自然状态是自然的自由状态和平等状态。②卢梭以家庭为自然状态的典型,分析了政治社会(国家)的起源和基础。③

许多古老的神话和宗教都有类似于"黄金时代"的描述,例如在希腊神话中,人类历史被描述为每况愈下的"黄金时代"、"白银时代"、"青铜时代"和"黑铁时代"。卢梭美化了人类童年的"黄金时代",认为文明进步是人性的堕落,主张"回归自然"。他首先着重描写处于自然状态中的原始人的幸福生活,然后叙述人的幸福生活是怎样失去的。他攻击财产,甚至攻击理性。④从柏拉图的《理想国》到莫尔的《乌托邦》、康帕内拉的《太阳城》,空想社会主义和共产主义的思想源远流长。但是,在这一历史长河中,以卢梭为代表的浪漫主义表达了人类的伤感情绪,既有对于现实的批判性,又有对过去、未来的空想性。恩格斯说:"现代社会主义,就其内容来说,首先是对现代社会中普遍存在的有财产者和无财产者之间、资本家和雇佣工人之间的阶级对立以及生产中普遍存在的无政府状态这两个方面进行考察的结果。但是,就其理论形式来说,它起初表现为18世纪法国伟大的启蒙学者们所提出的各种原则的进一步的、据称是更彻底的发展。"⑤这一段话鲜明地勾勒了从启蒙思想家到社会主义者,从

---

① [英]霍布斯:《利维坦》,黎思复、黎廷弼译,北京:商务印书馆,1985,第94页。
② 参见[英]洛克:《政府论——论政府的真正起源、范围和目的》下篇,叶启芳、瞿菊农译,北京:商务印书馆,1964。
③ 参见[法]卢梭:《社会契约论》,何兆武译,北京:商务印书馆,2003。
④ 参见[法]卢梭:《论人与人之间不平等的起因和基础》,李平沤译,北京:商务印书馆,2007。
⑤ 《马克思恩格斯选集》第3卷,中共中央编译局编译,北京:人民出版社,2012,第775(391)页。

启蒙思想经过空想社会主义到科学社会主义,直接地说,从卢梭到马克思的历史—逻辑进程。在这一历史进程中,"黄金时代"从历史的起点变成了历史的终点。即使在科学社会主义的思想体系里,也残存着空想社会主义的思想元素。马克思说:"在共产主义社会高级阶段,在迫使个人奴隶般地服从分工的情形已经消失,从而脑力劳动和体力劳动的对立也随之消失之后;在劳动已经不仅仅是谋生的手段,而且本身成了生活的第一需要之后;在随着个人的全面发展,他们的生产力也增长起来,而集体财富的一切源泉都充分涌流之后,——只有在那个时候,才能完全超出资产阶级权利的狭隘眼界,社会才能在自己的旗帜上写上:各尽所能,按需分配!"①

而今,人类梦想已经不再具有类似"自由世界"和"共产主义"的宏大叙事特征。但是人类需要梦想,同时能够制造梦想。

所谓美国梦,有广义和狭义之分,广义上指美国的自由、平等、民主和法治;狭义上指一种相信只要经过努力不懈的奋斗就能获得更加美好生活的理想,亦即人们必须通过自己的勤奋劳动、工作、勇气和创意迈向幸福,而非依赖于自己特定的社会地位和他人的援助。

杰里米·里夫金针对"美国梦"因过度关注个人物质获取而无法适应一个日益风险化、多样化和互相依靠的世界,提出"欧洲梦"。美国梦强调经济增长、个人财富的积累和独立自主;欧洲梦更加关注可持续发展、生活质量和相互依赖。美国梦效忠于工作伦理,强调"活着为了工作";欧洲梦更加协调于闲适游戏,主张"工作为了生活"。美国梦是融合性的,成功可归因于切断了同原有文化之间的纽带,在美国大熔炉里成为自由的行动者;欧洲梦基于保存原有文化身份、在多元文化的世界上生存和发展。在必要情况下,美国人更乐意在世界范围内采用军事力量,来保护自身的关键利益;欧洲人不愿意使用武力,而更倾向于用外交、经济支

---

① 《马克思恩格斯选集》第3卷,中共中央编译局编译,北京:人民出版社,2012,第364—365页。

持及援助来避免冲突。美国梦是深深个人化的,极少关注其余的人类;欧洲梦更加包容整体化,较多关心全球的福祉。①

所谓中国梦是在与美国梦、欧洲梦相比较中提出来的。赵汀阳说:"金碧辉煌的美国梦虽然生锈但依然强大,步步为营的欧洲梦方兴未艾而前途未卜,磨难万千的中国梦应该前途远大却未定型。"美国梦的表面意义是人人都能够通过自己的努力而获得个人成功,亦即"人人能够实现梦想",但却不具有普遍有效性,其深层意义是粉碎他人的梦想而成就自己梦想。欧洲梦是追求"生活质量"的"欧洲生活方式"。美国梦是领导世界的梦想,是世界性的;欧洲梦是地方保护的梦想,是地方性的。中国梦介于美国梦与欧洲梦之间,具有自相矛盾性质,一方面是去中国化,另一方面则是再中国化。中国梦要从地方性的梦想变成世界性的梦想,任重道远。②

但是,将中国梦与美国梦、欧洲梦相比较,只能描述它的表面现象,不能描述它的深层本质。正是在社会主义核心价值观中,中国梦得到了鲜明的表达。

每一时代、每一国家都有自己的主流价值观,如春秋时期齐国管子倡导的"国之四维"——"礼义廉耻"和儒家倡导的"人伦纲常"——"忠孝节义",法国大革命时期流行的"自由、平等、博爱",美国林肯倡导的"民有、民治、民享"、孙中山倡导的"三民主义"——"民族、民权、民生"等。新加坡确立五项共同价值观:一是"国家至上,社会为先";二是"家庭为根,社会为本";三是"关怀扶持,尊重个人";四是"求同存异,协商共识";五是"种族和谐,宗教宽容"(新加坡政府:《共同价值观白皮书》,1991)。正是契合中国特色社会主义发展要求,承接中华优秀传统文化和人类文明优秀成果,凝聚全党全社会共识,中国共产党提出社会主义核心价值观(中共中央办公厅:《关于培育和践行社会主义核心价值观的意见》,

---

① 参见[美]杰里米·里夫金:《欧洲梦——21世纪人类发展的新梦想》,杨治宜译,重庆:重庆出版社,2006。

② 赵汀阳:《美国梦,欧洲梦和中国梦》,原载《跨文化对话》年刊第18辑(2006)。

2013）。必须指出的是：社会主义核心价值观是应对西方"普世价值"观提出的。普世价值原本是在文化多样性和文化多元化的背景下形成的价值共识，但有人却以西方价值尤其美国价值为"普世价值"，从而为西方尤其美国文化霸权提供了合法性和正当性的论证。因此，提出社会主义核心价值，是捍卫中国文化主权，抵制西方尤其美国文化强权的需要。

富强	民主	文明	和谐
自由	平等	公正	法治
爱国	敬业	诚信	友善

[图8.5]社会主义核心价值观

社会主义核心价值观分三行共24字。按照权威解释，第一行是国家层面的价值目标，第二行是社会层面的价值取向，第三行是个人层面的价值准则。

三行24字是一个整合，第一行集中表达中国化马克思主义和中国特色社会主义的价值观。这一行4个词是一个历史序列：从洋务运动"求强求富"（富强），经过戊戌变法、辛亥革命"三民主义"（民主），五四运动（文明），到"文革"，经过几番折腾，放弃"阶级斗争为纲"，转向"以经济建设为中心"（和谐）。改革以来，依次提出两个、三个、四个、五个文明。其中，富强是物质文明建设的目标，民主是政治文明建设的目标，文明是精神文明建设的目标，和谐是社会文明乃至生态文明建设的目标（亦可加上"美丽"，因不整齐，故以"和谐"代之）。第二行批判地借鉴西方外来价值观。这一行4个词是一个逻辑序列：先有个人自由，再有相互平等，再有社会公正，最后以法治国。第三行批判地吸取中国传统价值观。这一行4个词是一个身份序列：个人普遍身份是公民（爱国），特殊身份是职业（敬业），对人既有契约意识（诚信），又有互助心理（友善）。因此，社会主义核心价值观以中国化马克思主义为理论基础，以中国特色社会主义为实践前提,不像现时流行的极左、极右和极端保守主义思潮各执一词,以免撕裂国家、社会、个人。社会主义核心价值观具有兼容并蓄特征,多元而又一体,每一个词都是中国社会主义性质、现代文明和文化传统的综合。

可否用一个词或一个字来概括?关键在于我们怎样理解社会主义核心价值观。所谓社会主义核心价值观是居于社会主义价值观体系的核心,因此,"和谐"或"和"反映了社会主义核心价值观的总特征。和谐既是中国文化传统的最高理想,也是人类现代文明的最高理想。在西方伦理学说史或道德学说史上,人们在讨论众多德目时,试图概括最根本和最重要的德目,譬如在亚里士多德那里,最根本和最重要的德目就是"中庸"。在休谟和斯密那里,最根本和最重要的德目就是"正义"、"仁慈"。在中国伦理学说史或道德学说史上,儒家讲的是"仁爱",法家讲的是"公正"。公正、仁爱分别是公共领域、私人领域实现和谐目标的价值途径。在社会主义核心价值观中,"自由、平等、公正、法治"这一组可以"公正"概括,"公正"或"公"反映社会主义本质;"爱国、敬业、诚信、友善"这一组可以"仁爱"概括,"仁爱"或"仁"反映中国特色。因此,"和谐、公正、仁爱"是社会主义核心价值观的更简明概括,而"和谐"则是社会主义核心价值观的最简明概括。所谓"中国梦,和为贵",就是这个意思。

当孙中山制订《建国方略》时,他首先提出的是《孙文学说——行易知难(心理建设)》。[①] 所谓心理建设就是精神文明建设。精神文明建设的思路是"立",而不是"破";是文化建设,而不是文化革命。中国梦和社会主义核心价值观是中国社会主义精神文明建设的最新成果和最高表现。提出和实现中国梦,培育和践行社会主义核心价值观,标志着中华民族的伟大复兴和新兴大国的和平崛起。

---

① 参见《孙中山选集》上,北京:人民出版社,2011。

后　记

　　本书是笔者很早的一个写作计划,断续写到最后,恰遇安徽人民出版社几位朋友找到我,他们希望我来主编"当代中国精神"系列丛书,但我无能为力,只将这本书稿交差,当然做了些许补充、修订,原来题目"当代中国文化精神"改称"当代中国精神",全书框架几经变动,最终形成现有篇章结构。

　　本书引论阐明了笔者关于文化、文明、科学、人文尤其文化精神、科学精神、人文精神等等问题的见解。第一章试图将"李约瑟问题"从中西科学技术的比较转换和扩展为中西文化精神的比较。第二、三章试图探讨当代中国精神时代背景。现代化是一个时间的绵延,全球化是一个空间的广延,两者共同构架了当代中国精神的时空背景。也可以说,现代化进入了全球化的阶段,是当代中国精神的时代背景。中国道路是中国走向现代化的道路,是民族复兴的道路;中国模式是中国回应全球化的模式,是大国崛起的模式。也可以说,中国模式是中国道路的历史结晶。第四、五、六、七、八章试图按照"五个文明"序列探讨"当代中国精神",这样就形成了"生态文明与美丽中国"、"物质文明与富强中国"、"社会文明与和谐中国"、"政治文明与民主中国"、"精神文明与文明中国"五个主题,其中涉及诸如"中国道路"、"民族复兴"、"中国模式"、"大国崛起"、"中国梦"、"社会主义核心价值观"等等主流意识形态话语，还有诸如"公民社会"、"宪政"、"普世价值"等等敏感意识形态问题。对此，笔者努力结合自己的思考，力图给以切合实际而又理论自洽的阐明。

第六章第二、三节，第七章第二、三节部分观点、行文，我运用了我与毕竞悦博士合作的成果，感谢她的支持。

笔者已从文化哲学研究转向政治哲学研究。坦率地说，出版这部著作，正是为了自己在学术上结束过去，开辟未来。

感谢安徽人民出版社，尤其汪双琴女士，没有他们的信任和敦促，这部书稿也许就一直搁置下去了。

程广云

2015年1月1日(元旦)初稿、2月18日(乙未除夕)定稿

白堆子

参考文献

一、中文古籍

[1]四书五经(影印本全三册)[M].(宋)朱熹,等.注.北京:中国书店,1985.

[2]诸子集成(影印本全八册)[M].上海:上海书店,1986.

[3]十三经注疏(清嘉庆刊本)(影印本全五册)[M].[清]阮元,校刻.北京:中华书局,2009.

[4](春秋)左丘明.国语(全三册)[M].(吴)韦昭,注.北京:中华书局,1985.

[5](汉)许慎.说文解字(影印本)[M].北京:中华书局,1963.

[6](汉)戴德.大戴礼记(全二册)[M].庐辩,注.北京:中华书局,1985.

[7](宋)张载.张载集[M].章锡琛,点校.北京:中华书局,2006.

二、外文译著

[8][古希腊]柏拉图.柏拉图全集(第1—4卷)[M].王晓朝译,北京:人民出版社,2003.

[9][古希腊]亚里士多德.形而上学[M].吴寿彭,译.北京:商务印书馆,1959.

[10][古希腊]亚里士多德.政治学[M].吴寿彭,译.北京:商务印书馆,1965.

[11]旧约全书·新约全书[M].南京:中国基督教协会印发,1989.

[12][意]尼科洛·马基雅维里.君主论[M].潘汉典,译.北京:商务印书馆,1985.

[13][英]培根.新工具[M].许宝骙,译.北京:商务印书馆,2009;

[14][英]弗·培根.新大西岛[M].何新,译.北京:商务印书馆,1959;

[15][英]霍布斯.利维坦[M].黎思复,黎廷弼,译.北京:商务印书馆,1985;

[16][英]洛克.政府论——论政府的真正起源、范围和目的(下篇)[M].叶启芳,瞿菊农,译.北京:商务印书馆,1964.

[17][英]休谟.人性论(下册)[M].关文运,译.北京:商务印书馆,1980.

[18][英]休谟.道德原则研究[M].曾晓平,译.北京:商务印书馆,2001.

[19][英]亚当·斯密.道德情操论[M].蒋自强,钦北愚,朱仲棣,沈凯璋,译.北京:商务印书馆,1997.

[20][英]亚当·斯密.国民财富的性质和原因的研究(下卷)[M].郭大力,王亚南,译.北京:商务印书馆,1974.

[21][英]J.S.密尔.代议制政府[M].汪瑄,译.北京:商务印书馆,1982.

[22][英]约翰·穆勒.政治经济学原理及其在社会哲学上的若干应用(上下卷)[M].赵荣潜,桑炳彦,朱泱,胡企林,译.北京:商务印书馆,1991.

[23][英]马尔萨斯.人口原理[M].朱泱,胡企林,朱和中,译.北京:

商务印书馆,1992.

[24][英]柏克.法国革命论[M].何兆武,许振洲,彭刚,译.北京:商务印书馆,1998.

[25][英]爱德华·泰勒.原始文化·神话、哲学、宗教、语言、艺术和习俗发展之研究[M].连树声,译.上海:上海文艺出版社,1992.

[26][英]阿诺德·汤因比.历史研究(修订插图本)[M].刘北成,郭小凌,译.上海:上海人民出版社,2000.

[27][英]W.C.丹皮尔.科学史及其与哲学和宗教的关系(上册)[M].李珩,译.北京:商务印书馆,1975.

[28][英]李约瑟.中国科学技术史(第1卷"总论"、第1、2分册)[M].《中国科学技术史》翻译小组,译.北京:科学出版社,1975;(第2卷"科学思想史")[M].李约瑟《中国科学技术史》翻译出版委员会,译.北京:科学出版社,上海:上海古籍出版社,1990.

[29][英]弗里德里希·奥古斯特·冯·哈耶克.自由宪章[M].杨玉生,冯兴元,陈茅,等.译.北京:中国社会科学出版社,1999.

[30][英]卡尔·波普尔.开放社会及其敌人(第1、2卷)[M].郑一明,等.译.北京:中国社会科学出版社,1999.

[31][英]安东尼·吉登斯.现代性与自我认同——现代晚期的自我与社会[M].赵旭东,方文,译.北京:生活·读书·新知三联书店,1998.

[32][英]安东尼·吉登斯,克里斯多弗·皮尔森.现代性——吉登斯访谈录[M].尹宏毅,译.北京:新华出版社,2000.

[33][英]安东尼·吉登斯.现代性的后果[M].田禾,译.南京:译林出版社,2000.

[34][法]卢梭.论人与人之间不平等的起因和基础[M].李平沤,译.北京:商务印书馆,2007.

[35][法]卢梭.社会契约论[M].何兆武,译.北京:商务印书馆,2003.

[36][法]米歇尔·福柯.规训与惩罚——监狱的诞生[M].刘北城,

杨远婴,译.北京:生活·读书·新知三联书店,2003.

[37][法]米歇尔·福柯.安全、领土与人口[M].钱翰,陈晓径,译.上海:上海人民出版社,2010.

[38][法]米歇尔·福柯.福柯集[M].杜小真,编选.上海:上海远东出版社,2002.

[39][德]康德.历史理性批判文集[M].何兆武,译.北京:商务印书馆,1990.

[40][德]黑格尔.哲学史讲演录(第1卷)[M].贺麟,王太庆,译.北京:商务印书馆,1960.

[41][德]黑格尔.法哲学原理或自然法和国家学纲要[M].范阳,张企泰,译.北京:商务印书馆,1961.

[42]马克思恩格斯选集(第1—4卷)[M].中共中央编译局,编译.北京:人民出版社,2012.

[43]马克思恩格斯全集(第31卷)[M].中共中央编译局,编译.北京:人民出版社,1972.

[44]马克思恩格斯全集(第3卷)[M].中共中央编译局,编译.北京:人民出版社,2002;

[45]马克思恩格斯全集(第25卷)[M].中共中央编译局,编译.北京:人民出版社,2001.

[46]马克思恩格斯全集(第44卷)[M].中共中央编译局编译,北京:人民出版社,2012.

[47]马克思恩格斯文集(第8、10卷)[M].中共中央编译局,编译.北京:人民出版社,2009.

[48][德]马克斯·韦伯.新教伦理与资本主义精神[M].于晓,陈维纲,等,译.北京:生活·读书·新知三联书店,1987.

[49][德]马克斯·韦伯.学术与政治(韦伯作品集Ⅰ)[M].钱永祥,林振贤,罗久蓉,简惠美,梁其姿,顾忠华,译;中国的宗教:宗教与世界(韦伯作品集Ⅴ)[M].康乐,简惠美,译.桂林:广西师范大学出版

社,2004.

[50][德]奥斯瓦尔德·斯宾格勒.西方的没落·世界历史的透视(全两册)[M].齐世荣,田农,林传鼎,戚国淦,傅任敢,郝德元,译.北京:商务印书馆,1963.

[51][德]卡尔·施米特.政治的概念[M].刘宗坤,等.译.上海:上海人民出版社,2004.

[52][德]马克斯·霍克海默,西奥多·阿道尔诺.启蒙辩证法——哲学断片[M].渠敬东,曹卫东,译.上海:上海人民出版社,2003.

[53][德]阿克赛尔·霍耐特.为承认而斗争[M].胡继华,译.上海:上海人民出版社,2005.

[54][奥]卡尔·考茨基.考茨基文选[M].王学东,编.北京:人民出版社,2008.

[55][美]路易斯·亨利·摩尔根.古代社会(上下册)[M].杨东莼,马雍,马巨,译.北京:商务印书馆,1977.

[56][美]威廉·詹姆士.实用主义——一些旧思想方法的新名称[M].陈羽伦,孙瑞禾,译.北京:商务印书馆,1979.

[57][美]约瑟夫·熊彼特.经济发展理论——对于利润、资本、信贷、利息和经济周期的考察[M].何畏,易家祥,等.译.北京:商务印书馆,1990.

[58][美]约翰·罗尔斯.正义论[M].何怀宏,何包钢,廖申白,译.北京:中国社会科学出版社,1988.

[59][美]亨利·梭罗.瓦尔登湖[M].徐迟,译.长春:吉林人民出版社,1997.

[60][美]奥尔多·利奥波德.沙乡年鉴[M].侯文蕙,译.长春:吉林人民出版社,1997.

[61][美]霍尔姆斯·罗尔斯顿Ⅲ.哲学走向荒野[M].刘耳,叶平,译.长春:吉林人民出版社,2000.

[62][美]丹尼斯·米都斯等.增长的极限——罗马俱乐部关于人类

259

困境的报告[M].李宝恒,译.长春:吉林人民出版社,1997.

[63][美]芭芭拉·沃德、勒内·杜博斯.只有一个地球——对一个小小行星的关怀和维护[M].《国外公害丛书》编委会,译.长春:吉林人民出版社,1997.

[64][美]巴里·康芒纳.封闭的循环——自然、人和技术[M].侯文蕙,译.长春:吉林人民出版社,1997.

[65][美]卡洛琳·麦茜特.自然之死——妇女、生态和科学革命[M].吴国盛,吴子英,曹燕南,叶闯,译.长春:吉林人民出版社,1999.

[66][美]约翰·缪尔.我们的国家公园[M].郭名倞,译.长春:吉林人民出版社,1999.

[67][美]蕾切尔·卡逊.寂静的春天[M].吕瑞兰,李长生,译.长春:吉林人民出版社,1997.

[68][美]比尔·麦克基本.自然的终结[M].孙晓春,马树林,译.长春:吉林人民出版社,2000.

[69][美]艾伦·杜宁.多少算够——消费社会与地球的未来[M].毕聿,译.长春:吉林人民出版社,1997.

[70][美]丹尼尔·贝尔.后工业社会的来临——对社会预测的一项探索[M].高铦,王宏周,魏章玲,译.北京:新华出版社,1997.

[71][美]阿尔文·托夫勒.未来的冲击[M].孟广均,吴宣豪,黄炎林,顺江,译.北京:新华出版社,1996.

[72][美]阿尔文·托夫勒.第三次浪潮[M].朱志焱,潘琪,张焱,译.北京:新华出版社,1996.

[73][美]阿尔文·托夫勒.力量转移——临近21世纪时的知识、财富和暴力[M].刘炳章,卢佩文,张今,王季良,隋丽君,译.北京:新华出版社,1996.

[74][美]约翰·奈斯比特.大趋势——改变我们生活的十个新趋向[M].孙道章,等.译.北京:新华出版社,1984.

[75][美]詹明信.晚期资本主义文化逻辑——詹明信批评理论文选

[M].张旭东,编.陈清侨,等.译.北京:生活·读书·新知三联书店,1997.

[76][美]罗兰·罗伯森.全球化——社会理论和全球文化[M].梁光严,译.上海:上海人民出版社,2000.

[77][美]爱德华·W·萨义德.东方学[M].王宇根,译.北京:生活·读书·新知三联书店,2007.

[78][美]塞缪尔·P·亨廷顿.变化社会中的政治秩序[M].王冠华,刘为,等.译.北京:生活·读书·新知三联书店,1988.

[79][美]塞缪尔·亨廷顿.文明的冲突与世界秩序的重建[M].周琪,刘绯,张立平,王圆,译.北京:新华出版社,1999.

[80][美]弗朗西斯·福山.历史的终结及最后之人[M].黄胜强,许铭原,译.北京:中国社会科学出版社,2003.

[81][美]詹姆斯·N·罗西瑙主编.没有政府的治理[M].张胜军,罗小林,等.译.南昌:江西人民出版社,2001.

[82][美]埃莉诺·奥斯特罗姆.公共事物的治理之道——集体行动制度的演进[M].余逊达,陈旭东,译.上海:上海三联书店,2000.

[83][美]杰里米·里夫金.欧洲梦——21世纪人类发展的新梦想[M].杨治宜,译.重庆:重庆出版社,2006.

[84][加]埃里克·麦克卢汉,弗兰克·秦格龙编.麦克卢汉精粹[M].何道宽译.南京:南京大学出版社,2000.

[85][加]查尔斯·泰勒.自我的根源——现代认同的形成[M].韩震,王成兵,乔春霞,李伟,彭立群,译.南京:译林出版社,2012.

[86]列宁选集(第1—4卷)[M].中共中央编译局,编译.北京:人民出版社,2012.

[87]托洛茨基文选[M].郑异凡,编.北京:人民出版社,2010.

[88]斯大林选集(上下卷)[M].中共中央编译局编译,北京:人民出版社,1979.

[89][苏]尼古拉·布哈林.过渡时期经济学[M].第一部分"转化过

程的一般理论",余大章,郑异凡,译.北京:生活·读书·新知三联书店,1981.

[90][苏]尼古拉·伊万诺维奇·布哈林.布哈林文选(中册)[M].中共中央编译局国际共运史研究室,编.北京:人民出版社,1981.

[91][苏]叶·阿·普列奥布拉任斯基.新经济学——对苏维埃经济进行理论分析的尝试[M].纪涛,蔡恺民,译.北京:生活·读书·新知三联书店,1984.

[92][苏]戈尔巴乔夫.改革与新思维[M].苏群,译.北京:新华出版社,1987.

[93][南]密洛凡·德热拉斯.新阶级——对共产主义制度的分析[M].陈逸,译.北京:世界知识出版社,1963.

[94][匈]亚诺什·科尔内.短缺经济学(上下卷)[M].张晓光,李振宁,黄卫平,潘佐红,靳平,戴国庆,译.北京:经济科学出版社,1986.

[95][日]堺屋太一.知识价值革命[M].黄晓勇,韩铁英,刘大洪,译.北京:生活·读书·新知三联书店,1987.

[96]万以诚,万岍,选编.新文明的路标——人类绿色运动史上的经典文献[M].长春:吉林人民出版社,2000.

[97]世界环境与发展委员会.我们共同的未来[M].王之佳,柯金良,等.译.长春:吉林人民出版社,1997.

[98]刘钝,王扬宗,编.中国科学与科学革命:李约瑟难题及其相关问题研究论著选[M].沈阳:辽宁教育出版社,2002.

[99]经济合作与发展组织(OECD),编.以知识为基础的经济(修订版)[M].杨宏进,薛澜,译.北京:机械工业出版社,1997.

[100]联合国人权委员会,起草.世界人权宣言[M].北京:京华出版社,2002.

[101][德]孔汉思,库舍尔,编.全球伦理——世界宗教议会宣言[M].何光沪,译.成都:四川人民出版社,1997.

[102]文化部外联局,编.联合国教科文组织保护世界文化公约选编

[M].北京:法律出版社,2006.

[103]汪晖,陈燕谷,主编.文化与公共性[M].北京:生活·读书·新知三联书店,2005.

[104]何怀宏,编著.西方公民不服从的传统[M].长春:吉林人民出版社,2001.

[105]黄平,崔之元,主编.中国与全球化:华盛顿共识还是北京共识[M].北京:社会科学文献出版社,2005.

三、中文论著

[106]孙中山选集(上下)[M].北京:人民出版社,2011.

[107]毛泽东选集(第1—4卷)[M].北京:人民出版社,1991.

[108]毛泽东著作选读(下册)[M].北京:人民出版社,1986.

[109]建国以来毛泽东文稿(第7、8、13册)[M].北京:中央文献出版社,1992、1993、1998.

[110]周恩来选集(下卷)[M].北京:人民出版社,1984.

[111]邓小平文选(第2、3卷)[M].北京:人民出版社,1994、1993.

[112]中国人民解放军国防大学党史党建政工教研室,编."文化大革命"研究资料(上册)[M].北京,1988.

[113]冯友兰.中国现代哲学史[M].香港:中华书局有限公司,1992.

[114]牟宗三.政道与治道[M].台北:台湾学生书局,2010.

[115]李泽厚.中国古代思想史论[M].北京:人民出版社,1986.

[116]李泽厚.历史本体论[M].北京:生活·读书·新知三联书店,2002.

[117]告别革命——回望二十世纪中国(李泽厚刘再复对话录)[M].香港:香港天地图书有限公司,1995.

[118]杜维明文集(第5卷)[M].郭齐勇,郑文龙,编.武汉:武汉出

版社,2002.

[119]黄仁宇.中国大历史[M].北京:生活·读书·新知三联书店,2008.

[120]金观涛,刘青峰.兴盛与危机——论中国封建社会的超稳定结构[M].北京:法律出版社,2010.

[121]金观涛,刘青峰.开放中的变迁——再论中国社会超稳定结构[M].北京:法律出版社,2010.

[122]金观涛、刘青峰:《观念史研究——中国现代重要政治术语的形成》,北京:法律出版社,2010;

[123]金观涛,刘青峰.中国现代思想的起源——超稳定结构与中国政治文化的演变(第1卷)[M].北京:法律出版社,2011.

[124]蒋庆.再论政治儒学[M].上海:华东师范大学出版社,2011.

[125]马寅初.新人口论[M].长春:吉林人民出版社,1997.

[126]徐刚.伐木者,醒来![M].长春:吉林人民出版社,1997.

[127]曲格平.我们需要一场变革[M].长春:吉林人民出版社,1997.

[128]梁漱溟.乡村建设理论[M].上海:上海人民出版社,2006.

[129]费孝通.乡土中国[M].北京:生活·读书·新知三联书店,1985.

[130]赵汀阳.天下体系——世界制度哲学导论[M].南京:江苏教育出版社,2005.

[131]郭颖颐.中国现代思想中的唯科学主义(1900—1950)[M].雷颐,译.南京:江苏人民出版社,1989.

[132]二十世纪中国思想史论(上)[M].许纪霖,编.北京:东方出版中心,2000.